فلسطين قضية مصيرية وعالمية

الدكتورة سعيدة الصديق

الولايات المتحدة الأمريكية

إسرائيل كيان قام على الظلم والاغتصاب ومصيره الدمار

القوة لا تدوم لأحد فهي سنة الله في الأمم

أحمد ياسين

الإهداء

إلى الشعب الأبي المجاهد الذي عاش تحت أنقاض القصف والإبادة والإجرامية التي لم يعرف تاريخ الإنسانية مثيلا لها، أقدم لك خالص التحية أيها الشعب المختار من الرحمن الذي كتب له العيش ولو بعد زمن من الدمار. أهدي لك هذا المؤلف المتواضع لعله يكون لك عونا لتبدأ البناء والحياة بعد موت مقصود وإبادي.

مرحبا بزمن السلم والسلام والأمن والأمان.

هيوستون الأربعاء 22 شوال 1432 موافق 21 سبتمبر 2011.
▪▪▪

محتويات المؤلف

فاتـــحة

"إن مأساة فلسطين ليست مأساة محلية إنها مأساة العــالم لأنها ظلم يهدد السلام العالمي."   أرنولد توينبي المؤرخ البريطاني.

فلسطين الوطن المأساة، فلسطين الدولة التي تعيش النكبة تحت تآمر الدول العظمى التي تعاقبت على السيطرة عليها تاريخيا، فمن فرنسا في شخص بونابارت إلى الإنجليز الذين احتلوا المنطقة ووضعوا اللوبي الإسرائيلي بها إلى الولايات المتحدة حامية اللوبي الصهيوني، وتوالت الأحداث التاريخية حتى أصبح الشرق الأوسط اليوم محط اهتمام الدول المهيمنة نظرا لموقعه الاستراتيجي ولأهمية المنطقة من حيث كونها مصدرا للبترول الذي تريد الولايات المتحدة، أعني الفئة المستغنية التي تدير سياسة الإدارة الأمريكية تسعى للسيطرة على جميع منابعه في العالم بالحروب التي تشنها وبالصراعات التي تخلقها في المنطقة من أجل بيع السلاح وجعل المنطقة تعيش أزمات سياسية وصراعات طائفية حتى لا تقوم لها قائمة لأنها المنطقة التي يسكنها أغلب مسلمي العالم، ولأنه يلزم ضمان أمن دولة تم زرعها وإقحامها بدون حق دولي ولا مسوغ إنساني.

تبنت الإدارة الأمريكية سياسة حماية الأقوى وعدم نصرة الضعيف والمظلوم وسارت منظمة الأمم المتحدة على نفس السياسة والنهج تنصف الدول القوية ولا تنتصر للدول المظلومة. وسارت سياسة التداول على السلطة ما بين حزبين لا ثالث لهما ولا بديل عنهما على هذا النهج ضاربة عرض الحائط أسسها التي يمثلها الدستور الذي تواضع عليه مؤسسو جمهورية الولايات المتحدة الأميريكية. ومضت دولة أمريكا بعد الحروب العالمية الأولى والثانية في سياسة مخالفة تطمح للسيادة والتحكم في العالم ومن هذه الوضعية نفهم بزوغ دولة هجينة بقلب منطقة الشرق الأوسط وهي نتيجة لتحالفات الدول الإمبريالية العظمى. وقبلت الإدراة الأمريكية مباركة دولة إسرائيل ودعمتها بكل الوسائل واعتبرتها ولاية تابعة لها وناصرتها بدون قيد ولا شرط. وكانت نتيجة السياسة الأميريكية التي يتحكم فيها اللوبي الصهيوني هي اغتصاب حق شعب وتدميره وإبادته وعدم الاعتراف بحقه في وطنه وحرمانه من الدولة التي تمثله. وقهر الشعب الفلسطيني تحت نير أعتى احتلال عرفه التاريخ تحت تآمر الدول العربية المنتجة للبترول وباقي الدول الحليفة للدول الإمبريالية العظمى.

وسلب الشعب الفلسطيني من حقوقه واغتصبت أرضه وتم تهجيره وتدميره وإبادته بشكل إجرامي ومتوحش. وسجل التاريخ مرحلة جديدة هي المابعد الاستعمار العسكري وما بعد الحداثة وفرض المشروع الصهيوني على العالمين وتم تأسيس دولة على الخدعة الكبرى أن فلسطين هي الوطن الأصلي لبنو إسرائيل وأنها أرض الميعاد وأنها حق شعب الشتات. وبدأ الترويج للكذبة بالوسائل الإعلامية التي تتحكم فيها الصهيونية واستعملت جميع أساليب المكر والخداع والتطميس على الرأي العالمي، أنتجت مقولة غريبة تريد طمس الحقائق التاريخية وهي :

"أرض بدون شعب لشعب بدون أرض"

ومن هناك سجل التاريخ بداية نهج سياسة الظلم في حق الشعوب المستضعفة وبدأت سلسلة انتهاك شعب استعمرت أرضه بالقوة وبأحدث الوسائل العسكرية المدمرة وهجر من وطنه بدون أمل في عودته. فما هي قضية هذا الشعب وكيف قاربها المفكرون والمثقفون عربا وعجما. ليست "قضية فلسطين" قضية محلية، بل هي قضية مصيرية. الآن أخذ العرب يدركون خطورة ما لا قِبَل لهم به، واقترحوا تنازلاتهم للاعتراف بالكيان الصهيوني في "حدوده الآمنة". والصهاينة اليهود والمهودون يحلمون بأرض الميعاد الكبرى، بدولة ما بين النيل والفرات، بل بدولة تحكم العالم والتي بشرت بها توراة اليهود.

يأصل الأستاذ عبد السلام ياسين القضية الفلسطينية من القرآن والمنهاج النبوي وبذلك يؤسس له مرجعيا فهي قضية تضرب في التاريخ القديم قبل التوراة. وقد قارب الأستاذ عبد السلام ياسين القضية من منظور خاص ومجدد في الفكر الإسلامي وهو يدخل في باب سنن الله الكونية التي نقرؤها في متن القرآن ونتعلم منها ضوابط السنن الكونية وهي مفاهيم قرآنية أصلها الأستاذ عبد السلام ياسين واستعملها في مقاربته سواء للمخزون التراثي أو في مقاربة واقع المسلمين الحاضر. فالسنن الكونية تعطي فهما خاصا للأحداث التاريخية ولقوانين تداول الحضارات مما نلقاه حاضرا في كتابات الأستاذ وخاصة في مؤلفه "سنة الله" التي قارب بها القضايا التي تهم الأمة ومنها "قضية فلسطين" التي اعتبرها بداية المواجهة الحاسمة بين الحق والباطل، وبين الجاهلية والإسلام. مع الجاهلية تنَبىّ يهودي بمملكة صهيون الألفية، ومع الإسلام وعد الله الذي لا يأتيه الباطل من بين يديه ولا من خلفه بالنصر المبين، وبالخلافة على منهاج النبوة، وبظهور هذا الدين على الدين كله ولو كره المشركون، ولو كره الكافرون[1].

فالنكبة هي قضية الشعوب العربية المسلمة برمتها ولن تتحرر الشعوب التي تعيش تحت ظل الأنظمة المستبدة التي تفقرها وتجهلها وتسلبها حقوقها حتى تبقى متخلفة اقتصاديا وسياسيا يتحكم فيها النظام العالمي وتابعة ما لم تقف هذه الشعوب وتواجه الدول الإمبريالية العظمى التي تستعمرها سياسيا واقتصاديا وفكريا وحضاريا. فعلى الشعوب المضطهدة والمظلومة أن تساند قضية الشعب المقهور وتدعمه ماديا ومعنويا حتى تحرير دولة فلسطين. وبذلك سينجلي ظلم المحتل الصهيوني ويتحرر شعب من قبضة استعماره وستعرف القضية حلا نهائيا باستقلال دولة فلسطين وعودة اللاجئين. وهذا لا يعني أن هذه النتيجة تقود لأخرى بل إن هذه صيرورة واحدة مترابطة لا تؤجل فيها مهمة بانتظار الأخرى؛ فالقضيتان مترابطتان ترابطاً عضوياً لا ينفصمان. وحدها المقاومة تحقق انتصارات وإنجازات وتصد عدواناً وتبلور إرادة شعب، فالمقاومة في شكل الانتفاضات تبين لمجمل الأمة إمكانية الانتصار، ولكنها وحدها لا تكفي لتحرر فلسطين، ولا بد من جهود الأمة حتى يتحقق تحررها الذي على إثره يتحقق استقلال فلسطين.

قام المحلل نصير عاروري بقراءة خاصة ومقاربة للثورات التي عرفها التاريخ الإنساني، في مقالته "استشراف لمآلات الثورات العربية" بأنه وعلى عكس الثورتين الفيتنامية والجزائرية وصلت الثورة الفلسطينية التي قادتها منظمة التحرير إلى أسوأ ما يمكن أن تصل إليه ثورة تحرر وطني من انحطاط، بدأ مبكرا بصفقة سياسية غير مكتوبة مع الأنظمة العربية في بداية سبعينيات القرن المنصرم. فقد كان مضمونها التنازل عن حق الشعب الفلسطيني في كامل التراب الوطني، والابتعاد رويدا رويدا عن الكفاح الوطني المسلح لصالح ما سمي بالحلول السلمية الدبلوماسية، وهو الذي عبر عنه في ما سمي بالبرنامج المرحلي للمنظمة الذي توازى طرحه مع اعتراف النظام العربي الرسمي في مؤتمر الرباط عام 1974م. وهو الذي أطلق عليه "الممثل الشرعي والوحيد" للشعب الفلسطيني، ونتج عنه تملص هذه الأنظمة من الواجبات القومية والأخلاقية المترتبة عليها والمتمثلة في استعادة الأراضي الفلسطينية المحتلة التي فقدتها إثر هزيمة يونيو/حزيران 1967م بالحد الأدنى. واكتمل انحدار الثورة الفلسطينية إلى الحضيض بعقد اتفاقيات أوسلو عام 1993 التي أتت للمفارقة وهي نتيجة لانتفاضة شعبية مجيدة، حيث تحولت بقايا تلك "الثورة" منذ ذلك الحين وعبر 17 عاما من التفاوض العبثي وتحديدا وبشكل سافر بعد اغتيال القائد ياسر عرفات، إلى سلطة هزيلة وكيلة للاحتلال مهمتها تحجيم انتفاضات وثورات الشعب الفلسطيني وإبقاؤها بالحد الأدنى الذي لا يغضب أو يستفز الاحتلال المعروف

بوحشيته. بذلك أتاحت الفرصة عن قصد أو غير قصد-أمام دولة الاحتلال لإنهاء المشروع الكولونيالي التفريغي الذي يشارف على استكمال غاياته وأهدافه في تهويد كامل التراب الفلسطيني، باستثناء الجيب المعروف بقطاع غزة. يضاف إلى ذلك أن هذه السلطة عديمة الصلاحيات أتاحت للاحتلال الصهيوني تقديم نفسه للعالم كأرخص وأنظف احتلال عرفته البشرية، في حين تمكنت ثورات شعبية حديثة في كل من جنوب أفريقيا وإيرلندا -كانت أقل كلفة على شعوبها بما لا يقارن بما قدمه الشعب الفلسطيني-من تحقيق الأهداف الوطنية لشعوبها.2.

من بين القراءات التي قامت بدراسة أبعاد المقاومة ودورها التاريخي الرسالي السياسي الفكري ودورها في مواجهة العدو الإسرائيلي في احتلاله الأرض وتهجيره للشعب الفلسطيني نطرح مقاربة جادة للمفكرة نادية مصطفى وما تقترحه من رؤية جديدة للمقاومة في المستويين التاريخي والاستراتيجي بحيث اعتبرت المقاومة بمثابة مواجهة للإمبريالية العالمية التي تؤيد المحتل بدون قيد ولا شرط. فقد تحددت منطلقاتها النظرية في مقاربة "المقاومة" في مشهد غزة، وإن كان مشهد غزة كله مقاومة، ما ساقته في الكلام التالي : المقاومة العسكرية الفلسطينية بأشكال ودرجات مختلفة لم تختفِ أبدا من على ساحة إدارة الصراع، مهما عظمت التكلفة ومهما زادت القيود، واجتمعت على ضرورتها كل الفصائل بتنوع مرجعياتها، وحظيت باحتضان الشعب الفلسطيني في مجمله متحملا تكلفتها الغالية في الأرواح. وتعرضت المقاومة لضربات عسكرية مضادة شديدة لتصفيتها، شاركت فيها أياد عدة غربية حليفة للصهيونية وكذلك عربية وفلسطينية أيضا، وكانت هذه الضربات على أرض فلسطين أو خارجها قبل وبعد إنشاء دولة الصهيون، ابتداء بثورة البراق (1933-1936) وصولا إلى المقاومة في غزة (2009) مرورا بمقاومة 1948، وعبر أيلول الأسود 1970، وخلال اجتياح وحصار بيروت وخروج قيادة منظمة التحرير من بيروت 1982، والضربات ضد انتفاضة الحجارة، وضد انتفاضة الأقصى وضد العمليات الاستشهادية، ثم ضد مقاومة غزة منذ ثلاث سنوات. وقد انجدلت هذه المفاصل الكبرى وغيرها من المفارق الفرعية مع حديث المفاوضات والتسويات، ومن ثم لم تقتصر الضربات ضد المقاومة على ضربات القوة العسكرية فقط. ولكن سعت الحروب الدبلوماسية وحروب الأفكار إلى تقييد المقاومة وتطويعها من خلال مسلسل "المفاوضات السلمية". وأعقبتها حملة الاتهام بالإرهاب التي تطابقت مع سنة 2001 بصفة خاصة وهي المرحلة التي دشنت فيها الاستراتيجية الأمريكية العالمية لما يسمى "الحرب ضد الإرهاب"، وكل ما اقترن بها من أدوات حروب الأفكار والقلوب والعقول لوصم كل العرب والمسلمين بالإرهاب، وليس فقط حركات المقاومة

المسلحة مثل حزب الله وحماس. ولم يكن "التفاوض" سبيلا لإيجاد تسوية عادلة دائمة بقدر ما كان هدفا في حد ذاته، استطاع المشروع الصهيوني وحلفاؤه أن يوظفوه إلى جانب القوة الصلدة كمظلة لاستكمال ما لم تستكمله الذرائع العسكرية.

وهنا نستحضر مسلسل المفاوضات منذ 1978م إلى مفاوضات أوسلو 1993م، إلى مفاوضات 1994م ومفاوضات 2000م، التي تمخض عنها اندلاع انتفاضة الأقصى في 2000م، إلى الانتقال من مرحلة المفاوضات لتبدأ مرحلة العدوان على غزة. يتبين لنا كيف أن هذه العقود الثلاثة شهدت تدعيم المشروع الصهيوني لأركانه على أرض فلسطين، وخاصة تهويد القدس وتقطيع أوصال الضفة الغربية من ناحية، كما شهدت حصار غزة وبت الفرقة والانقسام بين القوى الفلسطينية لإضعافها وإفقاد مصداقيتها من طرف المجتمع المدني. وعمل المحتل من ناحية أخرى على ترسيخ وتوظيف الانقسام الفلسطيني على أرض فلسطين بين جناح رئاسة السلطة الوطنية التي ظلت تراهن على خيار التسوية وبين جناح المقاومة . كل ذلك في وقت فشل فيه النظام العربي في توظيف مرحلة السلام لبناء عناصر القوة الحضارية الشاملة القادرة والراغبة في مواجهة التحدي الصهيوني في وقت الحرب وفي وقت السلم على حد سواء، ومن تم بدلا من أن يتكافل خيارا المقاومة والتفاوض على أرض فلسطين إذ بهما يتحولان إلى تضاد، برعاية أمريكية وصهيونية وعربية، وعلى نحو يتزايد فيه تبادل الاتهامات بين الجانبين الفلسطينيين ومن يحالف كلا منهما بأكثر مما كان يمكن أن يوجه من اتهامات لدولة "فلسطين المحتلة" بالمسئولية عن تدمير اختيار السلام والتسوية[3].

هي سنة الله التي تسري في كونه وفي تاريخ الأمم وتدافع بين قوة الشر والخير وتعاقب للنصر والهزيمة، ولكنه النصر في المنتهى للأمة الموعودة بالنصر في القرآن، وهل ننتظر النصر الموعود ونتخاذل ونقعد ولا نسعى بقوة للتدافع والفعل لتكوين الموعود الإلهي الذي يتوج بالنصر؟! نستخلص أن قضية فلسطين جزء لا يتجزأ عن قضايا الأمة العربية المسلمة ومكون أساسي لتدافعها مع باقي الأمم، هي صيرورة تاريخية وخروج من حكم الجور والاستبداد حين تصبح الأمة مجاهدة تدافع الاستبداد وتكون نفسها وتساهم في تقدم مجتمعاتها وتفرض نفسها كأمة رائدة تسعى لإرساء مبادئ العدل في شؤون دولها. تخرج من ظلم المستكبرين وتدعو للعدل بين الناس والقسط الذي جاء به جميع الأنبياء والمرسلين. هي الأمة الشاهدة والداعية لعبادة الله التي هي الغاية التي من أجلها خلق الإنسان وابتلي فأنزل للأرض تكريما لا تنقيصا. ولذلك لزم الأمة أن تنهض وتستنهض وتقوم من غفلتها وتقهقرها حتى تقوم بمهمتها الشاهدية ووظيفتها الوسطية الداعية إلى الله لتخرج

9

العالمين من ظلم الجاهلين وحيف المستكبرين، حينذاك فقط يتحقق النصر وتتحرر البلاد وتنكسر القيود والأغلال وتصبح مؤهلة لنصرة جميع قضايا الأمة. قضية فلسطين مقترنة ببني إسرائيل المفسدين في الأرض وهم الصنف البشري الذي تركزت فيه كل معاني الفساد والإفساد وكل أسباب الفتنة، فهم الحضنة المتخصصون لداء الأمم، هم المنتجون الرئيسيون له، وهم موزعوه بما خصهم الله عز وجل-به من عنده وبما أجرموا ويجرمون، خصهم الحكيم العليم بخزي الدنيا والآخرة، وتأذن في كتابه العزيز، إعلانا صارما إلى يوم القيامة "لَيَبْعَثَنَّ عَلَيْهِمْ إِلَى يَوْمِ الْقِيَامَةِ مَنْ يَسُومُهُمْ سُوءَ الْعَذَابِ." سورة الأعراف،167.

يولي الأستاذ عبد السلام ياسين أهمية قصوى للقضية الفلسطينية ويعتبرها الجرح الذي يتكمده جسد الأمة، جرح ضارب في التاريخ الإنساني اقترن بإفساد اليهود الذي يحكي عنه القرآن ويفصل فيه ويسوق أخبار بني إسرائيل بالتفصيل للعبرة والتعلم. "لست أقصد في هذه الفقرات التي أعرض فيها بعض فساد اليهود وإفسادهم أن أُوغِرَ القلوب حقدا وأن أُذكِيَ حفيظة القارئ، بل أقصد التذكير بالله - عز وجل- وبالحق المنزل الخالد في الحكم على بني إسرائيل، ليكون حكم الله فيهم وغضبه عليهم ولعنته إياهم دستورنا في التعامل معهم، فنغضب عليهم لغضب الله عليهم ثم لعدوانهم علينا، يأتي في اعتبارنا حسبان السياسة واحتلال فلسطين ومذلات الهزائم في المرتبة الثانية، بعد اعتبار سنة الله وعناصرها الموحى بها مسبقا من كون اليهود جرثومة الفساد ومادته، كانوا كذلك لن ينفكوا كذلك إلى يوم الفصل"4.

بينما يربط عزمي بشارة موضوع النكبة والقضية الفلسطينية بمجمل العرب، ففي منظوره لن يتحرر العرب ما لم يتحرر الفلسطينيون، ولن يتحرر الفلسطينيون دون أن يتحرر العرب. وهكذا كانت كل المحاولات العربية الرامية إلى وضع إحداهما، التحرير ثم تغيير الحالة العربية، أو تغيير الحالة العربية شرطاً للتحرير، كانت كلها محاولات عبثية لأنها لا تقوم على ترابط جدي بين الأمرين؛ فعملية التحرير هي نفسها في القضيتين، وهي متشابكة مترابطة ليس لها أول ولا آخر.

فهو تاريخ نعيشه منقطعين عن القرآن مع أنَّ قليلا من التروي في القراءة ومن الاستدلال يشرح لنا بآيات الله ميلاد الحركة الصهيونية، واختيارها لفلسطين مهدا لدولتها المرجوة، ثم يسرد حلف إنجلترا لها ومساعدتها حتى تمكنت في الأرض، ثم أحداث الاستيطان، وكرة 1948، و"نكسة" 1967، ويسرد ما صحب ذلك وما عقبه من هزائم العرب وتنازلاتهم. هو تاريخ إنساني مبدأه تداول الأمم فتسقط

حضارات وتؤول للانهيار وتسود حضارات وهكذا دواليك. ولكنه للفهم العميق لأحداث التاريخ خارج موضوعية الباحثين والمؤرخين، يحيلنا الأستاذ عبد السلام ياسين إلى المعنى القرآني العميق وفهمه لمجريات الأحداث التاريخية التي تسيرها السنن الكونية التي وضع الله أسسها في الأقوام والشعوب والأمم، سنة الله "ولن تجد لسنة الله تبديلا".

إنه تاريخ نعيشه دون أن نفقه له معنى غير معنى "الهجوم الإمبريالي" وكون دولة اليهود بيدقا في رقعة أمريكا، لو كان القرآن دليلنا وكنا أهل القرآن نتلو لفظه ونحمل أمانته ونحيى به لرأينا بنور الله إمساك اليهود بزمام القضية كلها، وتحكمهم في مصائر الشعوب، من خلف ستار الدولة العظمى والمتوسطة والصغيرة. بل من عُقُر دار المسلمين، لهم من بعض الحكام على المسلمين نصراء ونظراء ومعجبون، يُعوِّم المتكلمون العرب المسألة تبعا للمتكلمين من أطراف الجاهلية وتقليدا غائبا عن الحق ناسيا لله، ويدخنونها بلغتهم المفتونة. نخلص إلى أن "قضية الشرق الأوسط" تتمثل صراع جغرافي مصلحي بين شعبين وقوميتين كلتاهما تبحث عن سياسة تؤمن لها الإمداد السلاحي والدعم العسكري والاقتصادي والدبلوماسي من الدول القوية لتصل إلى حل مُرض لطموحها العارم أو إلى حل يقنع من الغنيمة بالإياب إلى صلح "كامب دافيد" أو إلى حل نهائي يوفر ماء وجه الحكام العرب ويضمد جراح الفلسطينيين المنكوبين المعطوبين المستضعفين في أرض لبنان ومخيمات الذل والهوان5.

عندما نتدبر سنة الله إما بقراءة متدبرة لآياته المتضمنة في متن القرآن وبالوقوف عند الأحداث التاريخية بمنظور مختلف يدخل بعين الاعتبار المعجزات التي تتأسس على الإيمان بالله والتصديق بالرسل ويؤمن بالنصر والتمكين الذي وعد به الله عباده الذين يهيؤون لأسباب النصر ويرجون النصر. ويعلمنا الأستاذ عبد السلام ياسين في مؤلفه "سنة الله" كيف ينبغي أن ننظر من إزاء القرآن وبمنظار القرآن حتى نبصر القضية في أبعادها الضاربة في الأعماق في سنة الله، العميقة الجذر في قلوب بني آدم من جهة إيمانهم بالله وتصديقهم لرسله أو تكذيبهم، من إزاء القرآن لا ننسى الله ولا ينسينا الله أنفسنا، من إزاء القرآن لا يحجب عنا حقائق سنة الله وشروط نقمة الله وفتنة الناس ونصر الله طول الأمد، ولا تسلسل التاريخ الطويل، ولا تدهورنا وتخلفنا، ولا ضخامة الحضارة المادية العادية علينا المعتدية، ولا سيادة وِجهات النظر المادية، ولا الذهنية التقليدية الموروثة، ولا صخب المغربين من بني جلدتنا الدعاة على أبواب جهنم، ولا أي دخن طرأ على النفوس، وأربدت منه القلوب، وتعشت منه العقول، وخنست منه الإرادات، وغُم فيه على

الرجولة، وبَلِيَ منه الإيمان.من إزاء القرآن نشرف على التاريخ وعيا، وبتطبيق القرآن عقيدة وعبادة وسلوكا وعملا على المقاصد وطلبا لها نستعيد أنفسنا من قبضة الفتنة التي أردانا فيها نسيان الله، وقساوة القلوب من عدم ذكر الله[6].

أخبرنا الله تعالى في كتابه المبين وفي أول سورة الإسراء بأن لبني إسرائيل مع عبادٍ له سبحانه-جولتين يجوس في أولاهما العباد المنسوبون لحضرة الألوهية، المكرمون بتلك النسبة، وفي الجولة الآخرة يدخل العباد المصطفون الأخيار المسجد الحرام كما دخلوه أول مرة، ويسوؤون وجوه بني إسرائيل، ويهينون ما يعظمه بنو إسرائيل. وأخبرنا الكتاب المبين في آخر نفس السورة وأولها أن من علامات الجولة الآخرة أن يجمع الله بني إسرائيل من شتاتهم في الأرض وأن يجيء بهم لفيفا لميقات يوم معلوم، وأن تكون ثمرات كرتِهم علينا ومقوماتها قدرتهم المالية حيث أمدهم الله بالأموال التي اكتسبوها بالربا وبمساعدة حلفائهم، وقدرتهم البشرية حيث أمدهم الله بالبنين من الطراز الأول تعوض نوعيتهم الممتازة ضآلة العدد النسبية، وقدرتهم السياسية والدعائية على حشد العالم ليكون معهم ضدنا، فهم أكثر نفيرا وصديقا وحليفا منا.

والسؤال الكبير الذي يطرح هنا بعد تاريخ من المقاومة والصراع بين القوي والضعيف والحق والباطل هو، أين وصلت القضية الفلسطينية بعد أزمات وهزائم ونكسة بني إسرائيل وعدم توفقها في تحقيق الوطن الكبير بعد أن تصدت لها المقاومة التي تهدي من أجل القضية الآلاف من الشهداء والفدائيين الذين يؤمنون بالقضية وباستقلال البلاد بعد حين وعودة الحق لأهله بالوعد القرآني، الكتاب الحق الذي لا يأتيه الباطل من بين يديه ولا من خلفه، شعب برمته يدفع بنفسه للموت والاستشهاد لأنه صدق بالوعد وعرف سنة الله في الكون وفي التدافع الذي يكون له ثمن غال وهو المقاومة ولا طريق للحرية من دون المقاومة، رغم قلة القوة والدعم العربي للقضية. يبدو أن المقاومة الفلسطينية ماضية في تسليح نفسها، وتقوية قدراتها القتالية والدفاعية، لأنها تدرك أنه بغير القوة فإنها لن تستطيع حماية نفسها، ولا الدفاع عن شعبها، وقد تبين هذا الأمر بوضوح إبان العدوان الصهيوني الأخير على قطاع غزة. فلولا قدرة المقاومة على الصمود والمواجهة، لتكررت نتائج العدوان الصهيوني الأول على قطاع غزة عام 1956م، والثاني في يونيو عام 1967م، والذي ترتب عليهما قتل واعتقال الآلاف، واحتلال قطاع غزة بكامله، رغم وجود حامية عربية فيه خلال العدوانين.7.

قال الله عز وجل: وَقَضَيْنَا إِلَى بَنِي إِسْرَائِيلَ فِي الْكِتَابِ لَتُفْسِدُنَّ فِي الْأَرْضِ مَرَّتَيْنِ وَلَتَعْلُنَّ عُلُوًّا كَبِيرًا (4) فَإِذَا جَاءَ وَعْدُ أُولَاهُمَا بَعَثْنَا عَلَيْكُمْ عِبَادًا لَنَا أُولِي بَأْسٍ شَدِيدٍ فَجَاسُوا خِلَالَ الدِّيَارِ وَكَانَ وَعْدًا مَفْعُولًا (5) ثُمَّ رَدَدْنَا لَكُمُ الْكَرَّةَ عَلَيْهِمْ وَأَمْدَدْنَاكُمْ بِأَمْوَالٍ وَبَنِينَ وَجَعَلْنَاكُمْ أَكْثَرَ نَفِيرًا (6) إِنْ أَحْسَنْتُمْ أَحْسَنْتُمْ لِأَنْفُسِكُمْ وَإِنْ أَسَأْتُمْ فَلَهَا فَإِذَا جَاءَ وَعْدُ الْآخِرَةِ لِيَسُوءُوا وُجُوهَكُمْ وَلِيَدْخُلُوا الْمَسْجِدَ كَمَا دَخَلُوهُ أَوَّلَ مَرَّةٍ وَلِيُتَبِّرُوا مَا عَلَوْا تَتْبِيرًا (7) عَسَى رَبُّكُمْ أَنْ يَرْحَمَكُمْ وَإِنْ عُدْتُمْ عُدْنَا وَجَعَلْنَا جَهَنَّمَ لِلْكَافِرِينَ حَصِيرًا (8) إِنَّ هَذَا الْقُرْآنَ يَهْدِي لِلَّتِي هِيَ أَقْوَمُ وَيُبَشِّرُ الْمُؤْمِنِينَ الَّذِينَ يَعْمَلُونَ الصَّالِحَاتِ أَنَّ لَهُمْ أَجْرًا كَبِيرًا (9) وَأَنَّ الَّذِينَ لَا يُؤْمِنُونَ بِالْآخِرَةِ أَعْتَدْنَا لَهُمْ عَذَابًا أَلِيمًا (1) سورة الإسراء.

وسنعاين المقاربات المختلفة للقضية عبر ثنايا المؤلف وسنقف عند جميع معطيات القضية حتى تتضح الرؤية وينجلي الغامض. ويبقى أن القضية حق مشروع والمطالبة بها حق دولي لشعب شرد من وطنه وله حق العودة. ونخلص مع الأستاذ عبد السلام ياسين بأن التحدي اليهودي للإسلام يتمثل في قدرة اليهود على تقمص الأجسام الجماعية للأمم، وهم بعد تقمص أمريكا في طريقهم إلى تقمص أوروبا والعالم. فالتحدي أمامنا ليوم الفصال يوم "وعد الآخرة" ليس أن نحارب العالم بعد أن تكون الروح اليهودية قد استولت عليه. لكن التحدي في أن نقاتل اليهود وراء كل شجر وحجر قتال البأس بينما نستخلص من الروح اليهودية هذه الجسوم الجاهلية، ندفع شرها بخير الإسلام، ونذهب ظلمتها بنور الإسلام، ونُسكت نبَاحها لتسمع دعوة الإسلام. وربك سبحانه جل سلطانه قادر على أن تسلم أمريكا ويسمع من هنالك زئير أسد إسلامي. "وعد الآخرة" مقترن بوعد ظهور دين الله على الدين كله ولو كره الكافرون. والحمد لله رب العالمين.[8]

مدخــل عــام

اقترنت القضية الفلسطينية وهي قضية خطيرة اقترنت بالتاريخ الحديث وبميلاد الإمبريالية العالمية التي أظهرت إرادتها الهيمنة والسيطرة على العالم باحتلاله عسكريا واقتصاديا بحيث صيرته سوقا مفتوحة لبيع سلعها. ثم التحكم فيه سياسيا بأن قسمته منذ مدة إلى معسكرين هما المعسكر الشيوعي والرأسمالي، وأبانت القوى العظمى عن أطماعها بأن اصطفت أحلافا تخدم مصالحها فاحتكرت العالم الأول واستغلت ثرواته وجعلت من العالم الثالث مجالا حيويا لها تستغله اقتصاديا وتتحكم فيه عسكريا وسياسيا وثقافيا وحضاريا.

وبذلك نصبت القوى العظمى وهي التي تمثل الإمبريالية العالمية سادة على العالم يسيرونه ويتحكمون فيه على جميع الواجهات والمستويات. ومن هذا الفهم العام تطرح القضية الفلسطينية التي ظلت مضببة لدى الشعوب سواء الغربية أو العربية بشكل متعمد حيث طمس الإعلام الغربي حقيقة القضية وزيفها لأنه المتحكم في الإعلام وفي المعلومة.

ولفهم القضية كان لزام علينا إرجاعها للتاريخ إذ أنها تشكل قضية ضاربة في التاريخ القديم الذي يصل عند أطماع إمبراطورية بونابرت التي تجاوزت دولة فرنسا وامتدت طموحاته العسكرية لتوسيع الإمبراطورية الفرنسية في مدة قصيرة. فقد استطاع بونابرت رغم عمره القصير أن يخضع لحكمه كثير من الدول المجاورة التي تحيط بفرنسا..ولم ينتهي طموح بونابرت في الاستيلاء على دول القارة الأوروبية بل تجاوزه للاستيلاء على دول الشرق الأوسط والأقصى حيث كانت الإمبراطورية العثمانية تعرف نهايتها وتؤول لضعفها قبل زوالها.

فقد كانت الإمبراطورية العثمانية تعرف تقسيما جغرافيا وضعفا في الحكم وظهرت إبان ذلك ثورات محلية تعمل لتحقيق استقلالها عن الحكم العثماني. وفي ظروف التقسيمات التي تمت للعالم العربي الإسلامي تتمحور القضية الفلسطينية لأنها كشفت الحقائق المخفية وراء الأنظمة العربية التي تأسست على موالاتها لدول الحلف والإمبريالية التي استطاعت أن تحفظ وتحافظ على كراسي الحكم للعشائر العربية التي لا تزال تسير البلاد ومادام الأمر لم يتغير فليس هناك حل للقضية الفلسطينية.

أطرح قضية فلسطين في مستواها التاريخي أولا حتى تتضح الرؤية ونعمق الفهم الذي يحصل بفضل العودة للتاريخ لفهم الجذور الأولى للقضية ولمقاربة تاريخية للقضية. ونرجع للقضية كما جاء ذكرها وتداولها في القرآن الذي قرنها بوعده، فهي تمثل المواجهة الحاسمة بين من اختارهم الله واستعملهم لحمل لواء الدين الحق وبين الجاهلية الحداثية أي التي دعمت الصهيونية وتوجتها كهدف أسمى بلغه النظام العالمي. وإذا كنا قد قاربنا زمن التتويج كما أنذر بذلك القرآن فإنه لا بد أن نعرج على التاريخ حتى يتضح الفهم ونقف عند الأصول التاريخية للقضية الفلسطينية. إذ تمتد القضية في قلب التاريخ الحديث حتى قبل الإعلان عن دولة إسرائيل. ويلزم بهذا الفهم تولية البعد التاريخي الأهمية القصوى ونحن نقارب القضية الفلسطينية. وأحاول أيضا الوقوف عند مختلف أبعاد القضية وكيفية حضورها في وعي الإنسان العربي ودورها في تكوين شخصيته كمسلم فهي جزء أساسي ومكون عميق لإرثه الثقافي والديني.

ربما أخذت القضية تطورات معقدة وحصلت أحداث أدت إلى انقسام في صف حركات المقاومة لأسباب متشابكة قد نفيض القول فيها لاحقا، ولكن القضية لم تلق استجابة حقيقية وقوية لدى الشعوب العربية ولم يتمثلها الرأي العالمي بحيث عمل الإعلام على طمسها وأدرجها المثقفون والمنظرون ضمن غطرسة الإمبريالية العالمية وحملات الاحتلال العسكري للدول العربية منذ بداية الاستعمار في مستهل القرن العشرين. وتطورت القضية واتخذت مسارا أكثر تعقيدا وبرزت الهمجية الصهيونية وما صاحبها من الحروب الإبادية التي تمارسها إسرائيل في حق الشعب الفلسطيني كان آخره حصار غزة. ووصلت إسرائيل لقمة غطرستها وتجاوزات كل القوانين الدولية والأممية وجعلت نفسها فوق كل القوانين. وأعلنت رسميا وبكل وقاحة بأنها "شعب الله المختار" ومارست هذه المقولة إيديولوجيا وسياسيا وعسكريا وفكريا واحتقرت بنظرتها المتعالية باقي الشعوب والأمم. يفهم عدم تفهم ودعم الشعوب العربية للقضية الفلسطينية لكونها تخضع لسياسة القمع والاستبداد التي تمارس في حقها ولكون الجماهير العريضة لا تزال خاضعة لقهر واستبداد الحكام ولا تقدر أن تخلص نفسها من قبضتهم، فكيف بها أن تتصدى لقضية تزداد تشابكا وتعقدا؟!

كان حضور القضية الفلسطينية عبر التاريخ الحديث أي منذ نهاية القرن التاسع عشر وبداية القرن العشرين قويا في الساحة السياسية العربية والعالمية. إذ شكلت القضية محور الأحداث السياسية التي تتعلق بالسياسة الإمبريالية التي مورست في الشرق الأوسط والتي استهدفت فيها الكثير من الدول العربية وخاصة الشام، وهي

فلسطين وسوريا والأردن. ولكن حضورها لم يكن بنفس القوة في الإعلام العربي وفي مخيال المواطن العربي المسلم فلم يتعلم عنها شيء سواء يذكر بمدرسته أوحومته أو من خلال الإعلام المرئي والمقروء. وظل المواطن العربي جاهلا بقضية فلسطين ويمر على مستجداتها بعض الصحافيين مر الكرام فيما يتوصل به من الأخبار حتى الثمانينات. وفي هذا الباب يطرح هم المواطن العربي الذي لم يكن يعي أهمية قضية فلسطين منذ بداياتها الأولى لأنه لم يتعلم التاريخ الحقيقي للبلاد العربية في وضعية الاستعمار الإمبريالي. ومن حق المواطن العربي في الحاضر أن يراود عقله ومخياله أسئلة كثيرة تساءل سبب قلة الوعي الجماهيري بهذه القضية منذ بداياتها الأولى. فقليل من يعرف أصول القضية وتشابكاتها وكيفية ارتباطها بالأنظمة العربية السياسية حيث تم تحويلها من قضية محلية إلى قضية عربية. ولا يفهم كيف تعقدت الأمور حين تم ربطها بالمشروع الصهيوني الذي جعل فلسطين بداية لمخطط بناء الوطن الكبير الموعود من النيل حتى الفرات. فمن عمل على تحريك وبناء وبناء ما يسمى المشروع الصهيوني الذي غير وجهة اليهود الشتات في بقاع العالم ليحولهم ويهجرهم إلى بلد الوعد؟

لماذا تم التعتيم على قضية مصيرية بالنسبة لمجموع الأمة؟ هل لأن القضية أهملت من طرف الباحثين والمؤرخين ولم يتم ذكر تاريخ القضية الفلسطينية في كتب المؤرخين والباحثين ؟ لماذا لم يؤرخ لهذه المرحلة بأحداثها ولم يتم تدريسها كما ندرس عن باقي الأحداث والتواريخ الذي تخص بلدان الغرب من أوروبا وأمريكا وروسيا وغيرها ونعرف بالتفصيل عن مجريات الأحداث التاريخية بها، ولماذا هذا التطميس والتجهيل بهذه القضية التي لا يعرف عنها إلا القليل، سواء في مقررات التعليم أو في الكتب التي أنتجت حول القضية؟ لا نجد ذكرا للقضية إلا مقترنا بسنة النكبة 1948م باعتبارها بداية القضية ولكن ماذا حصل قبل ذلك وكيف تطورت الأحداث منذ عهد بونبارت إلى الإنجليز الذين استلموا القضية واستحوذوا على بلاد الشرق؟ وما هي تداعيات تلك الأحداث؟

يجيبنا أحد رواد الفكر والمقاومة بفلسطين وهو **عزمي بشارة** بمقالته التالية: "لم يكن الاهتمام بالقضية الفلسطينية بمجملها يوماً، اهتماماً بالفلسطينيين أنفسهم، ولهذا لم تنتهِ قضية فلسطين بل ازدادت تعقيداً مع مرور الزمن. ليس صحيحاً القول إذاً إن هناك اليوم اهتماماً دولياً أكبر وتضامناً متنامياً مع قضية فلسطين. فهذه الأخيرة تأثرت أكثر من أية قضية أخرى سلباً بالتطورات الدولية. فقد شهدت، منذ نشأتها، محاولات لتحويلها إلى كبش فداء لصراعات دولية عديدة، منذ ثورة 36 ــ 39 التي مثّلت عبئاً على الإمبراطورية البريطانية إبان الحرب العالمية الثانية وحتى

انعكاس الانهيار الذي أصاب المعسكر الاشتراكي مروراً بكل تطور دولي، ما جعلها على مر العقود، بشكل غير مسبوق، أسيرة للتطورات والتشابكات الدولية.

نفهم أن القضية الفلسطينية ظلت في مستواها السياسي المحض تخضع للحلول والمساومات والمفاوضات السياسية في المحافل الدولية غافلة عن الشعب الفلسطيني صاحب القضية والعنصر الرئيس فيها. تطرح قضية فلسطين وتطرح حقوق مرسومة مثل حق "المقاومة" وحق عودة اللاجئين، وتبقى تلك الحقوق حبرا على ورق ولا من حق أن يغير وضع الإنسان الفلسطيني الغارق في المخيمات فهو إما لاجئ وإما أسير وإما تحت القصف يواجه الموت في كل اللحظات.

يذهب عزمي بشارة في مقاربته الجادة للقضية بأنه يلزم طرح بعض الأسئلة الأسئلة لتنوير الفهم وسأسرد هذه الأسئلة لأهمية منظوره وفهمه للقضية، وفي هذا السياق، لا بد من التساؤل التالي أولاً: ماذا تعني كلمة لاجئين بالعربية بالنسبة إلى قوم عرب؟ وثانياً كيف يتهمهم بعض العنصريين بأنهم كانوا "عالة"، فيما هم أحضروا كل هذه الكفاءات والقدرات وبذلوا كل هذا الكد والكدح والجهد وشاركوا في بناء دول حقيقية في المنطقة، من جهاز التربية إلى جهاز القضاء، وليس فقط في بناء شركة خاصة أو شركتين؟. وأخيراً، لا بد من طرح السؤال التالي: ماذا سيحل بالمخيم الفلسطيني من دون حق عودة، إذ إننا لا نستطيع أن نتعامل معه دائماً كمسألة نظرية تقتصر على الدراسات والأبحاث. نحن الآن أمام المشهد التالي: هُمّشت منظمة التحرير الفلسطينية إطاراً للاجئين أيضاً بعد اتفاقيات أوسلو، ويجري إحياؤها تكتيكياً لغرض مواجهة تيار من خارجها فاز بالانتخابات كأداة فقط ضد حركة المقاومة لتهميشها وتفريقها. فيما تخوض السلطة الفلسطينية عملية سلام متعلقة بالضفة والقطاع متذرّعة بأنه لم يبق لديها خيارات أخرى. ولذلك في مثل هذه الظروف، لا يبدو حق العودة قريباً، ولا سيما في ظل منع المقاومة من ممارسة حقها من الخارج بسبب تهويل النظام الرسمي العربي من قوة بني إسرائيل[9].

وهنا يلزم طرح وضعية اللاجئ الفلسطيني وقضية المخيم لأنها قضية جوهرية وحاسمة؛ لأنها تجيب عن وضعية بقاء الفلسطيني في المخيم بعد النكبة، فهي، أي الإقامة بالمخيم ليست حلا نهائيا ولكنه مؤقت إما انتظارا للعودة القريبة أو للالتحاق بصفوف المقاومة، أو لكون المخيم أصبح قاعدة للمقاومة. ولا يعني هذا أن يلغى طرح حق المخيم الفلسطيني في المقاومة والانخراط في ركب حركة تحرر وطني فلسطيني يتطلع فيها بدور طليعي، وبهذا تكون قضية المخيم محورية

لزم طرحها ومدارستها محليا ووطنيا وإقليميا وعالميا، وإلا يصبح المخيم إقبارا للفلسطيني وإنهاء للقضية الفلسطينية وتنازلا عن المقاومة في إنتاج مخيمات بدون أمل العودة القريبة أو البعيدة فيصبح مفهوم المخيم بهذا المعنى محضنا موبوءا بدون الأمل في عودة قريبة وإقبار للمقاومة. وطالما لا نقدر أن نطرح قضية المخيم ولا نجيب عن قضية اللاجئين، فإن النتيجة ستكون تحويل المخيم إلى غيتو وحي فقر، ونحن نعرف سوسيولوجياً ماذا تنتج الغيتوات وأحياء الفقر، ولا ينتهي الأمر والواقع عند قضية وضعية المخيمات وما ستؤول له من دون المقاومة، مع عدم إمكانية العودة، ومع ما يقع حاليا من اكتساح عمليات الاستيطان التي تزيد من بناء المستوطنات واحتكار المزيد من الأراضي مع تقليص جغرافية فلسطين التي كادت تصير خطا أرضيا ضيقا محاطا بجدران الفولاذ التي تحاصر الشعب الفلسطيني الذي أريد له الإبادة بعد أن سلب حق الوطن والأرض والحياة والحرية.

يختم عزمي بشارة مساءلاته بعد طرح عدد من الأسئلة المشروعة في الذكرى الواحدة والستين للنكبة، وهي أسئلة متعلقة بمشاريع كبرى، منها إعادة مناقشة الوضع الفلسطيني والعلاقة مع الوضع العربي، وخلق حالة من الضغط السياسي والفكري عبر وعي هذه الأسئلة وطرحها، وهنالك فصائل ومنظمات ودول من واجبها أن تجيب عن هذه الأسئلة وأن نناقشها على إجاباتها هذه، وألا نسمح لها بالتهرب بالخطاب الديماغوجي، ولا أعرف مكاناً أفضل من الجامعة ومن هذا الجيل للبدء بالمناقشة وطرح الأسئلة 10.كما أن سوق القضية لمستواها الوطني المحلي وبأنها قضية الفلسطينيين وحدهم وبأنها قضيتهم دون غيرهم من الشعوب العربية قد حول القضية إلى دعوة وطنية ضيقة وأصبحت حاليا قضية حزبية ما بين حماس وأحزاب التحرير الأخرى، إن الفلسطينيين الذين ادّعوا أن المهمة مهمتهم فقط، تحولوا في النهاية إلى ما يشبه نظاماً عربياً رسمياً، والعرب الذين تناسوا النكبة هم أنفسهم الذين أقاموا أنظمة عسكرية، وهم أنفسهم الذين أقاموا أنظمة فساد، فتذرّعت تلك الأنظمة الاستبدادية بالإنفاق العسكري كونه أنهك الاقتصاد الوطني، فيما لو لم يكن هناك من فلسطين لاخترعت تلك الأنظمة أسباباً أخرى تعلّل بها ضعف اقتصادها، وليس صحيحاً أن هذه الأنظمة أمست استبدادية لأنها لم تتمكن من تطوير بنائها ومؤسساتها نتيجة الاستنفار الدائم لمواجهة بني إسرائيل 11. فالإنفاق الاقتصادي والبشري لا علاقة له البتة بقضية فلسطين، وأكبر دليل على ذلك هو أن أكثر طرف على تماس بقضية فلسطين عسكرياً واقتصادياً وإنسانياً واجتماعياً هو إسرائيل. فلماذا تمكّنت إسرائيل من إنشاء اقتصاد مزدهر ومؤسسات علمية وقامت بتقعيد الديموقراطية لليهود من طراز خاص، وعززت استقلالية محاكمها إضافة إلى تطوير هويتها الوطنية ولغتها

العبرية؟ ولماذا يدخل اقتصادها عالم "الهاي تيك" والـ"مايكرو أوبتكس" وبات العلماء والمخترعون يحصلون على جوائز نوبل في العلوم في ظل حالة حرب واستنفار دائمين. هم حاربوا فعلياً بالقدر الذي حاربت فيه كل الدول العربية مجتمعةً، لا بالقدر الذي حاربت فيه كل دولة على حدة. إنهم أكثر "دولة" تحملت "عبء قضية فلسطين" بالمعنى المعكوس للكلمة طبعاً. لماذا يسجل اقتصادهم معدّل نمو وصل في فترات معينة إلى 7 في المئة محققاً بذلك أرقاماً قياسية؟ لماذا الطبقة الوسطى مقبلة أبداً على التوسّع؟12 يبقى أن القضية لها تشابكات على المستوى السياسي الذي من خلال منظوره الرسمي يتم معالجتها وفهمها والتعامل معها كملف قانوني لم يلقى الدعم الكافي من الحكام العرب، كما أنه لم يرق بعد ليصبح قضية إنسانية تتضمن مصير اللاجئين والأسرى والمهجرين والقابعين فيها تحت الحصار ونار صواريخ العدو والمنكوبين والضحايا الذين لا يعلن عنهم حتى في الإعلام العربي فبالأحرى الدولي والعالمي والأمريكي.

قضية فلسطين إذاً هي أسيرة المسألة اليهودية الأوروبية، أمّا مصدر التعقيد الثاني، فيكمن في كونها أسيرة مسألة عربية غير محلولة حوّلت قضية فلسطين إلى قضية بين دول عربية مختلفة تعيش صراعات فيما بينها، فهي تارة قضية إيديولوجية بالنسبة للدول التي تقدم نفسها كأنظمة راديكالية ثورية، وطوراً قضية صفقات مع الاستعمار والولايات المتحدة عند نوع آخر من الأنظمة. وقعت قضية فلسطين على تقاطع مسألتين معقدّتين جداً، تعرف إحداهما بالمسألة اليهودية، فيما أعرّف أنا الأخرى على أنها المسألة العربية في الشرق، وهي المسألة نفسها التي تجعل الدول العربية تبحث عن حلول منفردة مع إسرائيل ما دامت مسألة الأمة غير محلولة، وعند نقطة الالتقاء والتشابك، تقع القضية الفلسطينية. في ظل هذا، يستحيل أن نقول إن قضية فلسطين لاقت اهتماماً فاض عن حاجتها، حيث إن هناك كماً هائلاً من العناصر الدولية التي تحالفت ضدّها بصورة غير مسبوقة في التاريخ13.

إن القضية الفلسطينية تقع على تقاطع مسألتين خطيرتين، المسألة العربية من ناحية، وهي المسألة القومية الإقليمية الرئيسية التي تفرز تعقيدات لا حد لها من الصراعات بين القوى الفلسطينية وداخل البلدان العربية، وتستخدم فيها القضية الفلسطينية وسيلة وليس هدفا. وتطرح القضية اليهودية العالمية بحدة من ناحية أخرى، وهي المسألة التي صدرت وما زالت تصدر إلى منطقتنا من أوروبا والتي تمنع وتحول دون الرؤية الحقيقية والواضحة للشعب الفلسطيني الذي احتلت أرضه، وبذلك فالغرب لا ينظر إلى قضية فلسطين كقضية كولونيالية. أصبح

الرأي الأوروبي يجعل إسرائيل جزءا من أوروبا أو الغرب، فقط بعد أن هجرت اليهود خارج أوروبا وصدرتهم نحو الشرق. ومن هنا تنبع خصوصية تعقيد القضية الفلسطينية لأنها تطرح من بنية هاتين المسألتين. ومن سخرية التاريخ أن العداء للسامية ورفض اليهود كمكون ديموغرافي أوروبي غير مرغوب فيه لم يأدلج إلا بعد تهجير اليهود من أوروبا.

ويبقى مشروع مقاربة القضية بمنظور تاريخي بشكل أحادي كيفما كانت موضوعية انطلاقه ومسلماته وأبعاد توجهاته ومقاصده محدود النظر وغير قادر على إدخال كل الفعاليات التي تكون الحدث التاريخي. وفي هذا الصدد أحيل إلى المفكر المغربي مرشد جماعة العدل والإحسان الذي يبين عمق النظر التاريخي الذي يتوخى ليس فقط فهم الأحداث وتداعياتها بل الغور في ثناياها والنظر إليها بمنظور مغاير عما ألفه الفكر الغربي المهيمن في الثقافة والفكر والعلوم وغيرها.

يقترح الأستاذ عبد السلام ياسين قراءة المخزون الثقافي والثرات والتاريخ بمنظار غير إسلامي إذا ما أردنا تسليم الحداثة، لأن الحداثة هي المظهر الحديث للابتلاء، ولأن قصص الأنبياء لم ترد في القرآن للتسلية بل للاعتبار والاقتداء. ويمثل التصور الدهري للتاريخ الأحداث كأنها نهر جاري بالحضارات يصب في بحر العدم. يقولون: "مَا هِيَ إِلَّا حَيَاتُنَا الدُّنْيَا نَمُوتُ وَنَحْيَا وَمَا يُهْلِكُنَا إِلَّا الدَّهْرُ." سورة الجاثية، آية، 24. فلا معنى للإنسان ولا إله ولا رادع إلا توازن القوى وحساب الاستراتيجية. و يصور التحليل المادي الجدلي التاريخ سلسلة من التطورات تمسك كل حلقة بالتي قبلها وتتولد منها وتتناقض معها وتتجاوزها. فطرح المنظور المادي التاريخي لفهم الحضارات وتداولها ليس كافيا لفهم جميع أبعاد تكون تلك الحضارات والأسباب التي تقوم عليها وكيفيات ازدهارها نموها أو تقهقرها وزوالها. فمفهوم الصراع الطبقي لدى في منظومة ماركس تضيق مفهوم التطور كما ذهب إلى ذلك الأستاذ عبد السلام ياسين. إذ اعتبر أن صراع الطبقات وبروز الثورات بعد نشوء نواتها في رَحم المجتمع العتيق. تقدم الماركسية عن التاريخ، كما تقدم التطورية الأخرى الداروينية عن الإنسان، صورة وجود عبثي صراعي لا قيمة فيه للإنسان فوق قيمة حيويته وصلاحيته للبقاء من بين أجناس الحيوان المتصارعة في البيئة، ولا قيمة فيه للفرد وسط المجموع القطيعي، ولا بعث إلا انبعاث الطبقة القوية المحررة، ولا نشور إلا امتداد الثورة الطبقية لتعم العالم، ولا جنة إلا المجتمع اللاطبقي، ولا نار إلا هيمنة الامبريالية وبقاء العدو الطبقي[14].

فهذا التصور التاريخي المادي الجدلي الذي يجعل حركة التاريخ صراعا بين الطبقات سعيا لتحقيق ثورة البلوتيراليا في المرحلة الانتقالية والحرية المشاعية كغاية نهائية، هذا ما جسدته الفلسفة الماركسية في مستواها الاجتماعي الاقتصادي التاريخي. وأثبتت الداروينية نفس المنظور على مستوى الإنسان الفرد حيث تصبح الحياة والصلاحية للأقوى. لننظر مليا في عمق الفلسفتين وفي المسكوت عنه وما وراء الحركية الجدلية وصلاحية البقاء للأقوى بين الأجناس، فإننا سنجد عمق الفهم والتصور الصهيوني لحركة التاريخ الذي انتهت جدليته في الصراع الطبقى بتحقق الوعد باحتلال دولة فلسطين بعد أن تم تهجير شعبها لأنها نهاية لجدلية التاريخ. وفي مستوى البقاء والصلاحية للأقوى فدولة إسرائيل هي القوة ولها الصلاحية في الهيمنة والبقاء فهي فوق القوانين وفوق حق الشعب المضطهد. وتمارس إسرائيل الآنية والآتية استبداد لا نظير له في تاريخ الإنسانية وتبين أن صلاحية الحياة لا تكون إلا للإنسان اليهودي وبذلك تخرج كل الأمم الباقية التي تعدها مجموع القطيع المشوش.

وبدأت بذلك إرهاصات نهاية دولة الوعد بعد عمر قصير جدا لتكتشف الشعوب العالمية الكذب والخداع الذي استغلته القوى الصهيونية لتكسب دعم تلك الشعوب. ولكن الحقيقة تظهر ولو بعد حين وهي الآن بدأت بالظهور ويسهم في إظهارها عقول غربية أصبحت بإذن ربها تعلن حقيقة وهم وخدعة جعلها الله مشروطة بوعد الآخرة. حقاً إن التحدي الصهيوني يفعل فعله في الواقع المعيش وفي نفسانية العرب المسلمين وغير المسلمين ، لكننا إذا عزلناه وضخمناه متأثرين بهمومنا وآلامنا، أصبح عائقا يستحيل تجاوزه. أما إذا وضعناه في السياق التاريخي الإسلامي وقسناه بمقياس التاريخ الإسلامي فإنه يصبح مجرد هبة ريح عابرة. فالقراءة القرآنية للتاريخ كفيلة بأن تحصر آلام الحاضر وهزائمه ونكساته في أبعادها النسبية، لأن "القضايا" و"المشاكل" التاريخية تتحدد حسب هذه الرؤية انطلاقا من ظرف شاسع معقد -كما يحلو لمفكري ما بعد الحداثة أن يصفوه- وانطلاقا أيضا من الزمن، لهذا لا يمكن للنشرات الخاطفة أو المقتطعات الانطباعية الموصولة بالمستعجلات السياسية أن تربطنا حقا بالتاريخ، حذارِ إذن أن تقطع الأحداث وأفعال البشر وضرورة التدافع صلتنا بالمطلق وبالموعود الرباني.[15]

تاريخ القضية الفلسطينية
نابليون والمشروع الصهيوني

اقترن المشروع الصهيوني بالنظام العالمي الذي انبثق في شكله الحداثي منذ الثورة الصناعية والإمبريالية العالمية فالفكرة الصهيونية التي تبنت فكرة عودة الشعب اليهودي الشتات لأرض الميعاد التي تنبئ بها في التوراة منذ آلاف السنين. والتاريخ وحده وأحداثه وتسلسلها تعلمنا الكثير عن القضية الفلسطينية. تذهب المفكرة الفلسطينية نادية مصطفى إلى الاعتبار من درس التاريخ الذي يبين تاريخ المشروع الصهيوني في دولة فلسطين، إذ أنه تم على أرضها وانبثق منها. اقترنت وانجدلت منذ ما يزيد عن القرن ثلاثة مسائل تقوي بعضها البعض، تشكل هذه القضايا الثلاث التاريخ الفلسطيني المعاصر.

ويتضمن أيضا تاريخ القدس وبموازاته تاريخ الأمة العربية والإسلامية. ومن هذه الأمور الثلاثة نقرأ مسائل ثلاث هي: أن المساندة والتحالف بين المشروع الصهيوني ومشروع الاستعمار والهيمنة الغربية (مع توالي القوى الغربية القائدة لهذين المشروعين) من ناحية، ومن ناحية أخرى ظهور التواطؤ والتخاذل والانقسام ثم تصاعدهم التدريجي في الصفوف العربية والإسلامية خلال جهود نصرة أو مساندة أو التضامن مع الشعب الفلسطيني في مواجهة الصهيونية وإسرائيل، يواجه المشروعين   استمرار مقاومة الشعب الفلسطيني التي هي القضية الثالثة[16].

تعطي المفكرة نادية مصطفى آليات ومفاتيح قراءة التاريخ وأحداثه الذي اقترن بقضية فلسطين التي يدور حولها مصير أمة بكاملها وعليها يتوقف جهاد الأمم العربية المسلمة التي تسعى بقوة لإحداث التغيير في واقعها المتقهقر الذي تعرفه تحت نير الحكام المستبدين القاهرين. ونتعلم من   الأستاذ عبد السلام ياسين كما تتبعنا في مدخل المؤلف كيف نأسلم التاريخ وذلك بإعادة بنية الشخصية المسلمة بربطها بالقرآن كمصدر أولي للعلم والعمل حيث نلقى تفصيلا في كيفية مواجهة الأمة للتحديات التي يطرحها الواقع والتي تضع الأمة في كفة الاستضعاف والتقهقر والقوى العالمية والصهيونية المتواطئة في كفة القوة والغلبة وكيف يمكن تجاوز الضعف لبناء القوة من خلال مواقف تكتيكية واستراتيجية.

تقتضي أسلمة التاريخ قراءة صائبة لكلام الله العزيز الحكيم، موازية لنظرة متفحصة تستنطق الواقع، لأن الخضوع للسنة الإلهية لا يعني أبدا الاستغراق الخالد في انتظار متواكل. أسلمة التاريخ تعني قبول شروط المعركة كما قبلها رسل الله عليهم صلوات الله وسلامه، والتشبث مثلهم بواجب الوقت، والإعراض عن المعارك الجانبية وآثارها، بذا يصبح "تداول الأيام" في حقك قدراً مقدوراً، أن تعالج الجزيئات بكل تواضع خطوة خطوة، مدافعا المعتدي، مواجها التكالب العدواني باستماتة من يوقن أنه على حق. أسلمة التاريخ لا تعني التحليق في سماء الأماني أو الاستلقاء على فراش الجبرية الوثير، والاحتماء بالقَدر لا يبرر أبداً تثاقلي وتغيُّبي عن مواقع التدافع بينما تزحف الكارثة، وإلا أصبحت منبوذا خارج التاريخ. [17]

فالقراءة القرآنية للتاريخ كفيلة بأن تحصر آلام الحاضر وهزائمه ونكساته في أبعادها النسبية. لأن"القضايا" و"المشاكل" التاريخية تتحدد حسب هذه الرؤية انطلاقا من ظرف شاسع معقد -كما يحلو لمفكري ما بعد الحداثة أن يصفوه- وانطلاقا أيضا من الزمن. لهذا لا يمكن للنشرات الخاطفة أو المقتطعات الانطباعية الموصولة بالمستعجلات السياسية أن تربطنا حقا بالتاريخ. حذارِ إذن أن تقطع الأحداث وأفعال البشر وضرورة التدافع صلتنا بالمطلق وبالموعود الرباني. لكن انتسابنا إلى البعد الرباني وإلى استمرارية تتجاوز حدود التاريخ لا يعني أبداً أننا نفر من المعركة الحاضرة المُحسة، بدليل استبسال المنظمات الإسلامية في فلسطين وفي جنوب لبنان، وإرسال حماس والجهاد وحزب الله أفضل عناصرها إلى ساحات الاستشهاد برهان على أن المؤمنين ليسوا جبريين فاترين، تَحدٍّ ومقاومة لا يميزهما عن نضال الشعوب المستضعفة سوى الحافز الروحي السامي هنا، الوطني والإيديولوجي هناك. [18]

ونستمر في مقاربة التاريخ نتفهم محركاته الظاهرة والخفية ونرجع لحملة نابليون على مصر عام 1798م التي انطوت على كل التوجهات الاستعمارية الغربية اتجاه الشرق العربي، فقد كان نابليون يسعى من وراء هذه الحملة إلى تمزيق وإضعاف الدولة العثمانية تمهيداً للقضاء على دولة الخلافة الإسلامية وفرض النفوذ الفرنسي على الشواطئ الشرقية للمتوسط، حتى تكون فرنسا قادرة على فرض شروطها على بريطانيا. من ناحية أخرى فقد حمل نابليون معه إلى الشرق العربي مشروعين اثنين كان قد كثر الحديث عنهما في بعض الأوساط الفرنسية، وهذان المشروعان هما إنشاء دولة لليهود الأوروبيين في فلسطين، والآخر هو إنشاء كيان للمسيحيين في الشرق وبالتحديد الموارنة. [19]

وصل طموح بونابارت لتمديد إمبراطورية فرنسا كقوة عسكرية في أوروبا ذروته، ودفعته طموحاته دفعا لخوض حملات عسكرية وحروب لا منتهية في أوروبا لإنجاز طموحه الكبير. وبذلك يمكن نعت المرحلة التاريخية لحكم بونابرت بكونها شكلت البذرة الأساسية لانبعاث الإمبراطورية الفرنسية ومن تم الإمبريالية الأوروبية التي أرادت مواجهة العرش العظيم الإنجليزي. هي حركة انبعثت من قلب أوروبا المصنعة التي وصلت ذروتها في التطور الصناعي والتقني والعلمي والفكري، حيث أرادت القوى الإمبريالية السيطرة على العالم لاحتكار مواده الخام ومصدر الطاقة واستعماله كسوق لترويج سلعها المصنعة. ومن تم مثلت حملات نابليون العسكرية للشرق ابتدأت بغزو مصر وسوريا والأردن وباقي الدول الساحلية نظرا لأهمية هذه البلدان على جميع المستويات ولتقهقر الإمبراطورية العثمانية التي كانت تعرف إرهاصات نهايتها.

توافق مشروع نابليون الإمبريالي التوسعي بطموحات الطبقة البرجوازية اليهودية بأوروبا فدفع بها بونابارت لتبني مشروعه والمحاربة بجانبه في حملته على الشرق وخاصة على سوريا وفلسطين حتى يتسنى لها تحقيق الوطن الوعد ويصبح لها وطن في قلب المشرق تخدم من خلاله مصالح الغرب وتعمل على تشتيت العرب والمسلمين بالشرق ليصبحوا دويلات مجزأة متنافرة متناحرة غير قادرة على التوحد في إمبراطورية كبيرة بعد أن خضعت الإمبراطورية العثمانية للانهيار. ويعتقد الكثير من المؤرخين أن حملة بونابرت ظهرت على وجهها الحقيقي حين انتقل بجنوده الثلاثة عشر ألف للهجوم على الولايات العثمانية بالشام وذلك عبر احتلاله للمدن الساحلية العريش وغزة ويافا وحيفا. وكان هجومه على يافا وحشيا وبربريا حيث أقدم على قتل 1400 أسير دفعة واحدة بالحراب أو بالغرق وذلك حتى يوفر الرصاص، وأقدم كذلك على نهب وذبح النساء والأطفال والرجال بمنازلهم ومحلاتهم لمدة ثلاثة أيام متتالية، لكنه حاول رغم قلة موارده وإصابة معظم جنوده "بالطاعون الدبلي" أن يحاصر عكا، هذا الحدث التاريخي الخطير الذي أبان قوة المقاومة.

تكمن أهمية عكا الاسترتيجية أنها ذات طريق بحري مهم يصل ما بين مصر والشام، وتعتبر هذه المحطة بالنسبة لحملة بونابارت نقطة تحول كبيرة. وكان نابليون يأمل أن يسيطر على ميناء عكا الحيوي حال رسوه على الشواطئ المصرية وذلك عبر افتعال تمرد على الحكم العثماني هناك وكان متيقنا أن عكا لن تقاوم لأكثر من أسبوعين ثم تقع في قبضته، ولكن شيئا من هذا الأمر لم يتحقق.

بل العكس تماما هو ما حصل، حيث عزز الانجليز التحصينات العثمانية بسفن تهاجم وصول المؤن والتعزيزات للفرنسيين من الخلف، ومن خلال صمود المدافعين وتعرض الفرنسيين للطاعون والأمراض المختلفة وقلة الغذاء والمؤن، وبعد موت ما يقرب من ألفي جندي فرنسي، لتلك الأسباب قرر نابليون الانسحاب إلى مصر بعد شهرين من الحصار. وكان الانسحاب مذلا لأن الجنود أمروا بتسميم زملائهم المرضى أو الجرحى حتى لا يتعرضوا "للتعذيب" وقطع الرأس من العثمانيين كما تم إبلاغهم من بعض الجنود التائهين. ثم تجمعت قوات بونابرت المنسحبة إلى مصر وكان عليها مواجهة غزو عثماني وشيك على مصر، وكان هذا ما تم فعلا في معركة أبو قير حيث قامت قوات نابليون بدحر هجوم برمائي عثماني.20.

بدأت الهجومات العسكرية الأولى، التي تضمنت مقاصد بناء دولة اليهود الموعودة، على فلسطين وتحديدا على عكا منذ حملة نابليون العسكرية على الشرق والتي كان من أهدافها الأساسية ضرب خطط الإنجليز في الشرق وهيمنة الفرنسيين واستيلائهم على منطقة محورية بالشرق، وقد اتسمت الحملة العسكرية النابولية بشمولية هجومها حتى وصلت إلى مشارف مدينة عكا في فلسطين، بعدما احتلت في طريقها كلا من مالطة والإسكندرية عام 1798، وهزمت المماليك في معركتي الرحمانية وإمبابا ودخلت القاهرة. غادر نابليون القاهرة وقصد مدينة غزة ليحتلها في سنة 1799، ومنها انتقل إلى مدينة يافا، حيث احتلها وارتكب هناك مذبحة رهيبة راح ضحيتها ما يقارب العشرة آلاف شخص بين جندي ومدني، وكان الهدف التكتيكي هو بث الرعب وإشاعة الهلع وإحداث الهزة النفسية لكي لا يعطي فرصة للمقاومة لتقوم بدورها. وفي 18 مارس 1799م كان نابليون أمام أسوار عكا مع جيش كبير يتجاوز عدده ثلاثة عشر ألف جندي فرنسي من النخبة "مثل نخبة الجولاني عند الصهاينة". وبما أن عكا كانت تشكل موقعا استراتيجيا هاما كان لا بد من احتلالها وخاصة أنها مدينة صغيرة لا يكلف احتلالها الكثير من الوقت والعتاد. وقد كان والي عكا آنذاك الوالي أحمد الجزار باشا البوسني الأصل، الذي جاوز السبعين من عمره.

أرسل نابليون إلى الجزار رسالة ملؤها الكبرياء والعجرفة قال فيها: "إنني الآن أمام قلاع عكا، ولن يكسبني قتل شخص هرم مثلك شيئاً... لذا فأنا لا أرغب في الدخول معكم في معركة... كن صديقاً وسلم هذه المدينة دون إراقة الدماء." وجاء رد الجزار في رسالة جوابية على خلاف ما توقعه نابليون قائلا: "نحمد الله تعالى لكوننا قادرين على حمل السلاح، وقادرين على الدفاع... إنني أنوي أن أقضي الأيام القليلة الباقية من عمري في الجهاد ضد الكفار."

عندما تسلم نابليون هذا الجواب الذي قطع أمله في الدخول إلى المدينة ظافراً دون قتال التفت إلى ضباطه وقال لهم بضيق ونفاذ صبر: "لقد أصبح من الواضح الآن أن هذا الشيخ الهرم سيكون سبباً في ضياع بضعة أيام منا...ولكن لا بأس... لا تقلقوا... سنكون بعد يومين في وسط هذه المدينة... سنلقنهم درساً لن ينسوه". 21 وأثناء حصار بونابرت لمدينة "عكا" الفلسطينية 1799م بدأت أولى خيوط الشراكة "الاستعمارية- الصهيونية" عندما أصدر بونابرت نداءه إلى يهود العالم طالبا مساعدته في مشروعه الاستعماري ضد العرب والمسلمين مقابل تمكينهم من استعمار فلسطين وبناء وطنهم الموعود.

ولما انهزم بونابرت، وتراجعت فرنسا عن قيادة المشروع الاستعماري الغربي، وحلت محلها انجلترا، أمسكت انجلترا بهذا الخيط، فسعت إلى زرع كيان يهودي يقطع أوصال أرض الأمة العربية، ويمثل قاعدة غربية، وأداة استعمارية تحول العرب والمسلمين دون النهوض .وزاد من حماس انجلترا لتحقيق هذا الهدف ما صنعته مصر بقيادة محمد علي باشا (1184-1265هـ 1770-1849م) في النصف الأول من القرن التاسع عشر، عندما وحدت السودان والقرن الإفريقي والسواحل الآسيوية للبحر الأحمر والحجاز والشام مع مصر، في مشروع وحدوي لتجديد شباب الشرق، إنقاذا له من الضعف العثماني، الذي كان يحرسه الاستعمار حتى يرث تركة الرجل العثماني المريض.

وفي 1840م اتفقت الإمبراطوريات الاستعمارية الأوروبية المتنافسة والمتصارعة على استعمار الشرق: روسيا القيصرية وانجلترا وفرنسا ضد محمد علي باشا، وأجبروه -بمقتضى معاهدة لندن- على الانسحاب من الشام وفلسطين. وفي ذات العام صعّدت إنجلترا من جهودها لإقامة الكيان الصهيوني؛ فطلب وزير الخارجية الإنجليزي "بالمرستون" من سفيره في الآستانة أن يضغط على السلطان العثماني كي يسمح بهجرة اليهود إلى فلسطين "لأن وجودهم فيها سيكون حجر عثرة أمام آمال وأحلام محمد علي -أي مصر- ومن يخلف محمد علي..22

إن السؤال الكبير المسكوت عنه في طرح القضية الفلسطينية هو المؤامرة المدبرة تاريخيا بين الكيان الصهيوني والقوة الغربية التي رأيناها تتدبر بين شخص نابليون أكبر مخطط للمشروع الاستعماري في الشرق العربي والكيان الصهيوني. فالسؤال الذي يطرح نفسه بالنسبة لنداء نابليون ودعوته يهود العالم ليدفع بهم دفعا للشرق لمساندته في حملته العسكرية مقابل تمكينهم من الأرض الموعودة التي لم يقدروا الحصول عليها من قبل لاستيطان بها، بذلك فتضمين مشروعه الاستعماري للملف

اليهودي واستعماله له كورقة في حملته على مصر وسوريا، هو ما هيأ للوعود البلفورية. فقد تبنت الدول الإمبريالية الأوروبية الحديثة المسألة اليهودية وقامت بزرع دولة إسرائيل بشكل مستفز.

ولا نقدر فهم هذا المشروع الإمبريالي الصهيوني الضخم ومقاربته وتحليله في غياب نظريات جدية تربط ما بين المشروع الصليبي الاستعماري والمشروع الصهيوني التوسعي. فنظرية المؤامرة هذه هي نظرية غير رائجة ولا يريد المثقفون العرب والمسلمون مقاربتها ولا حتى التلميح لها. وقد حاول الدكتور عبد الوهاب المسيري مقاربة هذا الموضوع بشكل محايد ونأى بنفسه بعيداً عن تهمة التفكير التآمري، ليجترح توصيفاً جديداً في موسوعته القيمة، ليسميه "العقد الصامت بين الحضارة الغربية والحركة الصهيونية" وهي النظرية التي يطرحها لتفسير خلفية دعم الغرب الغير المشروط للصهيونية، والذي يقوم الغرب بموجبه بدعم قيام دولة يهودية في فلسطين مقابل مجموعة من الأهداف المصلحية الاستعمارية التي يحققها الغرب من هذا الموقف.[23]

لنقف عند الخطاب الذي وجهه نابليون إلى يهود العالم المستوطنين بأوروبا وروسيا آنذاك حتى نستشف مقاصده الظاهرة والباطنة التي لجأ لها لتحقيق أغراضه وطموحاته الاستعمارية في الشرق من أجل فرض الهيمنة الفرنسية على العالم في مواجهة لإمبراطورية إنجلترا وعرشها العظيم. فبونابرت لم يؤل جهدا من استعمال كل الأساليب السياسية والتكتيكات الحربية للوصول للغرض ومنها استعانته باليهود لاسترداد الأرض الموعودة كما يتوهمون ويوهمهم ذلك الفكر الفلسفي والإديولوجي والسياسي للأنوار. فقد كتب نابليون نصا خاطب فيه يهود العالم يقول فيه ما يلي:

"من بونابرت القائد الأول في جيوش الجمهورية الفرنسية في أفريقيا وآسيا، إلى الورثة الشرعيين لأرض إسرائيل. الإسرائيليون هم الأمة الفريدة التي لم تستطع آلاف السنين وشهوة الفتح والطغيان أن تجردهم سوى من أراضيهم، ولكن ليس من اسمهم وكيانهم القومي... ألا ثوروا على العار يا أيها المشردون وأعلنوها حرباً لم يحدث مثلها في تاريخ البشرية، حرب تقوم بها أمة أعتبرت أرضها- بجرة قلم من الحكام- غنيمة لأعدائها الذين يريدون بفظاظة تقاسمها فيما بينهم وكما يشاءون. إن فرنسا تنتقم لعارها وعار أبعد الأمم التي تركت منسية وقتاً طويلاً تحت أغلال العبودية، وتنتقم للعار الذي أحاق بكم خلال ألفي سنة.

إن الأمة العظيمة التي لا تتاجر بالشرف، كما فعل أولئك الذين باعوا أجدادكم إلى كل الأمم تناديكم الآن من أجل أن تستلموا منها ما قد احتلته حتى الآن وبحصانة ومساعدة هذه الأمة، كي تبقوا أسياد البلاد، ولكي تدافعوا عنها ضد كل الذين يريدون غزوها. لقد جعل الجيش الصغير الذي بعثتني العناية الإلهية به إلى هنا من القدس مقر قيادته الرئيسية، إن هذا الجيش الذي يقاد بالعدل ويصحبه النصر سوف ينتقل بعد أيام قليلة إلى دمشق، المدينة المجاورة التي تهدد مدينة داوود.... فها قد سنحت الفرصة التي قد لا تتكرر ثانية خلال ألفي سنة، من أجل المطالبة باسترداد حقوقكم المدنية بين سكان المعمورة والتي حُرمتم منها بشكل مخز طيلة ألفي سنة، ومن أجل المطالبة باستعادة كيانكم السياسي كأمة بين الأمم وبحقكم الطبيعي في عبادة يهوه بحسب إيمانكم علناً ومن غير شك، إلى الأبد"[24]

نتعلم من التاريخ وأحداثه الأطماع التي يخفيها المستعمر الذي استهدف احتلال الشرق ونستشف الأهداف الاستعمارية التي خطط لها الإمبراطور "نابليون بونابرت" عندما قرر بناء إمبراطورية تابعة له في الشرق تكون قاعدتها مصر وذلك عام 1799م. فلم ينسى التاريخ ما اقترفه بونابرت وجنده من مذابح تمت بشكل همجي وغير إنساني في غزة ويافا، وقد أفصح عن نياته حينذاك وأهدافه لبناء وطن قومي لليهود في فلسطين. ولكن الشعب الفلسطيني أظهر قوة صموده وقاوم بشدة المحتل في عكا ووقف حائلاً مدمراً لأحلامه الاحتلالية، ولايزال سورها العتيد ولا تزال قلاعها المنيعة ومدافعها المتمرسة أمام مسجد أحمد باشا الجزار شاهدة على التاريخ ودليلا على مقاومتها القوية ورفض أهلها للغزاة منذ قرون مضت لأي شكل من أشكال الاحتلال.

فتواجد الكيان الصهيوني على أرض فلسطين كقاعدة عسكرية غربية وامتداد للحضارة الغربية المسيحية اليهودية بدأ يتكون مع الغزو الاستعماري الإمبريالي الأوروبي اذتي دشنه بونابرت (1769-1821م) بالحملة الفرنسية على مصر (1213هـ -1789م، فلقد أعلن بونابرت، وهو في طريقه من "مرسيليا" إلى "الإسكندرية" أنه سيجند عشرين ألفا من أبناء الأقليات لتوظيفهم كشركاء وعملاء في إقامة إمبراطوريته الاستعمارية، التي كان يحلم أن تعيد له صورة الإسكندر الأكبر 323-356 ق.م وفتوحاته الشرقية في القرن الرابع قبل الميلاد[25].

يذهب الدكتور عبد الوهاب المسيري في مؤلفه "الصهيونية والحضارة العربية" بأن الخطاب التحليلي العربي تداول من طرف لمدة طويلة قضية الصهيونية وبين كيف أنها تضرب بجذورها في التوراة والتلمود والتقاليد الدينية والإثنية اليهودية.

وقد نبه المسيري إلى وجود خلل في تصنيف المسألة الصهيونية. فالصهيونية وكما يبين ذلك الدكتور المسيري في دراسته ذات جذور غربية أضيفت لها ديباجات يهودية. فالبعد اليهودي يظهر في معظم الأحيان كبُعد زخرفي تبريري، أضيف من أجل قدرته التعبوية. ويستخلص المسيري أن الخلل في التصنيف قد أدى إلى سوء فهم وبناء افتراضات خاطئة اعتمدتها وأسست عليها كثير من النظريات والبحوث في العالم العربي. وهذا يحدد بطبيعة الحال المجال الذي ترصده هذه البحوث وطريقة تصنيف المعلومات والنتائج التي يصل إليها الباحث، فهي في معظم الأحيان ليس لها قيمة تفسيرية أو تنبوئية عالية. ففي تناول هذه الدراسة للإشكالية الصهيونية تحاول أن توضح العناصر الغربية الأساسية (المادية والمعنوية) التي صنعت وكونت الرؤية الصهيونية للواقع، وبينت هذه الدراسة أن الصهيونية ليست مجرد انحراف عن الحضارة الغربية الحديثة، كما يحلو للبعض القول، وإنما هي إفراز عضوي لهذه الحضارة ولما نسميه بالحداثة الداروينية، أي الحداثة التي ترمي إلى تحويل العالم إلى مادة استعمالية توظف لصالح الأقوى، في مقابل الحداثة الإنسانية التي ترمي إلى تحقيق التوازن بين الذات والطبيعة والتي تطالب بتكاتف كل أبناء الجنس البشري لإعمار الأرض لصالح البشرية جمعاء بما في ذلك الأجيال القادمة.26

وليست التوراة المُحرَّفة عن كتاب الله الذي أنزل على سيدنا موسى عليه السلام- سوى تزوير للتاريخ تجسد في ملاحم شعرية تفضح نيات قوم ما زالوا يؤمنون بأن رقبة "الأممي" لم تخلق إلا للسيف، وما زالوا يسعون لتطبيق هذا المبدأ كلما سنحت فرصة للقيام "بتطهير عرقي". في هذا الصدد نستنطق كتاب موريس بوكاي حين يصف العبقرية التخيلية التي ميزت مؤلفي التوراة، ويعرفنا على مصدر "الكتاب المقدس" لنكتشف "أنها التوراة قبل أن يصبح مصنفا يجمع عدة كتب، كانت عبارة عن تقاليد شعبية لا تسندها إلا الذاكرة البشرية، لذلك لم يتورع السرد الذي تحركه الوظيفة التخيلية عن التصرف بحرية في المواضيع والمراحل التاريخية الغامضة27 ".

لنقرأ القرآن حتى نطّلع على شهادة الخالق على مخلوقاته اليهودية، لينكشف لنا طرف من الحجب التي تلف القدر الإلهي. يسمي القرآن الكريم هؤلاء القوم تسع مرات "يهودا" وثلاثا وأربعين مرة "أبناء إسرائيل"، بينما لا يذكر النصارى إلا خمس عشرة مرة. وتستخدم الآيات (82-78) من سورة المائدة تعابير حادة حين تصفهم، هل مرد ذلك إلى الظرفية التاريخية التي عرفت نزاعات بين المسلمين و اليهود في عهد النبي -صلى الله عليه وسلم-؟ أم إنه التاريخ الذي ساهم فيه اليهود

بكل قوة ؟ يسرد كتاب الله أسماء الأنبياء الذين بعثهم إلى اليهود كما يحكي خيانة الجاحدين من بني يعقوب الذين يناديهم المرة تلو المرة ببني إسرائيل (إسرائيل هو اسم يعقوب في التوراة والقرآن)، فهم لم يترددوا في الافتراء على الله بقصص سخيفة أولاها أنه -سبحانه وتعالى- قد صارع يعقوب في البرية، وأنه -عز وجل- غُلِبَ في هذه المبارزة: عبثوا بمعنى اللفظين العبريين القريبين من العربية "إسر" و"إيل"، وأوَّلُوهما ليصبح معناهما "المنتصر على الرب" بعد أن كان "خادم الرب"، لا عجب! فالمارقون لا يتورعون عن سب الله -عز وجل- لا عجب إذن أن تصفهم سورة المائدة بالأوصاف الحقيرة التالية: "لعن الذين كفروا من بني إسرائيل على لسان داوود وعيسى بن مريم، ذلك بما عصوا وكانوا يعتدون، كانوا لا يتناهون عن منكر فعلوه، لبئس ما كانوا يفعلون. ترى كثيرا منهم يتولون الذين كفروا، لبئس ما قدمت لهم أنفسهم أن سخط الله عليهم وفي العذاب هم خالدون ولو كانوا يؤمنون بالله والنبيء و ما أنزل إليه ما اتخذوهم أولياء، ولكن كثيرا منهم فاسقون، لتجدن أشد الناس عداوة للذين آمنوا اليهود والذين أشركوا، ولتجدن أقربهم مودة للذين آمنوا الذين قالوا إنا نصارى، ذلك بأن منهم قسيسين ورهبانا وأنهم لا يستكبرون"[28]

اتضح الهدف الغربي الاستعماري المعلن من وراء إقامة كيان استعماري استيطاني على أرض فلسطين وهو الحيلولة دون وحدة العرب ونهوض المسلمين، بعد أن ضعفت الإمبراطورية العثمانية وتقسمت الجغرافيا العربية إلى دول ودويلات عشيرية وقبلية مشتتة، وبذلك حرص المستعمر على إبقاء وطن العروبة وعالم الإسلام مفتتًا بالقطرية التي صنعها الاستعمار، وقد كان لزرع دولة إسرائيل دورها الاستراتيجي والتكتيكي الذي يخدم مصالح المستعمر بالمنطقة. ومنذ ذلك التاريخ بدأ الاستعمار الإنجليزي بتحقيق الهدف الاستعماري .. فزاد تعداد اليهود في فلسطين 1852م إلى 4% من تعداد سكانها.. ومن خلال الفساد الإداري العثماني ارتفع الوجود اليهودي في فلسطين 1914م إلى 8% من السكان، يملكون 2% من أرض فلسطين. فلما كان وعد بلفور 1917م والاحتلال الإنجليزي 1918م ارتفع الوجود اليهودي في فلسطين 1947م إلى 31% من السكان، يملكون 6% من الأرض.. ثم جاء قرار التقسيم 1947م فأعطاهم 54% من فلسطين.. وصلت بالحماية الأمريكية إلى كل فلسطين، وأوسع من فلسطين 29.

فقد تمكن الصهاينة من حمل وزير خارجية بريطانيا بلفور على إصدار وعده «المشؤوم بوطن قومي لليهود في فلسطين» في عام 1917م واستقلالاً للنجاح بدأ

30

الصهاينة 1918- 1919م يطالبون بتنفيذ الوطن القومي لليهود تفسيراً أوسع ويدعون بما وراء الأردن ولبنان، وبتأثيرهم أعلن الرئيس الأمريكي "ولسون" في أغسطس 1918م وقال:

"أنا على اقتناع بأن الأمم المتحالفة سترسي أساس الدولة اليهودية في فلسطين بدعم تام من حكومتنا وشعبنا" وهكذا حسن ولسن "ورقى" وعد بلفور ومكان وعد بلفور لا يحكي إلا عند إنشاء وطن يهودي، إذن فقد تنبأ الرئيس الأمريكي بإنشاء دولة يهودية وإستغلالاً لبيان ولسون تمكن رسل الصهاينة من حمل رئيس وزراء بريطانيا "لويد جورج" في ديسمبر 1918م على أن يطرح في جلسة الحكومة البريطانية مسألة توسيع الحدود الشمالية لفلسطين حتى نهر الليطاني ومدينة "بانياس" الأمر الذي كان يعني ضم جنوب لبنان كله مع الجولان.

وفي إبريل 1918م عندما هزمت القوات البريطانية الوحدات التركية واحتلت فلسطين شرع زعماء المنظمة العالمية على الفور في تحقيق خططهم التي تتجاوز بعيداً جداً وعد بلفور، وأنشئت في فلسطين اللجنة الصهيونية برئاسة «وايزمن» وأخذت هذه اللجنة تتدخل بفضاضة في نشاط الإدارة العسكرية البريطانية في فلسطين وحملت بريطانيا على اتخاذ قرار بإقامة الإدارة المدنية، وفي يوليو 1920م عين العضو القديم في حكومة بريطانيا "صموئيل" مفوضاً سامياً في القدس. وقد قال وايزمن رئيس اللجنة في وصف صموئيل: أنا اتحمل المسؤولية الأساسية في تعيين هربرت صموئيل في فلسطين، إنه صديقنا وبناءً على طلبنا وافق على شغل هذا المنصب لقد نصبناه لأنه صموئيلنا.[30]

هكذا وبالغش والتآمر الدولي قامت دولة إسرائيل في مايو 1948م وذلك في غفلة من التاريخ حين كان العرب مشغولين بما أوجدت لهم قوى التآمر الدولي من ثورات وانقلابات وصراعات داخلية، وبالتالي وفرت لهم ألقابا ليتنابزوا بها ومصطلحات ما أنزل الله بها من سلطان مثل، الرجعية، الامبريالية، التقدمية، والبوليتارية، والصراع الطبقي، مثل الطبقة المسحوقة، والبرجوازية، والنظام الملكي والنظام الجمهوري.. إلخ، فيما كان يحاك خلف الكواليس شتى ألوان المؤامرات الدولية ضد العرب والقضية الفلسطينية.[31]

على الرغم من انتقال ثقل اللوبي الصهيوني الى واشنطن إثر اكتشاف أميركا إلا أن هذا اللوبي بقي محافظاً على سطوته وقدرة تأثيره على صنع القرار في أوروبا بشكل عام وفي فرنسا بشكل خاص. ودفع هذا التأثير فرنسا لأن تكون من بين الدول الأولى التي اعترفت بقيام الكيان الصهيوني فور الإعلان عن قرار التقسيم

الظالم ولم يكتف الفرنسيون بذلك بل راحوا يمدون هذا الكيان بكل أدوات الإرهاب والقتل فبالإضافة الى أنها كانت أول دولة تقوم بتجهيز جيش الكيان وتزويده بأحدث الأسلحة فإن الصهاينة يدينون لها بإنشاء أول مفاعل نووي في الكيان "مفاعل ديمونة" الذي شكل أول قاعدة صهيونية لتصنيع الأسلحة النووية التي تهدد أمن واستقرار المنطقة والسلم العالمي.

تأتي فرنسا في مقدمة الدول التي قدمت خدمات هامة للكيان الصهيوني كما تحدث رئيس الجهاز السابق الإرهابي شمعون بيريز الذي قاد حرب عناقيد الغضب على لبنان وكانت مجزرة قانا الأولى واحدة من أكثر جرائم الكيان وحشية. وترتبط فرنسا بعلاقات وثيقة مع الصهاينة وهي علاقة قديمة تعود جذورها الأولى الى عهد نابليون الأول الذي ظهرت في عهده أول بوادر الأطماع الصهيونية في اغتصاب فلسطين حيث طلبوا منه الضغط على العثمانيين للسماح لهم بالاستيطان في فلسطين.

يؤكد الباحثون في تاريخ الحروب وأسبابها أن هذه التوجهات الصهيونية كانت في مقدمة الأسباب المباشرة لاحتلال نابليون مصر ومحاصرة عكا وسواحل بلاد الشام، كما يشير الباحثون أيضا أن التجار الصهاينة وأغنياءهم كانوا وراء احتلال فرنسا للجزائر وبقية دول المغرب العربي، وأنهم من أجل تحقيق غاياتهم العنصرية ومطامحهم الاستعمارية أدخلوا فرنسا الحرب العالمية الأولى، وهذه العلاقة بقيت وثيقة الترابط بعد اكتشاف أمريكا.[32]

الإنجليز ودورهم في صناعة الفكرة الصهيونية

كان لهيمنة فرنسا في السياسة الدولية في الشرق الأوسط نفوذ قوي في فلسطين، لكن الهزيمة العسكرية التي ألحقت بنابليون على يد الجند الإنجليزي مكنت إنجلترا في النصف الأول من القرن التاسع عشر من بسط حمايتها للأقلية اليهودية الموجودة في فلسطين والتي لم يتجاوز عددها عشرة آلاف شخص، وأصبحت تحت حماية القنصل البريطاني (وليم بونج).

وفي عام 1839م تلقى بالمرستون مذكرة موقعة من العديد من اليهود ينتظرون خلاص فلسطين ووجهت تلك الدعوة بالاهتمام البالغ داخل الأوساط البريطانية السياسية وتداولتها الصحافة والإعلام. ونوقشت في الكواليس البريطانية مؤكدة أهميتها بالنسبة لخدمة المصالح البريطانية وترسيخ نفوذها بالشرق، وباهتمام بريطانيا بعودة اليهود لفلسطين بدأ أيضاً اهتمام الأثرياء من يهود إنكلترا بمواطنيهم.

وفي عام 1839 دعا السيد موسى مونتيفيوري اليهود الموجودين في فلسطين بالمدن المقدسة إلى الاستيطان الزراعي بعد زيارة قام بها إلى فلسطين وأجرى مباحثات مع محمد علي باشا حاكم مصر والبلاد آنذاك من أجل استيطان اليهود بفلسطين مقابل قرض مالي لمصر لكنها فشلت بسبب عودة محمد علي باشا إلى مصر وفشل حملته على بلاد الشام.

وبقيت أنظار بريطانيا موجهة نحو فلسطين منذ بداية القرن 19م فقد تشكلت جمعية فلسطين في لندن 1804 وتم تأسيس صندوق اكتشاف فلسطين عام 1838.

وفي عام 1839 طلب إلى القنصل البريطاني في القدس توسيع صلاحياته بحيث تشمل إعداد تقرير عن أوضاع اليهود المقيمين في فلسطين و في اتفاقية لندن عام 1840ـ ضغطت بريطانيا لتعيين الحدود الجغرافية لمملكة محمد علي وتحجيمه بانتظار أن تقوم هي بعد هذه الاتفاقية بملء الفراغ.

وفي عام - 1868 - تم تأسيس صندوق لمسح سيناء واستخدمت بريطانيا إدارتها في مصر من أجل القيام بأعمال المسح والأعمال الطبوغرافية الأخرى في سيناء وفلسطين فقام المندوب السامي البريطاني ـ كنشن كتسنر ـ في عام 1883 - 1884 بمسح وادي عربة، وحرصت بريطانيا بعد ذلك على تعيين حدود دولية بين مصر والإمبراطورية العثمانية في اتفاقية الحدود بين الخديوية المصرية وبين الحكومة العثمانية عام 1906.

وظهرت في الفترة نفسها كتب تخدم فكرة استخدام اليهود في استعمار فلسطين ومنها كتاب (لورنس أوليفانت) عام 1880 الذي دعا فيه إلى استعمار سوريا الجنوبية وذلك بعد قيامه برحلة إلى سوريا الطبيعية في كتابه "أرض جلعاد مع نزهات في جبل لبنان"[33] لم يكن الإطار الذي حدده الصهيونيون لحركتهم في القرن التاسع عشر سوى انعكاس للمؤثرات السياسية والاجتماعية التي أطاحت بطبيعة العمل السياسي في ذلك القرن.

فلم تكن التصورات الصهيونية لمحتوى الحركة الصهيونية إلا تمثيلاً للأفكار البرجوازية والقومية والشوفونية والعنصرية. وإن هذا الدور الذي قام به رجال سياسة غربيون على اختلاف جنسياتهم وعرفوا بنزعاتهم الاستعمارية ووظفوا كل الإمكانيات المتاحة لتطبيقها بما في ذلك الأفكار الدينية. وكان جوهر الفكرة الاستعمارية المستند إلى أفكار دينية صهيونية واحداً وأصبحت الصهيونية الأداة الأساسية لتنفيذ المخططات الاستعمارية.

وهنا يبرز الدور الأساسي الذي تلعبه الصهيونية على المستوى الدولي متمثلاً بالمشاريع السياسية والاقتصادية التي تريد تنفيذها بالمنطقة، وذلك بعد أربعة عقود و نيف من قيامها فهي لا تزال تنتمي إلى نفس العالم الاستعماري الغربي ثقافة وتاريخاً وتراثاً وفكراً وممارسة وارتباطاً وهوية، وما دويلات سايكس بيكو إلا أحد الأشكال التي طرحتها السياسة الغربية وها هي الآن تعود لتضفي شكلاً أخر للمنطقة بمشاريع ظاهرها إصلاحي وباطنها استيطاني كمشروع الشرق أوسطي الجديد. وهذا ما تدعمه (بربارة توخمان) بقولها: بعد نابليون أصبح مسلماً به أنه كلما تصارعت الدول الكبرى في الشرق الأوسط يظهر من يقترح إحياء إسرائيل وأن ينغمس ذلك الشخص في حلم كسب منطقة نفوذ في بقعة جغرافية حيوية فحسب، بل حول اجتذاب النفوذ وثروات يهود العالم إلى جانبه.

ونشير هنا أيضاً إلى كتاب البعث القومي للشعب اليهودي في أرضه كوسيلة لحل المسألة اليهودية (لناتان بيرن باوم) عام 1893 وكتاب "أين نذهب باليهود الروس" ، لماكس أيزيدور بودنهايمر 1891 فخرجت الفكرة الصهيونية من القاموس الديني إلى التوسع الاستعماري لتصبح أحد أهم أركانه الأساسية في التوسع ونقطة ارتكاز لتنفيذ مخططاته الهادفة إلى إنشاء كيان صهيوني عنصري على أرض فلسطين. [34]

هكذا التقى الاضطهاد العنصري بالفرصة التاريخية لإسكات السياسة الاستعمارية البريطانية الطموح اليهودي بإيوائه في فلسطين، وتتسارع وتيرة الهجرة اليهودية إلى "أرض الميعاد" بعد الحرب العالمية الأولى، فقد تدفقت أمواج المهاجرين يحثها الوعد البريطاني لتدق أوتاد دولة في الأراضي الخاضعة للانتداب البريطاني، ثم عوضت الحركية السياسية الإرهابية التي تبناها الجيل الصهيوني الثاني النشاط الإيديولوجي المعبئ الذي قام عليه الحلف الإسرائيلي العالمي. وخلال الحرب العالمية الثانية.

لجأ الناجون من المذبحة إلى فلسطين، وخلد الفن السابع أسطورة الهجرة عارضا على أنظار العالم المتباكي صورة اليهودي الناجي، ضحية الظلم الهمجي الذي مارسته أوروبا النازية أو المواطئة للنازية. هكذا ظهر المشروع الصهيوني السياسي في أوروبا في نهاية القرن التاسع عشر، في المرحلة التي شهدت دخول الرأسمالية في طورها الإمبريالي لتجسد، في الأساس تطلعات البرجوازية الكبيرة اليهودية الساعية إلى إيجاد سوق خاص بها، ومنذ ظهورها ربطت الصهيونية مصيرها بمصير القوى الرجعية، وتحولت، في أيدي البرجوازية الكبيرة اليهودية الى أداة استطاعت من خلالها نشر الأفكار الشوفينية والترويج لنزعات التفوق العرقي وتعبئة قطاعات واسعة من الفئات البرجوازية الصغيرة والحرفية اليهودية المنهارة والمضطهدة والتي وجدت في المشروع الصهيوني مخرجاً "للمأزق الذي كانت تعيشه تحت وطأة دخول الرأسمالية إلى البلدان التي كانت تقيم فيها في شرق ووسط أوروبا، خصوصا في ظل تصاعد موجات العداء للسامية.

وبهدف تحقيق أهدافها الاستعمارية في فلسطين دخلت الحركة الصهيونية سريعاً في إطار التيار الاستعماري الإمبريالي المسيطر في تلك المرحلة، حيث كان الزعماء الصهاينة يجوبون دوائر الدبلوماسية الأوروبية ليظهروا للقوى الإمبريالية المختلفة أهمية نجاح مشروعهم الاستيطاني في فلسطين بالنسبة لمخططات التوسع والسيطرة الاستعمارية على منطقة الشرق الأوسط.

قامت الحركة الصهيونية بتعبئة الجماهير اليهودية الكادحة ودعوة العمال والحرفيين اليهود إلى التخلي عن النضالات الطبقية والديمقراطية في أماكن تواجدهم الأصلية والهجرة الى فلسطين والعمل على "بناء المستقبل الأفضل في أرض الميعاد". وعلى هذا الأساس، دخلت الحركة الصهيونية، ومنذ نشوئها، في تناقض تناحري مع الحركة الاشتراكية الثورية الطامحة إلى إيجاد حل للمسألة اليهودية "في إطار الثورة الاجتماعية الشاملة"، ومن هنا، فقد وقفت الحركة العمالية موقفاً مناهضاً للصهيونية منذ أن ظهرت هذه الاخيرة على مسرح الأحداث كحركة منظمة، حيث أدان لينين وبيبيل وغيرهما من قادة الحركة العمالية آنذاك المضمون الرجعي للصهيونية كعقيدة تخدم مصالح البرجوازية اليهودية المتواطئة مع الإمبريالية العالمية.

ومع انهيار الدولة العثمانية وانتصار الثورة الروسية وقيام الحركة الشيوعية العالمية وبعد انسحاب بونابارت من الشرق ظهرت أطماع الإنجليز التي كانت قوتهم العسكرية متفوقة في الشرق فقد كانت بريطانيا من أبرز القوى الاستعمارية الطامحة إلى توزيع وراثة الإمبراطورية العثمانية. وسعت الإمبريالية البريطانية وبالاستناد الى تفوقها العسكري الواضح في منطقة الشرق الأوسط، عشية انتهاء الحرب، إلى التنصل سريعاً من البند الوارد من اتفاقية سايكس—بيكو بخصوص وضع فلسطين وسارت بمفردها على هذه القاعدة الاستراتيجية الهامة. ففي العاشر من كانون الاول 1917، دخلت القوات البريطانية بقيادة الجنرال اللنبي مدينة القدس.

وفي خريف العام 1918 كانت فلسطين بكاملها قد وقعت في قبضة الجيوش الإنجليز. حاز "وعد بلفور" سريعاً على موافقة القوى الاستعمارية الحليفة، مما عزز مواقع الإمبريالية العالمية في منطقة الشرق الأوسط، ففي شباط وأبار 1918 أعربت حكومتا فرنسا وايطاليا عن تأييدهما لبيان الثاني من تشرين الثاني 1917 ، وفي شهر آب من العام نفسه، أعرب الرئيس الاميركي "ويلسون" عن بسطته لصدور مثل هذا الوعد.

وفي شهر نيسان 1920 ، كرس المجلس الأعلى للقوى الحليفة في مؤتمر "سان ريمو" احتلال بريطانيا لفلسطين، وذلك بعد أن قرر بأن تكون فلسطين تحت وصاية عصبة الأمم وأن تكون بريطانيا هي الدولة المنتدبة عليها، وأعطى صك الانتداب فيما بعد، صفة شرعية دولية للمشروع الاستعماري الاستيطاني حين ألزم الدولة المنتدبة على فلسطين بأن تبذل كل جهودها في سبيل توفير مقومات النجاح لمشروع "الوطن القومي اليهودي."

وفي إطار التحولات العالمية من نجاح الثورة البولشيفية بروسيا وعالمية الفكر الشيوعي وتحول العالم من قوة رأسمالية إمبريالية تريد فرض سيطرتها على العالم بظهور قوة ثانية رأت فيها الشعوب المستضعفة المقهورة والطبقات الفقيرة المحتكرة وسيلة للنضال من أجل تحقيق العدالة الاجتماعية. فإضافة إلى نجاح الثورة البولشفية بروسيا تم استقطاب دول أوروبا الشرقية والصين وفتحت أمام البلوريتاريا فيها لتناضل ضد الإقطاعية والبرجوازية وبذلك قويت القوة الثانية الشيوعية عالميا وأصبحت تقرر في القضايا الدولية والعالمية. أصبح الاتحاد السوفييتي قوة عالمية لها ثقلها في السياسة العالمية وفي اتخاذ القرارات السياسية في القضايا الدولية، وهكذا أصبح العالم يسير بقويتين عظيمتين وحلفائهما وهما الإمبرايالية التي تزعمتها أمريكا ودول الحلف والشيوعية التي مثلها الاتحاد السوفييتي وحلفائه.

في أعقاب الحرب العالمية الثانية، حصل تغير مجرى التاريخ وأصبحت السياسة الدولية تولي أهمية كبرى للاتحاد السوفييتي كقوة عالمية رئيسية إذ لم يعد من الممكن تسوية أية قضية دولية من دون مشاركتها، وبذلك لما عرض ملف القضية الفلسطينية على الأمم المتحدة بعد فشل المحاولات العديدة في تطبيق تقسيم الأرض بين دولتين يهودية وعربية، تقدمت الاتحاد السوفياتي بمقترح طرحته في الأمم المتحدة. ولكن قيادة الحركة الوطنية الفلسطينية التي كانت تعمل تحت إشراف ممثلي الجامعة العربية. وهم حلفاء الإمبريالية-لم تقبل التعاون مع الاتحاد السوفييتي الذي دعا الى إنهاء الانتداب البريطاني وجلاء الجيوش الاجنبية عن فلسطين وإقامة دولة ديمقراطية مستقلة تضمن حقوق جميع سكانها من العرب واليهود. واستغلت الحركة الصهيونية رفض الحكام العرب للحل الديمقراطي، ونجحت بالتعاون مع الدوائر الإمبريالية وباستغلال مأساة اليهود في ظل الحكم النازي في إقناع قطاعات واسعة من الرأي العام العالمي بأن قضية فلسطين هي قضية صراع عنصري بين العرب واليهود وأن حل هذا الصراع لا يمكن أن يتم إلا من خلال ضمان قيام دولة يهودية في فلسطين".

وحينذاك ظهر الهدف الغربي الاستعماري المعلن، من وراء إقامة كيان استعماري استيطاني على أرض فلسطين وهو الحيلولة دون وحدة العرب ونهوض المسلمين، وبقاء وطن العروبة وعالم الإسلام مفتتًا بالقطرية التي صنعها الاستعمار، والتي يحرسها بواسطة إسرائيل.35 أما الولايات المتحدة، فقد دعمت الدولة اليهودية منذ إنشاءها لثلاثة أسباب أكثر أهمية من دوافع أوروبا إلى مؤازرتها، أولها أن حلول مملكة صهيون عقيدة يشارك فيها البروتستانتيون الأمريكيون المنكبون على

تلاوة التوراة، وثانيها أن الأرض العربية تتوفر على أكبر حقول النفط في العالم وتحتاج لذلك إلى حارس "أمين" يحفظ الكنز ريثما تهب "عاصفة الصحراء"، لكن العلة الاقتصادية والعلة الاعتقادية تدعمهما علة ثالثة سياسية هذه المرة- تنبع مباشرة من الأحداث، وتكمن في وجود مجموعة ضغط يهودية في واشنطن يسندها حوالي ستة ملايين من اليهود يملكون الثراء والقوة، ويتمتعون بالنشاط الاقتصادي في الولايات المتحدة.

وبذلك كانت بداية نشاة وتأسيس دولة صهيونية من قلب الولايات المتحدة ومن منبر أو مسرح الأمم المتحدة حيث كان تمثيل الأدوار يتم بعناية فائقة كل وفق الدور المناط به، حتى تم لهم ما أرادوا بإقامة دولة إسرائيل اللقيطة في عام 1948م. وتم رعايتها وترعرعت حتى شبت عن الطوق ومن ذلك التاريخ حتى اليوم لم تعترف إسرائيل بأي حدود دولية رغم عرض المشاريع تلو المشاريع للحلول إلا أن هذه الحلول وهذه المشاريع تذهب أدراج الرياح أمام التعنت والغطرسة الصهيونية المدعومة بقوى التآمر الدولي وكان أول هذه المشاريع مشروع التقسيم الذي أقرته الجمعية العامة بالأمم المتحدة في نوفمبر عام 1947م إلا أن الوكالة اليهودية أعلنت دولة إسرائيل في مايو 1948م وضربت عرض الحائط بأول قرار دولي الذي تبعته حزمة من القرارات حتى اليوم لم ينفذ أي منها. وفي حين كان يفترض في المجتمع الدولي الضغط على إسرائيل لتنفيذ أول قرار دولي وهو الخاص بالتقسيم قامت قوة التآمر الدولي بتكريم هذه العصابة، بالاعتراف بدولة إسرائيل مباشرة، فحين أعلنت بريطانيا في أول دقيقة في يوم 15 مايو 1948م على انتهاء انتدابها على فلسطين، وبالتالي تلا بن جوريون الإعلان بقيام دولة إسرائيل.

وبادرت الولايات المتحدة الأمريكية بالاعتراف بدولة إسرائيل على أساس "الأمر الواقع" تبتعها الاتحاد السوفييتي الذي أعلن اعترافه على أساس "الحق القانوني" فحسب الاعتراف الأول كان من الممكن سحبه في أي لحظة أما الاعتراف الثاني فدون سحبه مشاكل قانونية ودبلوماسية. تتعدد أنواع المساعدات الأوروبية والأمريكية المقدمة إلى الدولة اليهودية، فزيادة على دعم يهود الشتات الأثرياء، يتجسد حلف الدفاع المشترك بين الولايات المتحدة وإسرائيل والتكفير الأوروبي في أنبوب يمد الدولة العبرية بالدعم العسكري والمالي، والتكنولوجي والدبلوماسي والأمني...[36]

بدأت النكبة الفلسطينية حين خانت بريطانيا وعودها للعرب بمنح الاستقلال لبلادهم بعد إنهاء الحكم العثماني، وأصدرت على لسان وزير خارجيتها "وعد بلفور" في 2 تشرين الثاني (نوفمبر) 1917 الذي "ينظر بعين العطف" إلى إنشاء وطن قومي لليهود في فلسطين.

وخلال 28 عاما من حكم الانتداب البريطاني، سنّت بريطانيا القوانين واتخذت الإجراءات التي سهلت إنشاء هذا الوطن حتى أصبحت دولةً عام 1948.. وكان عدد اليهود بفلسطين خلال الانتداب البريطاني 56 ألف (أي 9% من مجموع سكان فلسطين) غالبيتهم من رعايا الدول الأجنبية. عندما تقدم بن غوريون إلى الأمم المتحدة بطلب قبول إسرائيل عضواً بالمنظمة سئل عن تحديد حدود إسرائيل فرفض في صفاقة إعطاء أي حدود لها. وإسرائيل اليوم الدولة الوحيدة في العالم العضو في الأمم المتحدة التي ليست لها حدود محددة.

ورغم ذلك قبلت إسرائيل عضواً في الأمم المتحدة، بعد أن التهمت القسم العربي مع القسم اليهودي وفق قرار التقسيم في 1947م.

وبعد قيام "إتسل" عصابة الإرهابي مناحيم بيجن بمجزرة "دير ياسين"، وبعد قيام "ليحيى" عصابة الإرهابي إسحاق شامير باغتيال الوسيط الدولي السويدي "الكونت برنادوت" ابن شقيق ملك السويد؛ ليس لأنه أوصى بضم النقب إلى الدولة العربية الفلسطينية المقترحة، ولا لأنه تقدم بمشروع اتحاد بين الأردن وإسرائيل بدلاً من التقسيم ولكن لأنه نبه العرب "الذين تنقصهم النباهة" إلى خطورة نزوح اللاجئين الفلسطينيين من ديارهم، وكان يظهر تعاطفه معهم، ويطالب بعودتهم إلى ديارهم[37].

ملامح خاطفة عن تطور الحركة الصهيونية

تُعرف الموسوعة الدولية للعلوم الاجتماعية الصهيونية قائلة: "حركة يهودية تهدف إلى حل المشكلة اليهودية، أدت آخر الأمر إلى قيام دولة إسرائيل."

وعيا بنقائص الدلالات المتداولة لمفهوم الصهيونية ثمة مساهمات فكرية عربية استهدفت تصحيح دلالة هذا المفهوم المراوغ، من أشهرها محاولة المفكر عبد الوهاب المسيري في موسوعته الشهيرة، حيث قدم رحمه الله- تحديدا سماه "الصيغة الصهيونية الأساسية الشاملة" التي خلاصتها أن:

أ- اليهود شعب عضوي منبوذ غير نافع يجب نقله خارج أوروبا ليتحول إلى شعب عضوي نافع.

ب- ينقل هذا الشعب إلى أي بقعة خارج أوروبا (استقر الرأي، في نهاية الأمر على فلسطين بسبب أهميتها الإستراتيجية للحضارة الغربية وبسبب مقدرتها التعبوية بالنسبة للمادة البشرية المستهدفة) ليوطن فيها وليحل محل سكانها الأصليين، الذين لابد أن تتم إبادتهم أو طَرْدهم على الأقل.

ج- يتم توظيف هذا الشعب لصالح العالم الغربي الذي سيقوم بدعمه وضمان بقائه واستمراره[38]. إن هذا التحديد كنظرية نراها صيغة جيدة استطاعت أن تستجمع مختلف أبعاد الظاهرة الصهيونية، ولكنها بسبب من الصيغة المنهجية التي قدمت بها تخرج من سياق التحديد المفاهيمي القابل للاستحضار والتداول إلى صيغة تصور أو مقالة موسعة. لذا لابد من تقديم مفهوم بديل للصهيونية تتوافر فيه الدقة والإيجاز، مع الاقتدار على استحضار حقيقة الصهيونية كحركة استعمارية استيطانية، تلك الحقيقة التي تحاول الصيغة التعريفية الصهيونية أن تخفيها.

وفي هذا السياق واستثمارا للعديد من الأبحاث نقترح التعريف التالي: "الصهيونية حركة ظهرت في القرن التاسع عشر استجابة لمشكلات أوروبية، وقد استثمرت التراث الثقافي اليهودي والدعم الأوروبي فانتهت إلى إقامة دولة عنصرية في فلسطين، مرتكزة في إقامتها لدولتها هذه على جدلية الإجلاء والتوطين، إجلاء للفلسطينيين أصحاب الأرض وتوطين اليهود بدلا عنهم."

بماذا يمتاز تعريفنا هذا عن غيره من التعاريف المتداولة؟ لنحلل مقاطعه: عندما نقول إن "الصهيونية حركة ظهرت في القرن التاسع عشر استجابة لمشكلات أوروبية"، فتلك إشارة إلى الواقع التاريخي الذي شهدته أوروبا، حيث كان الحافز الأول عند الدول الغربية لنشر ودعم فكرة وطن قومي لليهود خارج أوروبا هو "التخلص من اليهود" أولا وتوظيفهم لخدمة المصالح الاستعمارية الغربية ثانيا. وفي هذا السياق نفهم لماذا دعا نابليون الذي كان معاديا لليهود إلى تشكيل وطن خاص بهم في فلسطين، ونفهم كذلك الدافع إلى صياغة وعد بلفور، مع أن بلفور نفسه كان له موقف معاد لليهود!

ولفهم هذه الازدواجية، أي معاداة اليهود مع العمل على تمكينهم من وطن خاص بهم، نحتاج إلى استحضار الإطار الاجتماعي والتاريخي الأوروبي. فالغرب عاش خلال عصر الأنوار فترة صعود البرجوازية التي أنجزت تحولا مجتمعيا هائلا نتج عنه شرخ كبير في الإطار الاجتماعي والاقتصادي الأوروبي، حيث نجح التحول الاقتصادي والثقافي في أوروبا الغربية وفشل في أوروبا الشرقية، الأمر الذي دفع بجماعات يهودية كبيرة إلى الهجرة من شرق أوروبا إلى غربها. ولم تتحمل أوروبا الغربية هذا الكم الديموغرافي اليهودي الوافد.

فكان لابد من العمل على تهجيره إلى الخارج وتوظيفه، انسجاما مع التقليد الاستعماري الذي اشتغلت به أوروبا في استيطان أميركا وغيرها من المستعمرات، وهو تصدير الجماعات والفئات غير المرغوب فيها، ولم تكن فلسطين هي المطلب الأول بل أي بقعة من الأرض، لكن مع ضعف العالم الإسلامي، ومع التخطيط لتجزئته واستعماره، ولمنع صعود قوة عربية أو إسلامية موحدة، ونظرا لقيمة فلسطين الإستراتيجية وقيمتها الرمزية للفكر الديني اليهودي، ظهرت داخل الفكر الاستعماري الإنجليزي فكرة توطين اليهود في فلسطين تحديدا لإنشاء دولة تكون عبارة عن حاجز بشري ومادي يقطع جسد العالمين العربي والإسلامي في موقع مفصلي استراتيجي يمنع توحده وتضامَّ أجزائه.

أما قولنا "إنها حركة استثمرت التراث الثقافي اليهودي والدعم الأوروبي" فتلك إشارة إلى أمرين غفلت عنهما كثير من التعاريف المتداولة، حيث تذهب هذه التعاريف إلى أن الصهيونية أنشأها الغرب في القرن التاسع عشر، وهو مذهب خاطئ في تفسير نشأة الصهيونية، لأننا نعتقد أنه لابد من التمييز في نشأتها بين ثلاثة مستويات: الصهيونية كفكرة، والصهيونية كحركة، والصهيونية كدولة[39].

بعد تشتت اليهود التاريخي في البلاد القريبة من وطنهم الأصلي عرفوا تطورات كثيرة وعاشوا تحت أنظمة متنوعة من الإغريق والرومان إلى تاريخ أوروبا إلى عهد فورد الأمريكي الرأسمالي، لكن الملاحظ هو طابع الخصوصية التي اتسم بها اليهود عبر كل تلك العصور والأمم من دون الناس، ففي كل زمان ومكان احتفظوا بشخصيتهم وثقافتهم وديانتهم، متميزين عن غيرهم مقتنعين بأنهم "شعب الله المختار" صامدين أمام رفض الشعوب التي حلوا بها.

وعرف اليهود مرحلة العهد الذهبي تحت حكم المسلمين بإسبانيا حيث ازدهروا فكريا وتجاريا وعرفوا الاستقرار لمدة قرون، وبذلك لم يعرف اليهود المعاملة الطيبة المتسامحة إلى أقصى حد ممكن إلا تحت ذمة المسلمين، ولا يزال اليهود يشهدون في كتبهم أن عهدهم الذهبي بعد ملك داود وسليمان عليهما السلام-وقبل حضارة "الكبوتز" العسكرية والانتصارات على العرب وقيام دولة إسرائيل كان عهد الأندلس، حيث ازدهروا كأمة تحت ظل المسلمين هناك وازدهرت حضارتهم وعلومهم وفلسفتهم.

شعب انكفأ على نفسه وذاق المرائر بما كسبت أيدي بنيه وبناته جزاء من الله الحكيم العليم قَدَراً، وانتقاما من الشعوب التي ابتزوا أموالها واستحَلوا حُرَمَها استنادا إلى مبدئهم العنصري العدواني: "ليس علينا في الأميين سبيل." وكانت معاناتهم الكبرى كما تذهب الكاتبة الأمريكية كارين أمسترونغ تحت النظام الكاثولوكي الإسباني الذي جسده حكم الملكة إيزابيلا والملك فيرناندو لبناء الإمبراطورية الكبيرة تحت دعم الكنيسة، فكانت المرحلة التي تلت انتهاء دولة ملوك الطوائف بإسبانيا بداية المأساة اليهودية الذين عرفوا جميع أنواع التعذيب والقتل والتقتيل بإسبانيا من أجل تنصيرهم وإخضاعهم للديانة المسيحية وطقوسها.

وتصرمت القرون الطويلة، وانقرضت شعوب، وعلت أخرى، وتغير وجه المجتمعات البشرية، واليهود قابعون في حاراتهم الخاصة، يسميها الأوروبيون "جيتو" ونقول في المغرب "ملاح"، شعب فريد ادَّخَرتْه يد القدرة الإلهية بلاء في الدنيا، ويفخر اليهود بعصاميتهم الصمودية، قال المؤرخ اليهودي شيمون دوبنوف: "هناك أمثلة عديدة في التاريخ عن أمم اختفت من الوجود بعد أن فقدت أرضها وتفرقت بين شتى الأمم، ولكن ليس لدينا سوى حالة وحيدة فقط لشعب أمكنه أن يستمر على قيد الحياة لآلاف السنين رغم تشتته وضياع وطنه، وهذا الشعب الفريد هو شعب إسرائيل."

كتاب صدر سنة 1891 عنوانه "الحقيقة الإسرائيلية" يقول فيه مؤلفه: "إن روح الماسونية هي روح اليهودية في أهم عقائدها، إن الماسونية هي أفكار يهودية ولغتها وفي الجانب الأهم مؤسستها، الأمل الذي يضيء للماسونية ويدعمها هو الأمل الذي يضيء لإسرائيل ويدعمها، وسيكون التتويج العظيم الرفيع للماسونية بناء المعبد الماسوني في أورشليم "القدس" حيث يكون المركز والرمز للنَّصْرِ المبين."

بدأت الفكرة الصهيونية تتكون منذ القرن الثامن عشر في أوروبا بين اليهود المثقفين كحركة "التنوير" التي جمعت نخبة اليهود حول هدف: "العودة إلى عهد سابق مجيد، واسترجاع عصر ذهبي، وإحياء حالة سابقة من الطهر والنقاء والسمو الاجتماعي". وكان "المتنوِّرون" يستلهمون القيم التلمودية ويستمدون من تراثهم القوة المعنوية، بيد أنهم كانوا في بداياتِهم لا يجدون الحل العملي لبلورة سخطهم على وضعهم في أوروبا، ولا يجدون المخرج لتغيير حالة الانحطاط والانهيار من "الماضي المجيد والعصر الذهبي"، فبقيت حركة "التنوير" حركة سرية ثقافية لها طقوسها وشبكاتها التنظيمية، لم يكن لها القِوام السياسي ولا الهيكل القيادي الكفيلان بتقدمها من مخابئ الأحلام والآمال إلى مضمار الرفض والتمرد والمشروع المخطط. وكان تفاعل النخبة اليهودية في أوروبا مع الفلسفة الأوروبية والمذاهب السياسية الأوروبية يجر طائفة منهم إلى الدعوة للاندماج في أوروبا، مع المحافظة على هوية ثقافية متميزة متطهرة من الأساطير والخرافات، بينما كانت طائفة أخرى تدعو إلى إقامة وطن قومي لليهود، ليتحرر اليهود من الاضطهاد الذي يلاقونه من جراء العداء العالمي للسامية.

منبع الصهيونية وأصلها هو الشعور المكبوت بالانتماء والصمود التاريخي والحنين الدائم إلى العودة لأرض "الميعاد"، فالصهيونية نقلة نوعية من ذهنية اليهودي الخامل في بلاد الشتات، المتجمع حول الأحبار وأسفارهم، اليهودي الحالم بنزول المسيح "الماشيح" كما يقول العبرانيون إلى الأرض ليخلص "شعب الله المختار"، نقلة من تلك الذهنية إلى ذهنية اليهودي الفاعل المتحرك المنظم، الصهيونية تشخيص عملي لفكرة العودة وإحياء القومية اليهودية التي كانت تدور لآلاف السنين في أذهان بائسة حاقدة محتقِرة للعالم محقورة[40].

بالعودة إلى التاريخ في عصر النهضة القومية للأمم لا نجد للصهيونية ذلك الادعاء بل عكس ذلك هو الذوبان والاندماجِ في المجتمعات التي وجدوا بها وحملوا هويتها، فلأية قومية تنتمي تلك العصابة ولأي حركة وتيار يعود هؤلاء الصهاينة المرتزقة وعن أية قومية وهوية يتحدثون؟!

43

إن القراءة المتأنية للمشروع الصهيوني منذ اليوم الأول لنشوئه يسير ضمن تخطيط ووفق مفهوم استراتيجي في مختلف المجالات خضوعاً لحسابات دقيقة من الاستراتيجية العليا المركبة. فالمشروع الصهيوني مشروع حضاري متمحور حول نفسه له قيادة مستقلة في الإدارة تقود بكفاءة عالية صراعاً متعدد الأبعاد في إسرائيل وفي المنطقة والعالم من أجل تثبيت الوجود ثم لاستخدام هذا الوجود رأس جسر للتوسع والانتشار. فبدءاً من المشروع الصهيوني الذي بدأ في مؤتمر بال بسويسرا عام 1897 وإلى ما انتهت إليه الصهيونية من قيام كيان عنصري استيطاني على أرض فلسطين لعبت الصهيونية أدواراً عديدة و ارتدت أقنعة عن الشعب العربي، فأقامت تحالفات كثيرة وصداقات تمشياً مع مصالحها التي توافقت والمشروع الاستعماري والامبريالي.

إن الحركة الصهيونية هي بالفعل نتاج سياسي حدث في القرن 19، بيد أن الصهيونية كفكرة موجودة في التراث الثقافي اليهودي، كحنين إلى العودة إلى فلسطين ظهر منذ السبي البابلي، وهو ما تعكسه علامات ورموز ومحددات ثقافية كثيرة داخل التراث الديني اليهودي، ومن بينها المزمور 137، غير أن هذا الحنين كان مجرد فكرة انتظارية مشروطة بنزول "المسيا" (مسيح اليهود)، حيث نجد في الفكر الديني اليهودي تحريما شديدا لهذه العودة، بل تعتبر عودة اليهود هرطقة وتعجيلا بالنهاية بالعبرية "دحيكات هاكتس". لذا لم يكن ممكنا للفكرة أن تتحول إلى "حركة" واستراتيجية عملية إلا بعد حدوث تحولات فكرية داخل التراث الثقافي الديني اليهودي، وهي التحولات التي تمثلها إسهامات مفكرين وحاخامات الصهيونية أمثال القلعي وكاليشر....الذين قاموا بتحريف فكري تجاوزوا به التحريم الديني الذي كان يحرم العودة الجماعية لليهود إلى فلسطين، حيث يشرطها بنزول المسيح "المسيا"، الذي نظر إليه في التراث الديني اليهودي بوصفه الإذن الإلهي بانتقال اليهود جماعيا إلى فلسطين.

فقام هؤلاء الحاخامات بنقد هذه العقلية الانتظارية والدعوة إلى ما يمكن أن نسميه استنزال المسيح، بمعنى أن عودة اليهود الجماعية إلى فلسطين ستضطر المسيح إلى النزول! وإن القول بأن الحركة الصهيونية هي "استثمار للتراث اليهودي" هو تأكيد لحقيقة تمكننا من تفسير ما تعجز عنه كثير من التعاريف الأخرى التي تجعل هذه الحركة سواء كفكرة أو كحركة من إنشاء الغرب وحده، حيث إن هذه التعاريف تعجز عن الإجابة على أسئلة عديدة من قبيل: لماذا بالضبط تم اختيار اليهود؟ ولماذا فلسطين؟ وهما سؤالان لا يجدان إجابتيهما إلا باستحضار التراث الثقافي والديني اليهودي.

لكن قولنا هذا لا يعني أن الصهيونية نتاج يهودي محض، بل إننا بإشارتنا إلى الدعم الأوروبي، وإشارتنا السابقة إلى كون المشكلة اليهودية مشكلة نشأت داخل المجال الأوروبي تحديدا، نؤكد أن دور العامل الأوروبي سواء كتحول مجتمعي من الإقطاع إلى الرأسمالية أو كإرادة سياسية استعمارية بتوظيف الجماعات غير المرغوب فيها كأداة للاستخدام الاستعماري، هو دور أساسي في تشكيل الصهيونية كحركة، واستوائها كدولة استيطانية[41].

الصهيونية حركة من مجموع الحركات التي اجتاحت الغرب والشرق كالشوفنية والعرقية والردة والقوى المضادة وامتداداتها الاستعمارية في مجرى التاريخ الحديث الذي اجتاح العالم وما طرأت عليه من تغييرات في القوى التي تصارعت على المسرح العالمي وأدت إلى بروز الصهيونية في إطار تلك الحركات في سير حركة التاريخ ولا تزال إلى حد الآن تدعو إلى عدم ذوبان اليهود في المجتمعات الموجودين فيها مؤكدين الانتماء للجيتو اليهودي الكبير في إسرائيل أرض الميعاد.[42]

لقي المشروع الصهيوني منذ البداية اهتمام الدول الاستعمارية التي التقت أهدافها مع أهداف أصحاب ذلك المشروع في الوطن العربي، وإن التواطؤ البريطاني والمدعم فرنسياً والمبارك أمريكياً وسوفييتيا كل ذلك سهل إلى قيام الكيان الصهيوني والاعتراف به بكونه يشكل بناءً هيكلياً جديداً يدخل في تأسيسه أهم و أبرز قرارات البرنامج الاستعماري الهادف إلى تجزئة الأمة العربية سياسياً وجغرافياً وتبذير مقوماتها الاقتصادية وطمس معالم شخصيتها وتجزئتها إقليمياً وطائفياً ومذهبياً..

.إن المشروع الصهيوني ما هو إلا امتداد للسيطرة الاستعمارية ولأهدافها الاستراتيجية للسيطرة على الوطن العربي، وهكذا رسمت الأدوار والوظائف لتنفيذ السيطرة الإمبريالية الصهيونية الشاملة على المنطقة العربية بكونه أداة ضاربة وقاعدة صلبة لحراسة المصالح الإمبريالية الغربية. وصرح الرئيس الأميركي فورد بقوله التالي: "لا ريب أن اليهودية هي أكثر قوة في العالم تنظيما، فهي تؤلف دولة مواطنوها على نحو من الولاء الخالص غير المشروط حيثما كانوا، وسواء أكانوا من الأغنياء أو الفقراء، والاسم الذي يطلق على هذه الدولة التي تنتشر بين الدول كلها هو "جامعة يهوذا." والوسائل التي تعتمدها هذه الدولة في تحقيق سلطانها هي رأس المال والصحافة، أو المال والدعاية. و"جامعة يهوذا" هي الدولة الوحيدة التي تمارس سلطانا عالميا، إذ أن الدول الأخرى لا تستطيع أن تمارس إلا سلطانا قوميا".

ويفصل الكتاب كيف كانت باريس عاصمة هذه الدولة وكيف انتقلت إلى لندن ثم نيويورك حيث استقرت وسكنت. لم يكن لهذه الدولة جيوش في زمان فورد، فيتحدث الكتاب عن الحماية الكلية التي كان يضمنها الأسطول البريطاني للمصالح اليهودية، أما الآن فجيوش اليهود المنظمة في فلسطين طلائع للجيش الأمريكي الذي يمد بالسلاح وينظم الجسور الجوية إلى فلسطين عند الأزمات، فتصب التكنولوجيا الحربية الأمريكية في أرض "وعد الآخرة" نفائس صناعتها وذخائر الطِراز الأول من اختراعاتها. في العالم كله كانت لليهود منذ عهد فورد أصابع تحرك سياسة الحكومات القومية واقتصادها وتضغطُ في الاتِّجاه الموافق للرغبة الصهيونية، "وتميل جامعة يهوذا إلى تسليم الحكم في مختلف بقاع العالم إلى الحكومات القومية، إذ أن كل ما تنشده هو السيطرة على هذه الحكومات، وتؤيد اليهودية تأييدا قلبيا استمرار الخلافات القومية بين دول الأغيار "الأميين". ولجامعة يهوذا الحكومات التي تنوب عنها في كل عاصمة، فبعد أن انتقمت من ألمانيا (في الحرب العالمية الأولى)

ستمضي للسيطرة على بلاد أخرى، وقد سيطرت على بريطانيا منذ أمد بعيد، كما سيطرت على فرنسا وروسيا، وها هي الولايات المتحدة بتسامحها السليم النية مع جميع الشعوب قد أمنت المجال الفسيح لها، إن جامعة يهوذا هنا." كتب هذا قبل أن تمتد اليد اليهودية إلى فلسطين، الدولة اليهودية هناك في أمريكا، ويخطئ الناس حيث يظنون الكيان الصهيوني في فلسطين أداة سياسية عسكرية في يد الدولة العظمى تؤمن بها مصالحها، الناظرون في العمق يدركون أن العكس هو الصحيح، الدولة العظمى دولة مسكونة، سكنتها الروح اليهودية من قديم، فهي تحركها وتقيمها وتقعدها على الوتيرة التي تشاء، وفي الاتجاه الذي تشاء، وبالمقدار الذي تشاء، وفي الزمن الذي تشاء 43.وفي حاضرنا حيث تعرف قضية فلسطين المواجهة الحاسمة بين الحق والباطل، بين الإسلام والجاهلية. ففلسطين رمز للجهاد السائر نحو تحقق الخلافة على منهاج النبوة ونصرة لدين الإسلام وعد الله الذي لا يأتيه الباطل من بين يديه ولا من خلفه بالنصر المبين، وبظهور هذا الدين على الدين كله ولو كره المشركون، ولو كره الكافرون. مع ومع الجاهلية تَنَبُّؤ يهودي بمملكة صهيون الألفية.

قد يبدو أنه مع الجاهلية التفوق العددي والتكنولوجي والمالي والعسكري ولعلها تمثل الخبرة والصناعة والتنظيم واختراق المستعصي والمستحيل ومعها السبق الزمني في كل الميادين فهي تستشرف الآن عصر ما بعد الصناعة، عصر المعلوماتية والفضاء والإنتاج الأوتوماتيكي والعصر المعارفي كما يسميه

المستقبليون الأمريكانيون. ولكن ما وراء الركب الجاهلي المدجج بالتكنولوجيا العسكرية والفكرية والمستقبلية هناك القدرة الإلهية المتحكمة في سيرورة التاريخ وحركة ودوران الحضارات التي تجعل إحداها تخبو وأخرى تظهر للوجود، في عمق الحركة التاريخية هناك قدرة خفية تفعل فعلها الأزلي المخطط في القدم في اللوح المحفوض تستعمل عبادا لم تر الأرض مثيلا لهم تنصرهم وتؤيدهم لخدمة القضية وهم مدعمون بجند الله، "وما يعلم جنود ربك إلا هو".

قد تتعثر خطانا مسبوقين متخلفين موصومين بالاحتلال الفكري والسياسي ولكن التاريخ يعد لأحداثه الهامة الانتقالية من مرحلة النكسة إلى مرحلة الانتصار، عباد قادرين على تجاوز ما بنا من ضعف وتخلف وتبعية وضياع وفقر وعجز. وقد قامت تلك الشعوب وقالت كلمتها في الشوارع مظاهرة ومنددة وصارخة في وجه التصهين الإجرامي القاتل للأمم والشعوب والمبيدة للأممية ولم تتوانى الشعوب الغربية عن مساندة تلك الأصوات الغير المسموعة وتساندها في مرحلة حرجة من تدافع الخير مع الشر وفي محطة مهمة توجتها عملية سلمية تمثلت في الخطوة الشجاعة لأسطول الحرية الذي سعى القائمون فيه على تدعيم غزة المحاصرة والدعوة لرفع الحصار عنها.

وقد أسمع الصوت الشعوبي العربي الإسلامي عاليا في الأمم المختلفة وأصبحت القضية الآن في محك التاريخ وخسرت الصهيونية وفقدت ماء وجهها الذي خدعت به الأمم من خلال إعلامها الذي سيطر على العقول وحور الرأي العالمي لتجعل من نفسها الضحية وما هي إلا المجرمة المخططة لإبادة شعب تريد إبادته ومحوه من الجغرافيا والتاريخ بكل الأساليب. وفي خضم التدافع بين قوة لا تزال ضعيفة هي قوة المقاومة وقوة مهيمنة مأيدة من الدول العظمى وهي الصهيونية المحتلة لفلسطين يروج إعلام عربي بجميع أنواعه. فكثيراً ما يقدم الإعلام العربي، سواء عن وعي أو عن غير وعي، صورةً بعيدة عن الواقع للدولة الصهيونية، تبدو فيها وكأنها وحش كاسر لا سبيل إلى كبح جماحه، فهي تحقق مخططاتها وأهدافها بنجاح على الدوام، وتستمر في ارتكاب جرائمها دون رادع، بل ويصل الأمر بالبعض في عالمنا العربي إلى الحديث عن أن الدولة الصهيونية هي المحرك لسياسات الولايات المتحدة الأميركية وأطماعها الإمبراطورية.

إلا أن الصحف الإسرائيلية تقدم في المقابل صورة مغايرة، فالحديث عن الأزمات الاقتصادية والاجتماعية والسكانية يكاد يكون موضوعاً ثابتاً في كل الصحف، وهناك مئات المقالات والتحليلات التي ترصد أثر الانتفاضة على المجتمع

الاستيطاني الصهيوني، ومدى ما أحدثته من تصدع في كثير من الثوابت التي قام عليها، وهناك من الكتاب الصهاينة من يذهب إلى مدى أبعد فيشير إلى أن المشروع الصهيوني بأسره وصل إلى منتهاه، وأن إعلان وفاته هو مسألة وقت ليس إلا.

ومن هؤلاء العلامة مارتين فان كريفلد، أحد أكبر المتخصصين في الاستراتيجية العسكرية في العالم، ينطلق البروفيسور مارتين فان كريفلد من الاعتقاد بأن صراع الصهاينة مع الفلسطينيين صراع خاسر منذ الانتفاضة الأولى، وأنه سيؤدى إلى نهاية إسرائيل، ويدلل كريفلد على وجهة نظره بالإشارة إلى التجربة النازية، ومدى البطش الذي استخدمه النازيون لقمع حركات المقاومة في أوروبا، فلم يكن النازيون، على حد قوله، يأبهون بالإعلام أو بالرأي العام العالمي، وكانت لديهم أكبر منظمة إجرامية شهدها التاريخ الإنساني، فضلاً عن زعيم لم يستنكف عن استعمال أية وسيلة، وكانت القوات النازية تفوق ضعف الجيش الإسرائيلي من حيث العدد، ومع ذلك يلاحظ كريفلد أنهم هُزموا في نهاية الأمر. ومن الصعوبة بمكان أن نجد جيشاً نظامياً نجح في مواجهة انتفاضة كالتي نواجهها... ما يحدث معنا اليوم حدث مع الأميركيين في فيتنام، ومع الجيش الإسرائيلي في لبنان، ومع الروس في أفغانستان، وهذا ما سيحدث معنا مرة أخرى، وهذا ما سيحدث مع الأميركيين في أفغانستان."

لم يكن للحركة الصهيونية أن تصنع وتتطور من دون اعتمادها على قواها الذاتية التي دعمها التجار والبرجوازيون ذوو الميول الإمبريالية التي تتوافق والإمبريالية العالمية التي برزت لدى الدول الكبرى والحضارات المهيمنة وكان لا بد لهذه الحركة أن تفرض وجودها داخل الحركة التي كان يعرفها العالم ساعتها والصراع الذي يحتدم قوتين يلزم حسمه بحرب عالمية كانت تتهيأ، وقد كان للحركة الصهيونية دورها الكبير في الحرب العالمية الأولى بجانب الدول الكبرى التي ساندتها لأنها تخدم مصالحها وأولها بناء الوطن الوعد الذي لم يتحقق خلال ألفي سنة.

انبعثت "القضية التاريخية" اليهودية في أوروبا خلال القرن التاسع عشر، وبرزت الحركة الصهيونية المؤسسة على إيديولوجية لائيكية أعرضت عن التعاليم التلمودية وطلقت صورة اليهودي التائه صاحب المَجْعَد، لترتدي بذلة البنكي الثري الألماني أو الجنتلمان خريج أوكسفورد. لقد كان آل روتشيلد وآل هرتزل لائيكيين يرتدون البذلة والربطة، لكن قلبهم كان يهوديا، كانوا يدركون جيدا مدى ما يقاسيه

قومهم الغارقون في بؤس غيتوهات وارسو وروسيا، لهذا أسس المجَري هرتزل الحركة الصهيونية، الوجه اليهودي للحداثة اللائيكية، ورسم المشروع الطموح، مشروع بناء دولة يهودية في جهة ما من العالم.

في بريطانيا أواخر القرن التاسع عشر وأوائل القرن العشرين كان لعائلة روتشلد دولة مالية هائلة كما كان لليهود رجالهم العظام في السياسة البريطانية مثل دزرائيلي الوزير الأول في آخر عهد الملكة فكتوريا. ارتفع اليهود في ميادين المال والسياسة بحيث أصبحوا من علية القوم يخاطبون الحكومات خطاب الأكفاء. يخاطب الرجل الأبيض الرجل الأبيض في المساومة على مصائر الشعوب الملونة ومنها العرب. طلب هرتزل من الوزير البريطاني الأول "بقعة في الممتلكات الانجليزية ليس بها حتى الآن رجل أبيض". وبهذه الصفة قُدِّمَتْ لليهود أرض فلسطين. قدمت لهم في حساب أوروبا على أن اليهود من الجنس الأبيض الكفيل أن يتفاهم مع أوروبا البيضاء ويحفظ مصالحها. ويُبْطِنُ اليهود حقهم الموروث في فلسطين ومشروعهم المبيت للسيطرة على العالم[44].

كانت أوروبا في حاجة ماسة إلى حوض يستقبل ما فاض عنها من العنصر اليهودي، بالغ الذكاء، فائق النشاط، شديد المهارة في التجارة ، العنصر المزعج الذي تنظم وألح على الدول/ الأمم الأوروبية السالكة سبيل الديموقراطية أن تمنحه حقوقا وتملكه أرضا تطلع عليها الشمس، وما قضية دريفوس في فرنسا إلا مثال بين لظهور اليهود في الساحة واستغلال الإمكانيات التي استحدثها العصر لمكافحة الظلم والتأثير على الرأي العام بواسطة إعلام حر تسلل إليه المال اليهودي والنخبة المثقفة اليهودية.[45]

كان للحركة الصهيونية علاقات متعددة ومتنوعة مع الدول الكبرى قبل الحرب العالمية الأولى وخلالها وأبرز هذه الدول كانت ألمانيا، بريطانيا، أميركا ومن الأسباب التي أدت إلى تدعيم العلاقات الصهيونية الألمانية التحالف الذي قام بين الإمبراطورية العثمانية والألمانية قبل الحرب العالمية الأولى. إذ كان ليهود الدونمة في سالونيك نفوذهم في السلطة العثمانية ومعروف أن عدداً منهم انضم إلى جمعية الاتحاد والترقي العثمانية وقام بافتتاح عدد من الصحف في الأستانة تدعو إلى التقارب مع ألمانيا والدفاع عنها والتشكيك في نوايا روسيا القيصرية.

من ناحية ثانية هيمن النفوذ الصهيوني الألماني بشكل واضح على المؤتمر الصهيوني الحادي عشر المنعقد في مدينة بال بسويسرا 1914 مما أدى إلى حصول الحركة الصهيونية على تسهيلات عديدة من وزارة الخارجية الألمانية و كان أبرز أثر للعلاقة بين الصهيونيين الألمان والحكومة الألمانية هو سعي الطرف

الأول للحصول من الحكومة الألمانية على وعد يشبه وعد بلفور وتمثل هذا السعي بصورة خاصة في الجهود التي بذلها صهيونيون ألمان من أمثال ماكس بود نهايمر وفرانزا وبنهايمر. وخلال الحرب العالمية الأولى علقت الصهيونية الألمانية آمالها على انتصار ألمانيا في الحرب مما عجل في صدور "وعد بلفور" تعزيزاً لمواقع الأطراف الصهيونية الإنجليزية داخل الحركة الصهيونية عموماً.

كانت العلاقة الصهيونية الأمريكية تتمتع بمكانة خاصة في تلك الفترة إذ حاول الصهيونيون الأمريكيون المحافظة على نوع من العلاقة المتوازنة مع أمريكا أثناء الحرب العالمية الأولى تتيح لهم ملجأً قوياً يتحصنون خلفه فيما إذا خسروا الرهان في علاقاتهم مع أي من زعيمتي الحرب ألمانيا وإنكلترا.[46] لقد اتجه صهيونيو أمريكا اتجاهاً عملياً استعمارياً منذ وقت مبكر فقامت المنظمات اليهودية

الصهيونية الأمريكية ببناء قنوات بين اليهود وبين المصالح والطموحات الأمريكية وعملت على تفادي كل تناقض يمكن أن يقع بين هذه المصالح وبين الأهداف الصهيونية المتمثلة في بناء دولة يهودية في الشرق الأوسط واستمرت الجهود الصهيونية بعلاقاتها مع الدول سنة بعد سنة إلى أن تحقق لها ما أرادت>

نشر هرتزل كتابه دولة اليهود عام 1896 ويمثل الكتاب الحل الصهيوني للمسألة اليهودية وأسس الحركة الصهيونية ودعا إلى عقد المؤتمر الصهيوني الأول في سويسرا بمدينة بال 1897 ولقد تصور هرتزل بأنه يجب لقيام الدولة الصهيونية ارتباطها بحركة معاداة السامية والاعتماد على البرجوازية الأوروبية، والتحالف معها وتأكيد النزعة التوسعية، أي كلما ازداد عدد المهاجرين ازدادت الحاجة للأرض والدعوة لإنشاء شركة يهودية لتنفيذ هدف الصهيونية.

شراء الأرض، تحقيق الهجرة، بناء المستوطنات، تمويل المشاريع وقد كان للأفكار التي يتبناها (هرتزل) وأتباعه في الدعوة إلى عقد مؤتمر عام لليهود في سويسرا. عقد المؤتمر الصهيوني الأول في مدينة بال في سويسرا في 29 أغسطس آب 1897 ليؤكد في مقرراته:

العمل على إنشاء مؤسسات يهودية تمثل وتربط وتجمع جهود الشعب اليهودي من أجل إنشاء دولته.

-العمل وفق خطة محددة على استعمار فلسطين بواسطة اليهود زراعياً وصناعياً.
-العمل على تحريك الروح اليهودية والضمير اليهودي بما يوقظ العاطفة الوطنية اليهودية وتحقيق الوعي بها.

العمل على تحقيق أهداف الصهيونية بما في ذلك إحياء اللغة العبرية والأدب العبري والثقافة العبرية.[47]

وفي أمريكا الحامية الرسمية للفكرة الصهيونية نقرأ متن الكلام لمارتن لوثر: "وبنفس الروح الطفولية المدللة يصر اليهود على أنهم "شعب الله المختار"، فلا يسع الكنائس البروتستانتية إلا التصديق والموافقة، فاليهود ليسوا "شعب الله المختار" على الرغم من أن الكنائس جميعها قد أذعنت للدعاية التي تطلق عليهم هذا الاسم. ولقد سيطرت الأفكار اليهودية في السنوات الأخيرة على الكثير من البيانات النصرانية، وبرهن الكثير من رجال الدين من غير المثقفين بأنهم على استعداد لتقبل الإيحاء اليهودي أكثر فأكثر."

فتح لوثر أبواب كنيسته على مصاريعها لليهودية عندما بنى ثورته على الرجوع الكلي إلى التوراة اليهودية، وعندما أشاد تلك الإشادة باليهود وتَبَنَّى عقيدة مملكة صهيون الألفية، فالمياه اليهودية الصهيونية تصب مباشرة في الكنائس الثائرة، خاصة منها البروتستانتية الأمريكية إنها كنائس تهودت وتصهينت. "وقد سيطر اليهود على الكنيسة في عقائدها، وفي حركة التحرر المسماة بالليبرالية المزعومة(...). وإذا كان ثمة مكان تدرس فيه القضية اليهودية دراسة صريحة وصادقة فهو موجود في الكنيسة العصرية، لأنها المؤسسة التي أخذت تمنح الولاء دون وعي أو إدراك إلى مجموعة الدعاية اليهودية.[48]"

في هذا الصدد أحيل إلى الدكتور المساري الذي قضى مجمل عمره في البحث والتأليف حول تاريخية الجماعات اليهودية وتحولاتها وتطوراتها وحاول فهم أصل الفكرة الصهيونية التي لم تقرن بالنسبة له باليهود فقط بل بشخصيات بارزة من الغرب التي ساهمت في تكوين المشروع الصهيوني وساهمت فيه ماديا وفكريا، ولهذا المؤلف كتب كثيرة حول موضوع اليهود والصهيونية ومنها هذه الموسوعة التي هي موسوعة اليهود واليهودية والصهيونية: نموذجٌ تفسيريٌّ جديد تتكون من ثمانية أجزاء، نشر بدار الشروق، القاهرة سنة 1999. وهي عمل المسيري الأبرز، الذي استغرق من عمره ما يقرب من ثلاثين عاماً لإنجازه. وهذه الموسوعة لا تكتفي بالتفكيك، أي نقد المصطلحات الصهيونية، وإنما تنتقل إلى التأسيس، أي محاولة طرح رؤية عربية بديلة للظواهر اليهودية والصهيونية والإسرائيلية، ووضع مصطلحات جديدة لوصف هذه الظاهرة. وتتناول الموسوعة كل جوانب تاريخ العبرانيين في العالم القديم، وتواريخ الجماعات اليهودية بامتداد بلدان العالم، وتَعْداداتها وتوزعاتها، وسماتها الأساسية، وهياكلها التنظيمية، وعلاقات أفراد الجماعات اليهودية بالمجتمعات التي يوجدون فيها وبالدولة

الصهيونية. وتغطي كذلك أشهر الأعلام من اليهود وغير اليهود ممن ارتبطت أسماؤهم بتواريخ الجماعات اليهودية، في شتى المراحل التاريخية والمواقع الجغرافية والانتماءات الحضارية. كما تتناول هذه الموسوعة كل الجوانب المتعلقة بتاريخ اليهودية، وفِرَقها وكتبها الدينية، وطقوسها وشعائرها، وأزمتها في العصر الحديث، وعلاقتها بالصهيونية وبمعاداة السامية (معاداة اليهود)، كما تغطي الحركة الصهيونية ونشاطاتها ومدارسها وأعلامها، وبعض الجوانب الأساسية للدولة الصهيونية. وتهدف الموسوعة إلى توفير وتمحيص الحقائق التاريخية والمعاصرة عن الظواهر اليهودية والصهيونية والإسرائيلية، وإلى تقديم رؤية جديدة للموضوعات التي تغطيها، وهي تحاول إنجاز ذلك من خلال عدة طرق:

تقديم تاريخ عام للعقيدة والجماعات اليهودية وللحركة الصهيونية، التعريف الدقيق للمفاهيم والمصطلحات السائدة، والتأريخ لها من منظور جديد، وإبراز جوانبها الإشكالية، إسقاط المفاهيم والمصطلحات المتحيزة، وإحلال مفاهيم ومصطلحات أكثر حياداً وتفسيريةً محلَّها. وعندما نقول في التعريف أن الدولة الصهيونية المقامة في فلسطين "دولة عنصرية" وأنها "ارتكزت في قيامها على جدلية الإجلاء والتوطين"، فإن هذا القول هو استجماع وإيضاح لحقائق عديدة تسعى الحركة الصهيونية إلى إخفائها:

أولها: الطابع العنصري والإرهابي للدولة اليهودية. وثانيها: أنها لم تأت إلى "أرض بلا شعب"، بل جاءت إلى أرض لها أصحابها، ولذا كانت منهجيتها في الاستيطان تقوم على جدلية الإجلاء والتوطين: إجلاء الفلسطينيين ووضع اليهود موضعهم، وهو الإجلاء الذي استخدمت فيه أساليب إرهابية متوحشة بدءا بالحرب وانتهاء بالمذابح ضد المدنيين.

وهكذا يمكن أن نقول إن هذا التعريف المقترح يوفر إمكانية لفهم الظاهرة الصهيونية على حقيقتها، ويستحضر مختلف أبعادها، سواء الأبعاد الثقافية أو التاريخية أو السياسية، الأمر الذي يجعل منه تعريفا دقيقا يفوق غيره من التعاريف المتداولة. والحقيقة أن العكس هو الحاصل لدى الإسرائيليين الذين بالرغم من الدعم الأمريكي والغربي لهم لا يقدرون على مواجهة الموت والتضحية بالروح من أجل بناء وطن لم يتحقق بعد. ففشل إسرائيل يظهر جليا من أبعاد مختلفة منها البعد الجغرافي فالوطن الحلم لإسرائيل لا تتجاوز مساحته الجغرافية الساحل الممتد على البحر ولا يمتد في عمق أي دولة داخليا.

وأما البعد الديموغرافي فقد ذهب الخبراء الاستراتيجيون الصهيونيون بأن إسرائيل تعاني من المشكلة الديموغرافية التي ستواجهها قريباً، فمجموع الفلسطينيين في فلسطين 1948م وفلسطين 1967م يبلغ 5 مليون فلسطيني، ومجموع اليهود يبلغ 5,3 مليون يهودي، ولكن الذي يمثل كارثة للحركة الصهيونية، هو بأن النمو الطبيعي للفلسطينيين 2,5% سنوياً، أي احتمال أن يتضاعفوا في فترة أقل من 30 سنة، والنمو الطبيعي في المجتمع اليهودي أقل من 51,% أي احتمال التضاعف السكاني يحتاج إلى فترة أكثر من 50 سنة.

يقول أولميرت نحن نحتاج لخطوات أحادية سريعة؛ لأن العرب سيصبحون في بعض المناطق التي تمت سيطرة إسرائيل عليها، أكثر من الشعب الإسرائيلي، وبعد ذلك سيطالب الفلسطينيون في حقهم في التصويت، ويرى أنه عندما يحدث ذلك، سيخسر الإسرائيليون كل شيء في فلسطين المحتلة.

وأخيراً دعا يوفال ديسكين[49] الحكومة الإسرائيلية إلى ضرورة العمل وبسرعة ضد حركة حماس والفصائل الفلسطينية في قطاع غزة، مخافة أن تتحول حماس إلى حزب الله، وغزة إلى جنوب لبنان، وعندها سيكون من الصعب على الحكومة الإسرائيلية معالجة تفاقم الأوضاع الأمنية في قطاع غزة وفي جنوب "إسرائيل"، وأكد ديسكين خشيته من أن حركة حماس قد امتلكت صواريخ ومعدات عسكرية تهدد وسط "إسرائيل" فضلاً عن مدن الجنوب، وأن صواريخها أصبحت قادرة على إصابة أهداف في تل أبيب، وأن مداها يتجاوز الثمانين كيلومتراً، وأشار ديسكين إلى خطورة تنامي النفوذ الإيراني داخل الأراضي الفلسطينية، وخطورة علاقة حركة حماس معها على أمن دولة "إسرائيل"، وأشار إلى أن احتمالات قيام انتفاضة فلسطينية ثالثة في عام 2010 احتمال ضعيف، ولكنه أشار إلى أن أي تفجير أو أحداث كبرى كالاعتداء على الأقصى أو حرقه قد يفجر الأوضاع في المنطقة.[50]

تحاول إسرائيل جاهدة أن تعثر ولو على إبرة كي تثبت بأن القدس هي في الأصل يهودية وأن المسجد الأقصى يحوي تحته كثيرا من الآثار اليهودية الغابرة، لذا نشط خبراء الآثار في البحث والتنقيب منطلقين مما يعتبرونه حقائق في التوراة باعتبار أنها تشكل مصدرا من مصادر المعرفة. قضية اعتماد التوراة كأساس للبحث والتنقيب عن الآثار كانت مثار جدل بين الخبراء الإسرائيليين أنفسهم، فمنهم من كان يؤمن بقوة أن التوراة تشكل مرجعية قوية لمعرفة التاريخ ومن ثم لا بد من السير على هداها، و منهم من شكك بصحة الروايات الواردة في الكتاب المقدس. وبين كلا الطرفين تسعى جهات اسرائيلية تؤمن بالفكر الصهيوني إلى

تمويل عمليات التنقيب بإمكانيات هائلة بهدف العثور على أي دليل يمكن أن يشير الى وجود "تاريخ يهودي " تحت مدينة القدس خصوصا ما يدعونه بالهيكل.

وقادت الأوساط التوراتية وتقود حروباً متواصلة ضد كل أستاذ أو عالم آثار في العالم يكشف التضليل الذي تعتمده الصهيونية لاختلاق رابطة لها ولحركتها الاستعمارية بالأرض الفلسطينية، أشهر من تعرض للاضطهاد والطرد من منصبه هو العالم الامريكي "توماس تومسن" صاحب كتاب "اختلاقات إسرائيل قديمة وإخراس التاريخ الفلسطيني" (1996) وكتاب "التوراة في التاريخ:

كيف يخلق الكتّاب ماضياً" (1999)، وهو اضطهاد اضطره إلى قبول منصب أستاذ في جامعة كوبنهاجن في الدنمارك ليتمكن من مواصلة أبحاثه. ويشير العديد من الباحثين إلى أن علماء الآثار الإسرائيليين بدأت تضمحل أمام أعينهم تواريخ الروايات التوراتية في ضوء الآثار المادية الفلسطينية، وتبدأ الحكاية كما يرويها أحد الباحثين بالهوس التوراتي" الذي رسم خريطة لفلسطين نابعة من التصورات اللاهوتية، وظل يفرضها طيلة أكثر من مئة عام ونصف العام على تضاريس فلسطين، هذا الهوس الذي قلب منهج البحث العلمي وجعله يسير على رأسه لم يكن خافيا على قلة من العلماء من أمثال الإيرلندي ماك اليستر منذ البداية.

أكد هذا الباحث منذ العام 1925 في كتابه "نصف قرن من التنقيب في فلسطين" على أن ثمة نزعة غير علمية تسود مبحث التنقيب هنا، فالباحثون ينطلقون من فرضيات مسبقة ويحاولون التفتيش عما يدعمها في المواقع الأثرية، ويهملون في سعيهم كل الآثار المكتشفة التي لا تدعم فرضياتهم، أو يختلقون قراءات للآثار المكتشفة بحيث تعزز ما في أذهانهم، إلا أن هذه الشكوك لم تستطع التغلب على خطاب تدعمه في العقلية الغربية روايات دينية ثم أصبحت تعززه المطامع الاستعمارية بالأرض الفلسطينية، وهي مطامع عبر عنها علناً رعاة صندوق استكشاف فلسطين البريطاني منذ إنشائه عام 1865.

فزعموا أنهم يذهبون إلى استكشاف أرض هي لهم أصلا. ولم يبدأ هذا الخطاب بفقدان سطوته على هذا الحقل الذي أطلقوا عليه اسم "علم الآثار التوراتي" في وقت لم يكتشف فيه في فلسطين أي أثر ذي علاقة بتوراتهم، إلا مع ظهور حركة مضادة في أوساط الباحثين الغربيين. بدأت هذه الحركة تتبين في ضوء حقائق التنقيبات الفلسطينية أن الخريطة التوراتية لفلسطين تضاريسا وتاريخا مجرد صناعة لاهوتية تخدم أغراض سياسة استعمار فلسطين لا أغراض العلم. وعلى رأس هؤلاء كان عالم الآثار الأمريكي "بول لاب" الذي ترأس بعثة تنقيب في

فلسطين عام 1962 بالقرب من نابلس، ففتح عمله الطريق لنقد علم الآثار التوراتي أمام الآخرين من أمثال وليم ديفر وتوماس ليفر وجوناثان تب وتوماس تومسن وكيت وايتلام.   كان لموقف لاب من تزييف معاهد البحث التوراتي والتشويه الذي ألحقته بآثار فلسطين وتاريخها، والذي ترافق مع دحضه للكثير من التصورات التي فرضت على التاريخ الفلسطيني، أثر بالغ في تعزيز هذا التيار النقدي، ومع العام 1967 وبعد احتلال فلسطين الشرقية وقطاع غزة احتج لاب علناً على الحفريات التي سارع إليها الجيش "الإسرائيلي" وفريق علماء آثاره المرتبط بنشاطه الاحتلالي في الأراضي المحتلة، وكان لاحتجاجه أثر بالغ في اتخاذ منظمة اليونسكو قرارا بطرد "اسرائيل" من عضويتها، بعد أن أدانتها لقيامها بحفريات غير مشروعة في أرض محتلة، وتدميرها المتعمد للآثار الفلسطينية مثل إزالة حي كامل هو حي المغاربة في القدس[51].

قضية اللاجئين والعودة المستعصية

لم يحدث في التاريخ الحديث سابقة لأقلية أجنبية تغزو الغالبية الوطنية وتطردها من ديارها، وتمسح آثارها الطبيعية والثقافية، بدعم مادي وسياسي وعسكري من الخارج، وتدعي أن هذا نصر للحضارة وتحقيق لإرادة إلهية، مثلما حدث في فلسطين. ولم يحدث أن أقيمت دولة على أرض لا تملك إلا 8% منها، مثلما أقيمت إسرائيل على أرض تبلغ ملكية الفلسطينيين فيها 92%. ولم يحدث أن أقيمت دولة على أشلاء 531 مدينة وقرية وطرد أهلها الذين تبلغ نسبتهم 85% من سكان الأرض التي تحولت إلى دولة، كما حدث في إسرائيل[52].

تشير المضامين السياسية لمثل هذا الخطاب إلى أن إسرائيل وحدها هي المسؤولة عن خلق مشكلة اللاجئين الفلسطينيين وأنها وحدها تتحمل المسؤولية القانونية والأخلاقية عن تلك المشكلة دون غيرها، أما المدلول القانوني فيفيد أنه حتى في حالة زوال "بعد هذه الفترة الطويلة" معظم من ارتكبوا أفعالا يمكن أن توصف كجرائم ضد الإنسانية، فإن الفعل نفسه مازال جريمة لم يقف أحد أمام العدالة جراء ارتكابها، أما المدلولات الأخلاقية فتشير بالتأكيد إلى أن الدولة اليهودية قد ولدت جراء خطيئة! حالها حال الكثير من الدول طبعا! ولكن الخطيئة أو الجريمة ما زالت طيّ التنكر والنكران، حيث تعترف بعض الدوائر الإسرائيلية أنها الأسوأ، ولكنها بنفس الوقت تبررها بوعيها المستدرك وباعتبارها سياسة مستقبلية تمارس ضد الفلسطينيين أينما كانوا.

لقد تجاهلت النخبة السياسية الإسرائيلية كافة هذه الدلائل، وبدلا من ذلك استقت عبرة مختلفة من أحداث 1948 مفادها: أن بإمكان إسرائيل كدولة، طرد نصف السكان وتدمير نصف قراهم والخروج من ذلك دون أي خدش أو انتقاد، أما نتائج تلك العبرة فكانت المواصلة الحتمية لسياسة التطهير العرقي بوسائل أخرى، ميّزت تلك العملية مفاصل معروفة تماماً، كطرد عشرات القرى بين 1948 و1956 من إسرائيل وإجبار 300 ألف فلسطيني من الضفة الغربية وقطاع غزة على الرحيل القسريّ، ومنطقة القدس الكبرى بشكل مقنن ولكنه متواصل[53].

كان هدف إسرائيل في العام 1948 جليًا كما كان واضح المعالم ومباشرا في خطة "دالت" التي تبنتها القيادة العليا لمنظمة الهاجاناة (المنظمة اليهودية السرّية الأساسية في مرحلة ما قبل دولة إسرائيل) في آذار عام 1948.

كان الهدف هو الاستيلاء على أكبر قدر ممكن من أراضي فلسطين الانتدابية وإزالة معظم القرى الفلسطينية والأحياء العربية من مستقبل الدولة اليهودية المنتظرة، كان التنفيذ أكثر انتظاما وشمولية مما توقعته الخطة، ففي مدة لا تتجاوز السبعة أشهر دمرت 531 قرية كما أفرغت إحدى عشر تجمعا سكانيا مدنيا، وقد رافق الطرد الجماعي مجازر وعمليات اغتصاب وسجن للرجال (عرّف الرجال بأنهم الذكور الذين تجاوزوا العاشرة من العمر) في معسكرات العمل لفترات تجاوزت السنة.

في العام 2006، يمكن أن تطلق كل هذه الصفات على سياسة التطهير العرقي، وبشكل أكثر تحديدا فان سياسة التطهير العرقي كما عرّفتها الأمم المتحدة تهدف إلى تحويل منطقة مسكونة من قبل أعراق مختلطة إلى مساحة تتميز بالنقاء العرقي، حيث تعتبر كافة الوسائل مبررة لتحقيق ذلك. ويصنّف القانون الدولي مثل تلك السياسة على أنها جريمة ضد الإنسانية حيث تعتقد وزارة الخارجية الأمريكية أن تصحيح تلك الجرائم يتم فقط عبر إعادة كافة الناس الذين هجروا أو طردوا بسبب عمليات التطهير العرقي إلى ديارهم[54].

في مقال تحليلي لبني موريس يقف فيه عند أسباب ترحيل الفلسطينيين عن أراضيهم مع بناء دولة إسرائيل التي تزامنت مع دمار المجتمع الفلسطيني وظهور قضية اللاجئين، يوضح فيه النتائج التي ترتبت عن الحروب الأولى التي شنت ضد الشعب الفلسطيني وأدت إلى تهجيره إلى الدول المجاورة، أو إبادته بشكل جماعي بدون عقوبة ولا تدخل دولي خارجي ولا عربي قادر فعلا على حل القضية من جذورها.

تأسست عقب حرب 1948 دولة اسرائيل من جهة، وشكلت هذه المرحلة بالنسبة للمجتمع الفلسطيني المحتل بداية دماره بظهور قضية اللاجئين من الجهة الأخرى، بالإضافة إلى نزوح أو طرد ما يقارب 700,000 من [الفلسطينيين] العرب (وهذا رقم لا يزال قيد النقاش فالإسرائيليون يعترفون ب 520,000 لاجئ تقريباً، والفلسطينيون يقولون بأن العدد يتراوح بين 1,000,000-900,000 لاجئ) من المناطق التي أصبحت الدولة اليهودية.

كما تم توطين اللاجئين في الأماكن التي أصبحت تعرف فيما بعد بالضفة الغربية وقطاع غزة، وكذلك في شرق الأردن وسوريا ولبنان، مع تواجد لأعداد صغيرة في كل من مصر والعراق ودول الجزيرة العربية. في نهاية الحرب وُجد أقل من نصف الفلسطينيين في ديارهم الأصلية والذي كان توزيعهم كالتالي: أقل من 150,000 في إسرائيل، و400,000 في الضفة الغربية و60,000 في قطاع غزة.55

ظلت إسرائيل محتلة لأرض 48 دون أن تعترف بأي حدود دولية فجاءت نكسة 67م كما يحلو للعرب أن يسموها- تلطيفاً لكلمة هزيمة- فالتهمت إسرائيل أرضاً واسعة من ثلاث دول عربية. وتحت ضغوط موسكو لجأ العرب إلى المنظمة الدولية مرة أخرى حتى تستمر المسرحية، وحصل أن سافر هواري أبو مدين وعبد الرحمن عارف إلى موسكو في يوليو عام 1967م عقب النكسة لإجراء مباحثات سرية وعاجلة مع الزعماء السوفييت، وعند عودتهم علق أبو مدين قائلاً: "أنا شخصياً نشأ عندي غموض بشأن الاتحاد السوفيتي من المشكلة!"

وفي المنظمة الدولية استطاع العرب في هذه المرحلة استصدار قرار من مجلس الأمن رقم "224" إلا أن هذا القرار يكتنفه الغموض، وعلى أي كان الأمر فهو يشير إلى انسحاب "من أراضي عربية محتلة" وقد ذكر بنيامين نيتنياهو أنه تم شطب "ال" التعريفية و"كل" بصورة متعمدة كي تستطيع إسرائيل التفاوض حول عمق الانسحاب، وأن تظل تحتفظ بجزء من هذه الأراضي لأغراضها الأمنية، لأن النص الأصلي المقترح من الهند ومالي ونيجيريا ينص على "الانسحاب من كل الأراضي المحتلة" أما رئيس الولايات المتحدة السابق "ليندون جونسون" فقد ذكر بعد وقت قصير من حرب يونيو قائلاً: "نحن لا نقول لدول أخرى كيف ترسم بينها الحدود التي توفر لكل واحدة منها أكبر قدر من الأمن."

هذا ويتذرع الزعماء الصهاينة باحتفاظهم بالضفة الغربية من أجل الحدود الآمنة كما يسمونها إذ أن جبال نابلس وهضبة الجولان تشكل لهم أبراجاً طبيعية للدفاع عن إسرائيل على حد زعمهم، واليوم وعلى الرغم من كل المشاريع التي عرضت وآخرها خارطة الطريق، فإن إسرائيل لم تعترف بأي حدود دولية لها، وهي بذلك في تناقض من أمرها، فهل ذلك يعني أن وراء الأكمة ما وراءها؟ أو أنهم الآن يستعدون لقفزة أخرى؟ وقد ذكر أحد قادة هذه العصابة الصهيونية "أن جيش إسرائيل خير مفسر للتوراة" وبالتالي.. ما هي خارطة الأرض المقدسة التي سلمها بوش لشارون أخيراً؟ أما السؤال الأكثر إثارة: هل احتلال العراق يعتبر تمهيداً لإسرائيل الكبرى من النيل إلى الفرات؟؟56

ومن هنا نقرأ كيف أن المتحكم في تسيير دولة إسرائيل هو الجيش الذي يعتمد على نص التوراة المتنبأ بدولة إسرائيل الكبرى والوطن الكبير، كما يزعمون، وبذلك فإن التعامل مع مثل هذه القضية ومع من يتزعمها من رؤساء الجيش ومتزعمي الإجرام في حق شعب أعزل يصبح في مأزق كبير؛ لأن الجيش الصهيوني المسير للدولة الإسرائيلية يلقى من جهة تبرير جرائمه من نص منتحل هو التوراة، إذ كيف تؤسس دولة مدنية وتبني إيديولوجيتها على نص منتحل موضوع وضعا.

ومن جهة ثانية فهذا الجيش الذي يسير دولة إسرائيل لقي الدعم ويلقاه من طرف قوى إمبريالية لديها مصالح وتريد أن تبقي سيطرتها على منطقة من أهم المناطق في جغرافية العالم العربي الإسلامي، وفي هذا الإطار نفسه يفهم عدم تحديد دولة إسرائيل لحدودها، لأنها تخفي إرادتها الاحتلالية لتوسيع جغرافيتها ولاحتلال مزيد من الأراضي العربية حوالي محيطها جهة الشمال والشرق والجنوب. وفي هذا السياق يصعب بل يستحيل الحديث عن عودة اللاجئين وحقهم في العودة لأن طموحات دولة إسرائيل تعمل لتوسيع رقعتها الجغرافية وهذا لا يحصل إلا بمزيد من التدمير والإبادة والنفي خارج وطن فلسطين، ومن هنا فكل محاولات المفاوضة من الفلسطينيين مع دولة إسرائيل باءت بالفشل لأن خلفيات المستعمر هي المزيد من ضم الأراضي ولا يريد فعلا تحقيق السلام ولا الاعتراف بدولة فلسطين ولا بحقها ولو في شبر من الأرض.

التحريف والكذب لبناء دولة إسرائيل

تعتمد فكرة بناء الوطن الموعود لبني إسرائيل على أخبار كاذبة من التوراة التي حرفوها، فقد ذهب المفسرون إلى القول بأن الإفساد في الأرض المنسوب في سورة الإسراء لبني إسرائيل، هو تحريفهم للتوراة، وتحريف كلام الله عن مواضعه مروق عن الدين وخروج عن الحكم الشرعي الذي يضبط أفعال العباد، فبنو إسرائيل لا يبالون بصنيعهم بعد التحريف بتناسي الحق ثم نسيان ما يفعلون. فالجرأة على تحريف الكَلِم الإلهي عن مواضعه جاء نتيجة لقساوة القلب ومقدمة لنسيان ما أنزل الله وإهماله، فقد قال الله -عز وجل-: فَبِمَا نَقْضِهِمْ مِيثَاقَهُمْ لَعَنَّاهُمْ وَجَعَلْنَا قُلُوبَهُمْ قَاسِيَةً يُحَرِّفُونَ الْكَلِمَ عَنْ مَوَاضِعِهِ وَنَسُوا حَظًّا مِمَّا ذُكِّرُوا بِهِ (سورة المائدة،13). هي إذن ثلاث مراحل: قسوة القلب فالتحريف فالنسيان، وقد يكون النسيان أو التنسية المتعمدة سببا لقسوة قلوب جيل حرف من قبلهم كلام الله واشتروا به ثمنا قليلا، وهذا كان دأب أحبار اليهود ورهبانهم على مر الأجيال.

ذكر الله لنا هذا في كتابه مرارا وتكرارا، فالأحبار الذين كانوا يفتون بما يرضي الحاكم أو الراشي يحملون أوزارهم وأوزار من ائتموا بهم، ويتولون كبر الفساد والإفساد في الأرض، وهم قلب قلب الكفر، وجرثومة جرثومته، ومادة مادة. داء الأمم من فساد القلوب، وفسادها عَرَض من أعراض مرضها، ومرضها نفحة من القسوة واللعنة وغضب الله المجسد في فسقة بني إسرائيل والكذب الذي يعتمدونه في تمويه الرأي العام وتعمدهم تقديم أنفسهم على أنهم الضحية وما هم إلا قتلة ومجرمون. نقرع باب رجل من رجالات الإسلام، أحد جهابذة العلماء وأفذاذ المجتهدين وفرسان العلم، هو ابن حزم. إنه الخبير في علم "الملل والنحل" كما هو خبير في علوم شتى، نقرع بابه لنطلع من يده على خبايا اليهود وقد جلس لكتبهم حتى عصر ما فيها من سم ليقدمه لنا في قارورة في متحف الفكر لنتعلم ما هو السم اليهودي، اليهود شحيحون بكتبهم الخاصة مثل التلمود على من ليس من ملتهم، حريصون على أن لا تقع هذه الكتب في أيدي "الجويم" أي الأمميين الذين يكنون لهم كل احتقار وعداء، ومن عبقرية ابن حزم -رحمه الله- أن يحوز على هذه الكتب ليكشف لنا أسرارهم الحميمة. من كتاب "الفِصَل في الملل والأهواء والنحل" نقتطف هذه الصفحات، فيها عرض للمعلومات الموضوعية ثم تعليق من عالمنا، نكتفي بتعليقه.

بعد أن أورد الأستاذ ابن حزم آيات تثبت تحريف اليهود للتوراة وأحاديث بسنده المتصل وآثارا عن الصحابة كلها تؤكد هذه الحقيقة قال: "ونحن إن شاء الله نذكر طرفا يسيرا من كثير جدا من كلام أحبارهم الذين عنهم أخذوا كتابهم ودينهم، وإليهم يرجعون في نقلهم لتوراتهم وكتب الأنبياء وجميع شرائعهم ليرى كل ذي فهم مقدارهم من الفسق والكذب فيلوح له أنهم كانوا كذابين مستخفين بالدين، وبالله التوفيق، ولقد كان يكفي من هذا إقرارهم بأنهم عملوا لهم هذه الصلوات عوضا مما أمر الله تعالى به من القرابين. وهذا تبديل الدين جهارا." عندما يكتب ابن حزم يتحدث عن نفسه بالكنية خلافا للمعهود من آداب المسلمين، وهي جرأة من جُرأته -رحمه الله-، قال: "قال أبو محمد رضي الله عنه: ذكر أحبارهم، وهو في كتبهم مشهور لا ينكرونه عند من يعرف كتبهم، أن إخوة يوسف إذ باعوا أخاهم طرحوا اللعنة على كل من بلغ إلى أبيهم حياة ابنه يوسف. ولذلك لم يخبره الله -عز وجل- بذلك ولا أحد من الملائكة. فأعجبوا لجنون أمة تعتقد أن الله خاف أن تقع عليه لعنة قوم باعوا النبي أخاهم وعقوا النبي أباهم أشد العقوق، وكذبوا أعظم الكذب. فوالله لو لم يكن في كتبهم إلا هذا الكذب وهذا الحمق.[57] "وفي بعض كُتبهم أن هارون قال لله -تعالى- إذ أراد أن يسخط على بني إسرائيل: يا رب لا تفعل، فلنا عليك ذِمام "أي جميل" وحق لأن أخي وأنا أقمنا لك مملكة عظيمة. قال أبو محمد: وهذه طامة أخرى! حاشا لهارون -عليه السلام- أن يقول هذا الجنون! أين هذا الهوس وهذه الرعونة من الحق النير إذ يقول تعالى: يَمُنُّونَ عَلَيْكَ أَنْ أَسْلَمُوا قُلْ لَا تَمُنُّوا عَلَيَّ إِسْلَامَكُمْ بَلِ اللَّهُ يَمُنُّ عَلَيْكُمْ أَنْ هَدَاكُمْ لِلْإِيمَانِ إِنْ كُنْتُمْ صَادِقِينَ (17) سورة الحجرات.[58]

قال الشيخ الإمام -رحمه الله-: "وفيما سمعنا علماءهم يذكرونه ولا ينكرونه معنىً أن أحبارهم الذين أخذوا عنهم دينهم والتوراة وكتب الأنبياء عليهم السلام اتفقوا على أن رَشَوْا بولس البنيامين لعنه الله وأمروه بإظهار دين عيسى عليه السلام، وأن يضل أتباعه ويدخلهم إلى القول بألوهيته. وقالوا له: نحن نتحمل إثمك في هذا. ففعل وبلغ من ذلك حيث قد ظهر. واعلموا يقينا أن هذا عمل لا يستسهله ذو دين أصلا.(...) فاعجبوا لهذا"! وأشنع من هذا كله نقلهم الذي لا تَمائُعَ بينهم فيه عن كثير من أحبارهم المتقدمين الذين عنهم أخذوا دينهم ونقلوا توراتهم وكتب الأنبياء بأن رجلا اسمه إسماعيل كان إثر خراب البيت المقدس سمع الله تعالى يئن كما تئن الحمامة ويبكي وهو يقول: الوَيل لمن خُرِّبَ بيتُه وضُعُضِع ركنُه وهُدم قصره وموضع سكينته! ويلي على ما أخربت من بيتي! ويلي على ما فرقت من بَنِيَّ وبناتي! فأمتي منكسة حتى أبني بيتي وأرد إليه بَنِيَّ وبناتي! قال هذا النذل الموسخ ابن الأنذال إسماعيل: فأخذ الله تعالى بثيابي وقال لي: أسمعتني يا بني يا

61

إسماعيل؟ قلت: لا يا رب! فقال لي: يا بني يا إسماعيل، بارك علي. قال الجيفة المُنتنة: فباركت عليه ومضيت. قال أبو محمد: لقد هان من بالت عليه الثعالب! والله ما في الموجودات أرذل ولا أنتن ممن احتاج إلى بركة هذا الكلب الوضِر فاعجبوا لعظيم ما انتظمت هذه القصّة عليه من وجوه الكفر الشنيع "!

فإن اليهود كلهم، يعني الربانيين منهم، مُجمعون على الغضب على الله، وعلى تلعيبه وتهوين أمره -عز وجل-. فإنهم يقولون ليلة عيد الكيبور، وهي العاشر من تشرين الأول وهي أكتوبر: يقوم المِطَّطِرُونَ، ومعنى هذه اللفظة عندهم "الرب الصغير" تعالى الله عن كفرهم. قال: ويقول وهو قائم ينتف شعره ويبكي قليلا قليلا: ويلي إذ خربت بيتي وأيّتمت بني وبناتي. فأمتي منكسة، لا أرفعها حتى أبني بيتي وأرد إليه بَني وبناتي. واعلموا أنهم أفردوا عشرة أيام من أول أكتوبر يعبدون فيها ربا آخر غير الله -عز وجل-، فحصلوا على الشرك المجرد. واعلموا أن الرب الصغير الذي أفردوا له الأيام المذكورة يعبدونه فيها من دون الله -عز وجل- هو عندهم "صندلفون" الملكُ خادم التاج الذي في رأس معبودهم. وهذا أعظم من شرك النصارى. ولقد وقّفت بعضهم على هذا فقال لي: مططرون ملك من الملائكة. فقلت: وكيف يقول ذلك الملك: ويلي على ما خربت من بيتي وفرقت بني وبناتي؟!". نسمع في الأخبار كثيرا عن وقوف اليهود عند حائط المبكى قرب المسجد الأقصى، ترى لم يبكون وماذا يقولون في بكائهم؟ ذلك سرّ يكتمونه. وعرفنا إياه شيخنا ابن حزم قال: "واعلموا أن اليهود يقومون في كنائسهم أربعين ليلة متصلة من أيلول وتشرين الأول، وهما سبتمبر وأكتوبر، فيصيحون ويلولون بمصائب. منها قولهم: لأي شيء تُسْلِمُنا يا الله هكذا ولنا الدين القيم والأثر الأول؟ لِمَ يا الله تتصمم عنا وأنت تسمع، وتعمى وأنت مبصر؟ هذا جزاء من تقدم إلى عبوديتك!وبدرَ إلى الإقرار بك! لِمَ يا الله لا تُعاقب من يكفر النَّعم، ولا تجازي بالإحسان؟ ثم تبخسنا حظنا وتُسْلِمنا لكل معند، وتقول إن أحكامك عدلة! فاعجبوا لِوَغَادةِ هؤلاء الأوباش ولرذالة هؤلاء الأنذال الممتنين على ربهم عز وجل، المستخفين به وبملائكته وبرسله. وتالله ما بخسهم ربهم حظهم، وما حقهم إلا الخزي في الدنيا والخلود في النار في الآخرة. وهو تعالى موفيهم غير منقوص[59]. ويختم الشيخ -رحمه الله- قائلا: "قال أبو محمد: هنا انتهى ما أخرجناه من توراة اليهود وكتبهم من الكذب الظاهر والمناقضات اللائحة التي لا شك معها في أنها كتبٌ مبدلة محرفة مكذوبة، وشريعة موضوعة مستعملة من أكابرهم. ولم يبقى بأيديهم بعد هذا شيء أصلا، ولا بقي في فساد دينهم شبهة بوجه من الوجوه. والحمد لله رب العالمين.(...) واعلموا أننا لم نكتب من فضائحهم إلا قليلا من كثير[60]".

خدعة بيع الأراضي

لليهود

إذا علمنا أن الكذب والكفر والمروق في الدين هو سلوك بني إسرائيل فإن الكذب والخداع وتمويه عقول الآدميين بعدها يهون لديهم، فمن تجرأ على الله يهون عليه كل شيء بعدها.

كان أساس بناء دولة بني إسرائيل ينطلق من مقولة كاذبة وهي "أرض بلا شعب لشعب بدون أرض" فجعلوا بلاد فلسطين أرضا قاحلة غير مسكونة، ولكن لما افتضح كذبهم وخداعهم للأمم لفقوا كذبتهم أن الأرض بيعت من طرف المزارعين الفلسطنيين الجشعين لليهود، فكانت هذه الأكذوبة التي روجت وساهم في ترويجها الكتاب والصحافة الغربية وتبعهم في ذلك الكتاب والصحفيون العرب من البلاد التي تواطئت مع الإمبريالية الغربية والأمريكية على وجه التحديد. في البحث والتقرير الذي قام به د. خالد الخالدي -رئيس قسم التاريخ والآثار-بالجامعة الإسلامية غزة عبر موضوع أسماه "بيع الفلسطينيين أرضهم لليهود حقيقة أم خيال؟!" يذهب خالد الخالدي بأن كتاب وصحفيون قاموا بنشر الخدعة التي أوهموا بها عقول المسلمين والشعوب العربية والكذبة التي نشروها بفضل الإعلام الرسمي والواسع النطاق. "أن الشعب الفلسطيني باع أرضه لليهود، فلماذا يطالب بتحرير أرض قبض ثمنها"؟!

إنَّ مصدر هذه الإشاعة كتاب كتبوا في أكثر الصحف العربية انتشاراً، ونشروا أكاذيب كثيرة، شوهوا فيها صورة الفلسطيني بهدف أن يُفقِدوا شعوبهم الحماس اتجاه القضية الفلسطينية، وبلغ بهم الكذب حداً امتهنوا فيه جيوشهم، فقالوا: "إن الفلسطينيين يبيعون الضابط العربي لليهود بخمسة جنيهات، والجندي بجنيه واحد." روَّجت العصابات الصهيونية لروايات منتحلة مدسوسة على أهل فلسطين تزعم أنهم باعوا أراضيهم بمحض إرادتهم لليهود. وتلقَّف العالم هذه الافتراءات والأكاذيب، والأساطير والخرافات التي جعلوها من "المسلَّمات" التي لا يجوز الاقتراب منها أو المساس بها، وهكذا قامت "إسرائيل" دولة الإرهاب والقهر، والنازية الجديدة، والفاشية الملعونة على أشلاء المطرودين، والمشردين، والمضطهدين من أهل فلسطين، وليس على ما ادعته من أكاذيب وتخرصات

تحكيها رواياتهم الفاسدة المجروحة المدلسة التي تزعم أن الفلسطينيين باعوا أرضهم وديارهم، وتركوها لليهود!!!

نجد هذه الحقائق متضمنة في كتاب «فلسطين وأكذوبة بيع الأرض» ففيه حكي ورواية للوقائع الذي حصل فعلا، وهو من تأليف "عيسى القدومي" الصادر عن مركز المقدس للدراسات التوثيقية ـ 2004م، مؤكداً أن تلك كذبة ظالمة، وأُكذوبة سمجة كذّبها الواقع، وشواهد التاريخ، انطلت على الساسة، والقادة والمؤرخين في الغرب الذين صدقوا هذه القصص الواهية، فساندوها وأيدوها، وخالفوا قرارات الشرعية الدولية والأدلة التاريخية التي تنحاز للعرب وأهل فلسطين أصحاب الأرض والماضي والتاريخ والجغرافيا. وعن حجم تلك الأكذوبة تصف (روز ماري) ـ الباحثة البريطانية ـ انتشارها بالقول: «لقد آذى التشهيرُ بالفلسطينيينَ أكثر مما آذاهم الفقر، وأكثر الاتهامات إيلاماً كان بأنهم باعوا أرضهم، أو أنهم هربوا بجبن! وقد أدى الافتقار إلى تأريخ عربي صحيح لعملية الاقتلاع التي لم تُرْوَ إلا مجزأة حتى الآن ـ أدى بالجمهور العربي إلى البقاء على جهله بما حدث فعلاً». ولهذا استطاع اليهود بهذه الأكذوبة أن يُرسخوا مفاهيم غاية في الخطورة، يصعب التحول عنها لدى الكثير من الناس؛ فأصبحت أكذوبة متجددة منذ احتلال أرض فلسطين في عام 1948م إلى يومنا هذا، والحقيقة المرة التي يندى لها الجبين هي أن تاريخ القضية الفلسطينية، منذ بدايتها حتى الآن، لم يُكتب بعد[61]!

إنَّ الشعب الفلسطيني الذي يحمل لواء الجهاد والمقاومة منذ أكثر من ثمانين عاماً، وقدم مئات الألوف من الشهداء، وما زال يقدم، ويقف وحده في الميدان، صامداً صابراً مجاهداً بالرغم من اجتماع الأعداء عليه، وتخلي ذوي القربى عنه، بل تآمرهم عليه، هذا الشعب يستحق أن ينصف ويدافع عنه، وقد شهد له كل منصف عرفه أو سمع عنه ونذكر فقط من هذه الشهادات قول هتلر في رسالة إلى ألمان السوديت: "اتخذوا يا ألمان السوديت من عرب فلسطين قدوة لكم، إنهم يكافحون إنجلترا أكبر إمبراطورية في العالم، واليهودية العالمية معاً، ببسالة خارقة، وليس لهم في الدنيا نصير أو مساعد، أما أنتم فإنَّ ألمانيا كلها من ورائكم". إنه لا يليق بمتعلم أو مثقف فلسطيني، أن يتهم شعبه، ويقف عاجزاً غير قادر على تقديم المعلومات والحقائق التي تدحض هذا الاتهام.[62]

لكن السؤال المطروح بحدة والذي يلزم البحث عن جوابه من خلال كتب ووثائق موثوقة وهو كيف تم مصادرة الأراضي الفلسطينية وكيف استحوذ عليها اليهود منذ البدايات الأولى لدخول اليهود لأرض فلسطين؟ يذهب التقرير الذي توصل إليه

خالد الخالدي بأن مساحة الأراضي التي وقعت تحت أيدي اليهود حتى عام 1948م من غير قتال أو حرب، تقارب حوالي (2) مليون دونم. أي ما يعادل 8.8% من مساحة فلسطين التي تبلغ 27 مليون دونم. حصل اليهود على تلك الأرض (2 مليون دونم) بأربع طرق هي:

الطريق الأول: 650.000 دونماً (ستمائة وخمسين ألف دونم) حصلوا على جزء منها كأي أقلية تعيش في فلسطين منذ مئات السنين، وتملك أرضاً تعيش عليها، وحصلوا على الجزء الآخر بمساعدة الولاة الأتراك الماسونيين، الذين عيَّنتهم على فلسطين حكومة الاتحاد والترقي، التي كان أكثر من 90% من أعضائها من اليهود. وقد تآمرت جمعية الاتحاد والترقي على السلطان عبد الحميد وأسقطته، لأنه رفض كلَّ عروض اليهود عليه مقابل تمكينهم من أرض فلسطين، ومن هذه العروض إعطاؤه مبلغ خمسة ملايين ليرة إنجليزية ذهباً لجيبه الخاص، وتسديد جميع ديون الدولة العثمانية البالغة 33 مليون ليرة ذهباً، وبناء أسطول لحماية الإمبراطورية بتكاليف قدرها مائة وعشرون مليون فرنك ذهبي، وتقديم قروض بخمسة وثلاثين مليون ليرة ذهبية دون فوائد لإنعاش مالية الدولة العثمانية، وبناء جامعة عثمانية في القدس.

الطريق الثاني: 665.000 دونماً (ستمائة وخمسة وستين ألف دونم) حصل عليها اليهود، بمساعدة حكومةِ الانتداب البريطاني المباشرة، وقد قُدمت إلى اليهود على النحو الآتي:-

1- أعطي المندوب السامي البريطاني منحة للوكالة اليهودية ثلاثمائة ألف دونم.

2- باع المندوب السامي البريطاني الوكالة اليهودية وبأسعار رمزية مائتي ألف دونم.

3- أهدت حكومة الانتداب للوكالة اليهودية أرض السلطان عبد الحميد في منطقتي الحولة وبيسان - امتياز الحولة وبيسان - ومساحتها 165.000 دونماً (مائة وخمسة وستون ألف دونم.

الطريق الثالث: 606.000 دونماً (ستمائة وستة آلاف دونم)، اشتراها اليهود من إقطاعيين لبنانيين وسوريين، وكان هؤلاء الإقطاعيون يملكون هذه الأراضي الفلسطينية عندما كانت سوريا ولبنان والأردن وفلسطين بلداً واحداً تحت الحكم العثماني يُسمى بلاد الشام أو سوريا الكبرى، وعندما هزمت تركيا واحتل الحلفاء بلاد الشام، قسمت هذه البلاد إلى أربعة دول أو مستعمرات، حيث خضعت سوريا ولبنان للاحتلال الفرنسي. وخضع شرق الأردن للاحتلال البريطاني، وفلسطين

للانتداب البريطاني توطئة لجعلها وطناً قومياً لليهود، وهكذا أصبح كثير من الملاك السوريين واللبنانيين يعيشون في بلد وأملاكهم في بلد آخر، فانتهز كثير منهم الفرصة وباعوا أرضهم في فلسطين لليهود الذين دفعوا لهم فيها أسعاراً خيالية، وبنوا بثمنها العمارات الشاهقة في بيروت ودمشق وغيرها. وكانت كمية الأراضي التي بيعت، والعائلات التي باعت كما يلي:

1- باعت عائلة سرسق البيروتية ميشيل سرسق وإخوانه مساحة 400.000 دونماً (أربعمائة ألف دونم) ، في سهل مرج ابن عامر، وهي من أخصب الأراضي الفلسطينية، وكانت تسكنها 2546 أسرة فلسطينية، طُردت من قراها لتحل محلها أسر يهودية أحضرت من أوروبا وغيرها.

2- باعت عائلة سلام البيروتية 165.000 دونماً (مائة وخمسة وستين ألف دونم) لليهود وكانت الحكومة العثمانية قد أعطتهم امتياز استصلاح هذه الأراضي حول بحيرة الحولة لاستصلاحها ثم تمليكها للفلاحين الفلسطينيين بأثمان رمزية، إلا أنهم باعوها لليهود.

3- باعت عائلتا بيهم وسرسق (محمد بيهم وميشيل سرسق) امتياز آخر في أراضي منطقة الحولة، وكان قد أعطي لهم لاستصلاحه وتمليكه للفلاحين الفلسطينيين، ولكنهم باعوه لليهود.

4- باع أنطون تيان وأخوه ميشيل تيان لليهود أرضاً لهم في وادي الحوارث مساحتها خمسة آلاف وثلاثمائة وخمسين دونماً، واستولى اليهود على جميع أراضي وادي الحوارث البالغة مساحتها 32.000 دونماً (اثنان وثلاثون ألف دونم) ، وطردوا أهله منه بمساعدة الإنجليز، بدعوى أنهم لم يستطيعوا تقديم وثائق تُثبت ملكيتهم للأراضي التي كانوا يزرعونها منذ مئات السنين.

5- باع آل قباني البيروتيون لليهود مساحة 4000 دونماً (أربعة آلاف دونم) بوادي القباني، واستولى اليهود على أراضي الوادي كله.

6- باع آل صباغ وآل تويني البيروتيون لليهود قرى (الهريج والدار البيضاء والانشراح -نهاريا-).

7- باعت عائلات القوتلي والجزائري وآل مرديني السورية لليهود قسماً كبيراً من أراضي صفد.

8- باع آل يوسف السوريون لليهود قطعة أرض كبيرة لشركة The Palestinian Land Development Company

9- باع كل من خير الدين الأحدب، وصفي قدورة، وجوزيف خديج، وميشال سرجي، ومراد دانا وإلياس الحاج اللبنانيون لليهود مساحة كبيرة من الأراضي الفلسطينية المجاورة للبنان.

الطريق الرابع: بالرغم من جميع الظروف التي وضع فيها الشعب الفلسطيني والقوانين المجحفة التي سنها المندوب السامي الذي كان يهودياً في الغالب، إلا أنَّ مجموع الأراضي التي بيعت من قبل الفلسطينيين خلال ثلاثين عاماً بلغت ثلاثمائة ألف دونم، وقد اعتبر كل من باع أرضه لليهود خائناً، وتمت تصفية الكثيرين منهم على أيدي الفلسطينيين. ومن العوامل التي أدت إلى ضعف بعض الفلسطينيين وسقوطهم في هذه الخطيئة.

1- لم يكن الفلسطينيون في السنوات الأولى للاحتلال البريطاني على معرفة بنوايا اليهود، وكانوا يتعاملون معهم كأقلية انطلاقاً من حرص الإسلام على معاملة الأقليات غير المسلمة معاملة طيبة.

2- القوانين الإنجليزية التي سنتها حكومةُ الانتداب، والتي وُضعت بهدف تهيئة كل الظروف الممكنة لتصل الأراضي إلى أيدي اليهود. ومن هذه القوانين، قانون صك الانتداب الذي تضمنت المادة الثانية منه النص الآتي:" تكون الدولة المنتدبة مسئولة عن جعل فلسطين في أحوال سياسية وإدارية واقتصادية تكفل إنشاء الوطن القومي لليهود". وجاء في إحدى مواد الدستور الذي تحكم بمقتضاه فلسطين النص الآتي: " يشترط أن لا يطبق التشريع العام ومبادئ العدل والإنصاف في فلسطين إلاً بقدر ما تسمح به الظروف، وأن تراعى عند تطبيقها التعديلات التي تستدعيها الأحوال العامة". إضافة إلى مادة أخرى تقول: "بما أنَّ الشرع الإسلامي خوَّل للسلطان صلاحية تحويل الأراضي الميري (الحكومية) إلى أراضي الملك فإنه من المناسب تخويل المندوب السامي هذه الصلاحية".

3- الإغراءات الشديدة التي قدمها اليهود للذين يبيعون الأرض، فقد بلغ ما يدفعه اليهودي ثمناً للدونم الواحد عشرة أضعاف ما يدفعه العربي ثمناً له، وقد تسبب ذلك في سقوط بعض أصحاب النفوس المريضة، ومثل هذه النوعية لا تخلو منها أمة من الأمم.

4- الفساد الذي نشره اليهود، وحمته القوانين البريطانية التي تبيح الخمر والزنا. ويُسجِّل للشعب الفلسطيني أنه أجمع على تجريم القلائل الذين ارتكبوا هذه الخطيئة، ونبذهم واحتقرهم وتخوينهم وتنفيذ حكم الإعدام في كثير منهم.

نشرت الصحف أخباراً عن تصفيات تمت في فلسطين لأشخاص باعوا أرضهم لليهود أو سمسروا لبيع أراض لليهود نذكر منها فقط ما نشرته جريدة الأهرام في

العدد 28 و29 تموز (يوليو) 1937م "اغتيل بالرصاص (فلان) بينما كان في طريقه إلى منزله ليلاً، وهو مشهور بالسمسرة على الأراضي لليهود، وترأس بعض المحافل الماسونية العاملة لمصلحة الصهيونية، وقيل إنَّ سبب اغتياله هو تسببه في نقل ملكية مساحات واسعة من أخصب أراضي فلسطين لليهود، وقد أغلق المسلمون جامع حسن بيك في المنشية لمنع الصلاة عليه فيه، ولم يحضر لتشييعه سوى بعض أقاربه، وليس كلهم، وبعض الماسونيين، وقد توقع أهله أن يمنع الناس دفنه في مقابر المسلمين، فنقلوا جثته إلى قرية قلقيلية بلدته الأصلية، وحصلت ممانعة لدفنه في مقابر المسلمين. وقيل إنه دُفن في مستعمرة يهودية اسمها "بنيامينا" لأنه متزوج من يهودية، وأن قبره قد نبش في الليل وألقيت جثته على بعد 20 متراً.

يتبين مما سبق أن الـ 8.8 في المائة من مساحة فلسطين أو الـ 2 مليون دونم التي وقعت في أيدي اليهود حتى سنة 1948م، لم يحصل عليها اليهود عن طريق شرائها من فلسطينيين كما يتصور حتى الكثير من مثقفينا، بل وصل معظمها إلى اليهود عن طريق الولاة الأتراك الماسونيين والمنح والهدايا من الحكومة البريطانية، والشراء من عائلات سورية ولبنانية، وأنَّ 300.000 دونماً فقط اشتريت من فلسطينيين خلال ثلاثين عاماً من السياسات الاقتصادية الظالمة والضغوط والمحاولات والإغراءات، أي أنَّ 8/1 (ثُمن) الأراضي التي حازها اليهود حتى سنة 1948م، كان مصدرها فلسطينيون، وقد رأينا كيف باعت عائلة لبنانية واحدة 400.000 دونماً في لحظة واحدة، وهو أكبر مما باعه فلسطينيون خلال ثلاثين عاماً. وأنَّ هؤلاء قلة شاذة عوقبوا بالنبذ والقتل.[63]

يؤكد الإنجليزي (جون رودي) الحقيقة التالية: إن الأكثرية الساحقة من العرب لم تقم ببيع أراضيها، وحتى إن الكثيرين من أصحاب الملكيات الكبيرة مثل (آل الحسيني)، حافظوا على أملاكهم مصونة إلى النهاية. ويُشير الشيخ (أمين الحسيني) رداً على شائعة بيع أراضي الفلسطينيين بقوله: «إن أهل فلسطين منهم الصالحون ومنهم دون ذلك، ولا يبعد أن يكون بينهم أفراد قصروا، أو اقترفوا الخيانة، لكن وجود أفراد قلائل من أمثال هؤلاء بين شعب كريم مجاهد كالشعب الفلسطيني لا يدمغ هذا الشعب، ولا ينتقص من كرامته، ولا يمحو صفة جهاده العظيم». ولا شك أن هناك قلة قليلة من عرب فلسطين، سواء من بين كبار المُلاك، أو غيرهم قد شاركوا ولو بقدر بالغ الضآلة في هذه الجريمة، وأعانوا عليها؛ بسبب الجهل، وعدم الوعي بحقيقة المؤامرة بصورة كلية، وبعضهم الآخر ربما بسبب اللامبالاة، والتصرف غير المسؤول، وآخرون بسبب ضعف

النفس والرغبـة في الإثراء الحرام، وعدم الانتماء. كما كانت هناك أسبـاب قهريـة أخرى استثمرتها أبواق الدعايـة والإعلام الجهنميـة الصهيونية والغربيـة على حد سـواء، ومجمل تلك الأراضي لا تتعدى نسبتها 5% من إجمالي مسـاحـة أرض فلسـطين. والحقيقة أن الشـعب الفلسطيني قد فتك بأولئك القلـة الذين بـاعوا أراضيهم، أو كانوا سمـاسـرة للبيع، وعـاقبهم على فعلتهم النكراء، كما صدرت الفتاوى بتجريم وتحريم بيع الأراضي لليهود، أو السمسـرة على بيعها. ونختم ببعض الشـهادات والأقوال، إذ يقول المؤرخ الإنجليزي (أرنولد توينبي):

"سلب أراضي فلسطين جرى في أكبر عملية نهب جماعية عرفها التاريخ... ومن أشد المعـالم غرابة في النزاع حول فلسطين: هو أن تنشأ الضرورة، للتدليل على حجة العرب ودعواهم." أما الكاتب اليهودي المنصف عميرة هاس فيقول: وفي الوقت الحـالي لا يوجد شخص يستطيع أو يرغب في ذكر حجم الأراضي التي بيعت بالغش والخداع، وما هي نسبتها للأراضي الشاغرة، وما هو عدد المتضررين، يقصد الفلسطينيين. وأما البروفيسور اليهودي إسرائيل شاحاك فيقول: لم يبقَ من أصل 457 قرية فلسطينية وقعت ضمن الحدود الإسرائيلية التي أعلنتها في عام 1949م إلا تسعون قرية فقط، أما القرى الباقية وعددها 358 فكانت قد دُمرت، بما فيها منازلها، وأسوار الحدائق، وحتى المدافن وشواهد القبور؛ بحيث لم يبقَ بالمعنى الحرفي لهذه الكلمة ـ حجر واحد قائماً. ويُقال للزوار الذين يمرون بتلك القرى إن المنطقة كلها كانت صحراء. أما شـهادة (موشـيه ديان) فهي تُبرئ الفلسطينيين من تهمـة بيع أراضيهم؛ حيث يعترف قائلاً: لقد جئنا إلى هذا البلد الذي كان العرب قد توطنوا فيـه، ونحن نبني دولـة يهوديـة... لقد أقيمت القرى اليهوديـة مكان القرى العربيـة. أنتم لا تعرفون حتى أسمـاء هذه القرى العربيـة وأنا لا أتكلم؛ لأن كتب الجغرافيا لم تعد موجودة. وليست كتب الجغرافيا هي وحدها التي لم تعد موجودة، بل القرى العربية نفسها أيضاً. وما من موضع بُني في هذا البلد إلا وكان أصلاً لسكان عرب.[64]" كما يؤكد تلك الحقيقـة أيضاً الباحث اليهودي بني موريس بقولـه: نشرنا الكثير من الأكاذيب، وأنصاف الحقائق التي أقنعنا أنفسنا وأقنعنا العالم بها... لقد حان وقت معرفة الحقيقة، كل الحقيقة... والتاريخ هو الحكم في النهاية. وهو المعنى نفسه الذي تؤكده المحامية اليهودية (إليغرا باشيكو) قائلة: "الوثائق المزورة وعمليات الغش أمر عادي في صفقات بيع الأراضي إلى المستوطنين اليهود. يصرح الشيخ "محمد أمين الحسيني" نافياً الأباطيل الصهيونية بمقالته التالية : "الفلسطينيون حرصوا على أراضيهم كل الحرص، وحافظوا عليها رغم الإغراءات المالية الخطيرة من قِبَل اليهود، رغم الضغط الاقتصادي عليهم بمختلف الوسائل من قِبَل الانتداب البريطاني".

أدلجة الهولوكست واستغلاله

سياسيا

الهولوكست مفردة يونانية الأصل ولا تعني مجرد "التدمير حرقاً"، كما تشير الموسوعة البريطانية، ولكنها كانت في الأصل مصطلحاً دينياً يهودياً يشير إلى القربان الذي يُضحَّى به للرب ويُحرق حرقاً كاملاً غير منقوص على المذبح . ولهذا كان "الهولوكوست" يُعد من أكثر الطقوس قداسةً، وكان يُقدم تكفيراً عن خطيئة الكبرياء، وفي العبرية يُشار إلى هذه الحادثة باستخدام كلمة "شواه"، التي تعني الحرق، كما تُستخدم أحياناً كلمة "حُربان" وتعني الهدم أو الدمار، وكانت تُستخدم للإشارة إلى "هدم الهيكل". وهكذا، فإن اختيار المصطلحات في حد ذاته - سواء في الإنجليزية أو العبرية- لوصف حادثة تاريخية محددة وهي القضاء على جزء من يهود أوروبا، يخلع على هذه الحادثة صفة القداسة وينزعها من سياقها التاريخي والحضاري المتعين. إذا كانت المحرقة الهتلرية لإبادة اليهود لا يقبلها الضمير الغربي وفيها كثير من اليهود أبرياء ذهبوا ضحية الهمجية النازية، فإنا لا نقبل الظلم في حق الإنسان كمبدأ ندافع عنه فإننا في نفس الوقت لا نقبل بالجور والظلم والإبادة العكسية التي تتم الآن في حق الفلسطينيين اليوم.

في هذا الصدد نشير لمؤلف نشره مجموعة من اليهود عقب الحرب العالمية الثانية بعد انتصار الحلفاء على النازية، وكان الكتاب مناسبة لبكائهم وإظهار مظلوميتهم أمام الحلفاء الذين دعموهم لإقامة دولتهم بفلسطين على حساب شعب نبذ وأبيد وهجر وأسر وعاش في المخيمات لا يعرف له مصير ولا تنصفه القوانين الدولية ولا يسمع صوته ولا بكاؤه الحقيقي المدمي المر الذي هو من جراء علو اليهود وطغيانهم.

إنه كتاب بعنوان: "مظاهر للعبقرية اليهودية" ألفه بالفرنسية لفيف منهم على ما نستنتج لأنهم لم يكتبوا عليه اسم المؤلف. لكن وقع على مقدمته واحد منهم اسمه‎Finbert Elian-J‎ وذكر أن له "زملاء" كتبوا معه. وطبع الكتاب سنة 1950 بتاريخ النصارى بباريس بدار النشر: Les cahiers du Sud . فالكتاب إذن نشر في أعقاب الحرب العالمية الثانية بعد انتصار الحلفاء على النازية التي عذبت اليهود تعذيبا أليما فأعطاهم فرصة للتباكي على العالم والمبالغة المنفوخة في مظلوميتهم والمبالغة في عدد ضحايا النازية. لنذكر بكاءهم المتجني

على الله -عز وجل- وبهتانهم حتى نعرف الاستغلال الماهر الذي استغل اليهود مذابح هتلر فيهم، وكيف ضغطوا على ضمير الدول المصنعة حتى ساعدتهم في إقامة دولتهم على أعز بقعة[65].

ونعتبر نحن أن كلام الله -عز وجل- ماض إلى يوم القيامة، وأن من أهل الكتاب ومن غيرهم كثير لما تبلغهم دعوة الإسلام، وأن علو بني إسرائيل في الأرض وإفسادهم فيها مرتين ليس تاريخا مضى، وأن المواجهة معهم وقتالهم خلف الحجر والشجر واقع مستقبلي، وأن دستورنا في التعامل معهم حكم الله فيهم في كتابه العزيز ومن حكمه الاستثناء. ومن سماحة الإسلام المعروفة من الدين بالضرورة أن لا تزر وازرة وزر أخرى، وليس مما يقبله الإسلام أن يحرق الأخضر باليابس. الشاهد الحاضر معنا الملاحظ أن من اليهود قلة اليوم لا تتفق مع المشروع الصهيوني ولا تعترف بالدولة اليهودية، قد يكون ذلك من دهاء اليهود، لكن قد تكون القلة قلة صادقة في اعتراضها، فالباب مفتوح للتوبة، والتعميم مزلقة مثل الغفلة[66].

يبقى السؤال البسيط المركب الذي ما فتأ يطرحه، أو يحاول طرحه المفكر الغربي قبل العربي هو، لماذا هذا الجدار السميك والمنع الشديد أمام كل من حاول البحث في حقيقة الهولوكست ولماذا التعرض للمتابعة لكل من حاول ذلك مع اتهامه ومتابعته بالعداء للسامية، لماذا الخوف من الخوض في البحث عن الهولوكست؟!

إذا كان الهولوكست حقيقة تاريخية فإن الباحثين والمؤرخين لمرحلة الحرب العالمية الثانية يؤكدون حقائق مخالفة، فالأرقام والإحصائيات تبين حقيقة الهولوكست التي اعتبرت تضخيما للأمر، لدوافع جيو سياسية وإيديولوجية التي جعلت الحلفاء يميلون للدفاع عن اليهود بشكل متطرف لتوافق المصالح ووجهات النظر الاحتلالية التي بدأت بعد الحرب العالمية. أصبح الهولوكست شبحا لا يقدر أحد الخوض فيه بعد أن تم تلفيقه بشكل انطلى على الرأي العام الغربي وجعل الشعوب تصدق مظلومية اليهود، عاد هاجس الخوف هو المهيمن على من يحاول إثارة موضوع الهولوكست أو فضح الأكاذيب التي اقترنت به. وتم بذلك استغلال الرأي العالمي والاستخفاف به لاستعمال مثل هذه القضية لتقوية الحلفاء ضد النازية، ومثلت الدول الأوروبية الحليفة والولايات المتحدة منذ تلك الفترة المدافع الرسمي عن الفكرة الصهيونية لتغلغل الفكر الصهيوني عبر القيادات السياسية والثقافية والفلسفية والقانونية في المؤسسات الأساسية للدول الحليفة، مما جعلها تتبنى كذبة الهولوكست التي زرعها الصهيونيون وروجت لها الدول الحليفة

لسيطرة اليهود على الإعلام في العالم. وكسر عدد كبير من الكتاب والمؤرخين في أوروبا وأمريكا والعالم اليوم جدار القداسة الصارمة حول الهولوكست، وهم يؤكدون أن معسكرات الاعتقال النازية الأولى بنيت خصيصا للشيوعيين الألمان الذين كان هتلر يكرههم أكثر من كراهيته لليهود وأن الحرب العالمية الثانية خلّفت أكثر من خمسين مليون قتيل، منهم 17 مليون سوفيتي وتسعة ملايين ألماني وأعداد كبيرة من السلافيين والغجر والبولونيين ومن مختلف دول أوروبا، وحتى من الأسيويين والأفارقة والأمريكيين. [67]

يشير الكتاب اليهودي الأمريكي رقم 5702 الذي يغطي الفترة من 22 سبتمبر عام 1941 والى غاية 11 سبتمبر من عام 1942 في الصفحة 666 إلى أنه كان في أوروبا الخاضعة للاحتلال النازي ثلاثة ملايين وعشرة آلاف وسبعمائة وإثنان وعشرون يهوديا فقط (3.10.722) بما فيهم يهود ألمانيا نفسها، فكيف تتم إبادة ستة ملايين منهم؟! ويصرح روجيه غارودي أن تكريس الرواية الصهيونية للهولوكست يخدم أهداف الاستعماريين الغربيين وخاصة الأمريكيين الذين يعتبرون في نظر القانون الدولي "مجرمي حرب"، لنسيان جرائمهم الخاصة مثل مذبحة درسدن في 13 فبراير 1945 التي أهلكت خلال بضع ساعات أكثر من مئتي ألف مدني بقنابل الفوسفور، ومثل جريمتي إلقاء قنبلتين ذريتين على هيروشيما وناجازاكي اليابانيتين، ومثل المذابح التي تعرض لها الهنود الحمر في الأمريكيتين الشمالية والجنوبية حيث تمت إبادة ستين مليون من أصل ثمانين مليون هندي أحمر، وتمت إبادة أكثر من مئة مليون إفريقي.

نجحت الصهيونية وحلفاؤها لحد الآن نجاحا كبيرا في جعل العديد من الدول الأوروبية تصدر تشريعات تقضي بتجريم كل من يحاول الوصول إلى حقيقة "الهولوكست" أو يشكك فيها، وتبع ذلك صدور قانون في الولايات المتحدة الأمريكية في تشرين أول عام 2004 يحمل اسم "قانون لتعقب معاداة السامية" وفي فاتح تشرين الثاني من عام 2005 قامت الجمعية العامة للأمم المتحدة بتبني الهولوكست بروايته الصهيونية، وأصدرت قرارا ينص على (رفض أي إنكار للمحرقة كحدث تاريخي، سواء بشكل جزئي أو كلي)، ونص على وجوب تثقيف شعوب العالم بالمحرقة، وكرّس يوم 27 يناير من كل عام لإحياء ذكرى ضحاياها.

وافقت الجمعية العامة للأمم المتحدة قبل أيام بأغلبية كبيرة على اعتبار يوم السابع والعشرين من يناير يوما للمحرقة النازية ضد اليهود التي تمت في معسكرات الاعتقال في أوروبا حين اجتاحها هتلر أثناء الحرب العالمية الثانية. ويضع هذا

التكريس حدا لجدل دار على مر السنوات الأخيرة حول عدد اليهود الذين ماتوا فعلا في هذه المحرقة لأن المحرقة حدثت فعلا، وكان الفيلسوف الفرنسي الذي اعتنق الإسلام "روجيه جارودي" من أبرز ضحايا هذا الجدل قبل سنوات، وذلك حين أصدر كتابه "الأساطير المؤسسة للدولة الإسرائيلية"، ولم يتضمن الكتاب تشكيكا في عدد الذين قتلوا فحسب ولكنه أكد في نفس الوقت أن قتل نفس واحدة وليس ستة ملايين كما يقال هو عمل ضد الإنسانية وأنه بالإضافة لليهود الذين اختنقوا في أفران الغاز كان هناك الآلاف من المناضلين المسيحيين الديمقراطيين ومن الغجر والسود ومن الشيوعيين من غير اليهود الذين لقوا نفس المصير، أي أن المحرقة لم تكن عملا موجها ضد اليهود وحدهم بل ضد الإنسانية كلها، وأن احتكار اليهود لها بهدف "تأميم" صورة الضحية لمصلحتهم لا يجوز أن يطمس حقائق أخرى كثيرة.

ويبدو أن التذكير بها بات ضروريا من حين لآخر لأن الهولوكست جريمة أوروبية لا علاقة للفلسطينيين بها، وأن أوروبا لكي تبرء نفسها ساندت المشروع العنصري الصهيوني في الاستيلاء على أرض فلسطين، ودعمت إقامة دولة أصبحت منذ نشأتها ذراعا للإمبريالية وكان هذا الدعم أولا وقبل كل شيء دفاعا عن المصالح الاستعمارية النفطية في المنطقة. والحقيقة الثانية هي أن إسرائيل التي أصبحت دولة احتلال بمساعدة الاستعمار البريطاني والفرنسي والأمريكي لم تتورع عن ارتكاب الفظائع ضد الشعب الذي احتلت أراضيه مستهدفة ترحيله من أرضه بعد أن حولت غالبيته إلى شعب من اللاجئين، والمسألة الأخرى هي أن إسرائيل قدمت نفسها للعالم في صورة الدولة الديمقراطية العصرية التي تعيش بين الوحوش غير المتحضرين الغارقين في بحور الاستبداد. بينما مارست هي كل أشكال الاضطهاد والتمييز ضد الفلسطينيين سواء هؤلاء الذين عاشوا داخل الأراضي التي أعلنت فيها الدولة الإسرائيلية أو الذين خضعوا للاحتلال في الضفة الغربية وقطاع غزة وبينهم لاجئون بمئات الآلاف تم اقتلاعهم من قراهم وبلدانهم ليعيشوا في المخيمات سواء داخل فلسطين أو في البلدان العربية الأخري[68].

تجتاحنا الأكاذيب الصهيونية المسوقة أمريكيا وأوروبيا بقوة لتدمر فينا حالة الرفض وحالة الغضب ليصبح الدم العربي مستباحاً والأرض العربية مستباحة والبترول مستباحاً والمكونات الثقافية والحضارية التي تشد العرب والمسلمين مفككة ومستباحة .

في سنة 2004م أصدر باحث فرنسي يدعى "بونيفاس" ينتمي إلى الحزب الاشتراكي الفرنسي كتاباً بعنوان "من يجرؤ على نقد إسرائيل" فضح فيه أساليب عمل اللوبي الصهيوني في فرنسا الذي تاجر بالهولوكست طويلا ليحجب جرائم إسرائيل ضد الشعب الفلسطيني، وحكى الباحث الذي وصل به الأمر إلى فصله من الحزب الاشتراكي الفرنسي كيف لجأ الصهاينة من اليهود وغير اليهود إلى محاصرة المركز الذي يعمل به وحجب التمويل عنه والتضييق عليه شخصيا وعلميا وإداريا مع تنبيه قوي منه للعرب المهاجرين الذين يعيشون في فرنسا، يقول لهم إنهم لم يستفيدوا بعد من قوتهم ونفوذهم المحتمل لكي يدافعوا عن قضية الشعب الفلسطيني ويكسبوا إلى صفها مزيدا من المتعاطفين بعد أن بدأ الرأي العام الفرنسي يغير نظرته التي طالما اعتبرت إسرائيل واحة للديمقراطية ونموذجا يحتذى به في الشرق الأوسط المتخلف.

الدعوة إلى ضرورة طرح قضية هولوكست للبحث من طرف رئيس دولة إيران "نجاد" بوجود لجنة دولية للبحث في حقيقة الهولوكست وصحة ما يقال عنه لا يعني ذلك رفضاً لوقائع التاريخ وإنما يعني ضرورة نفض التاريخ من الكذب الذي تراكم عليه بقصد تشويهه وتزييفه وتسخير وقائع مزيفة، لأن تنظيف التاريخ من الأكاذيب مهمة إنسانية كبرى فالصهيونية والقوى الاستعمارية تريد بناء تاريخ جديد ينسجم مع مشاريعها الاستعمارية، ولإعطاء هذه الأكاذيب مكانة محورية في تاريخ العالم وتاريخ الدول الأوروبية وأمريكا التي أرادت قيادة العالم. بدأت أكاذيب الهولوكست بشكل مدروس ومكثف بعد الحرب العالمية الثانية بسنوات وبالتحديد في عام 1958 بعد فيلم الهولوكست وكتاب الليل للكاتب إيلي فيزنتال، وصدر بعد ذلك عشرات الأفلام والأعمال الفنية، وعقدت عشرات الندوات والمؤتمرات، وصدرت مئات الكتب والآلاف من الدراسات من أجل حفر هذه الواقعة في ذاكرة العالم باعتبارها واقعة حدثت لليهود وحدهم على حد زعمهم. وأدرجت (الهولوكست) ضمن مناهج عشرات الجامعات والمعاهد في العالم وخاصة في الولايات المتحدة الأمريكية، وأقيمت نصب تذكارية

مكتوب عليها بالعبرية والإنجليزية في واشنطن ونيويورك ولوس انجلوس وغيرها لتحقيق عدد من الأهداف منها تبرير الفظائع التي ارتكبتها إسرائيل ضد الفلسطينيين والعرب وتبرير اغتصاب فلسطين واعتباره نوعا من تعويض العالم لليهود عما لحق بهم من(الجويیم) أي غير اليهود، أو كما قال أحد الحاخامات اليهود بأن "خلق دولة اسرائيل هو رد الله على الهولوكست".69

ويُعد كتاب نورمان فنكلشتاين صناعة الهولوكست: تأملات في استغلال المعاناة اليهودية، بمثابة احتجاج موثق بالأدلة والبراهين على توظيف موضوع الهولوكست وتحويله إلى صناعة ترمي إلى خدمة المصالح السياسية للنخبة من اليهود الأميركيين، والتي تتوافق مع مصالح السياسة الخارجية للحكومة الأميركية . يميز فنكلشتاين بداية بين "الإبادة النازية لليهود"، باعتبارها حادثةً تاريخية، و"الهولوكوست"، أي التعبير الأيديولوجي عن هذه الحادثة، مشيراً إلى أن الهولوكوست قد تحول إلى شيء لا مثيل له في التاريخ الإنساني، إذ أن "تفرده مطلقٌ تماماً"، ومن ثم "لا يمكن فهمه بشكل عقلاني."

يلاحظ فنكلشتاين أن "متحف إحياء ذكرى الإبادة النازية" في واشنطن، على سبيل المثال، "يتغاضى عن أثر السياسة التمييزية التي اتبعتها الولايات المتحدة بتحديد أعداد المهاجرين اليهود إليها قبل الحرب، بينما يبالغ في دور الولايات المتحدة في تحرير معسكرات الاعتقال النازية، ولا ينبس ببنت شفة عن إقدام الولايات المتحدة على تجنيد أعداد كبيرة من مجرمي الحرب النازيين في نهاية الحرب" كما يشير فنكلشتاين إلى أن المتحف يمر مرور الكرام على موضوع المذابح الجماعية التي ارتكبها النظام النازي في حق الغجر والسلافيين والمعاقين فضلاً عن المعارضين السياسيين، ويخصص الكاتب جزءاً كبيراً من كتابه لمسألة الأموال المجمدة من الحقبة النازية في المصارف السويسرية، ويتساءل عن الأموال المماثلة في المصارف الأميركية، والتي لا يشير إليها أحدٌ من قريب أو بعيد. وقد يتساءل المرء على ضوء الشواهد المتوفرة- عما إذا كانت الولايات المتحدة تستخدم المنظمات اليهودية، من خلال مسألة الأموال المجمدة في المصارف الأوروبية، من أجل زيادة الضغوط على البلدان الأوروبية لإجبارها على الوقوف إلى جانب الدولة الصهيونية .ويحاول فنكلشتاين أن يخرج بقضية "الهولوكوست" من نطاق المقدس إلى نطاق التاريخ، بأن يضعها في سياق محدد هو الصراع العربي الإسرائيلي، فيبين مثلاً أن "كل الأدلة تقريباً تؤكد أن موضوع الإبادة النازية لليهود لم يصبح أمراً راسخاً في حياة اليهود الأميركيين إلا بعد اندلاع هذا الصراع "حرب يونيو/حزيران 1967 بين العرب وإسرائيل."

أما قبل عام 1967، فكانت المؤسسات اليهودية تميل إلى التقليل من شأن الإبادة النازية ليهود أوروبا، وذلك تمشياً مع الأولويات السياسية للحكومة الأميركية في فترة الحرب الباردة، والتي كانت تتطلب تأييد فكرة إعادة تسليح ألمانيا بل وتجنيد أعداد كبيرة من الجنود السابقين في "قوات الأمن الخاصة" للنظام النازي

إلا أن هذا الوضع أخذ في التغير منذ منتصف الستينيات، كما يبين فنكلشتاين، فعناصر مثل تصاعد السياسات القائمة على الهوية أو الانتماء العِرقي، من ناحية، وسيادة المناخ المتمثل في احتكار دور الضحية، من ناحية أخرى، فضلاً عن تزايد معدلات اندماج اليهود في المجتمع الأميركي وتحولهم التدريجي من مواقف اليسار ويسار الوسط إلى اليمين، ساعدت كلها على بروز مسألة الإبادة النازية لليهود باعتبارها مصدراً لتدعيم الإحساس بالهوية العِرقية اليهودية، التي تضع اليهود في منزلة مختلفة عن الجماعات العِرقية والدينية الأخرى باعتبارهم شعباً مختاراً، وإن كان الاختيار هنا في إطار علماني. ويرى فنكلشتاين أن انطواء الدولة الصهيونية بشكل كامل في فلك الترتيبات الأمنية الدولية للولايات المتحدة، و"التحالف الإستراتيجي" بين الولايات المتحدة وإسرائيل، يمثل عاملاً حاسماً. يمكنني أن أضيف هنا أيضاً أن تزايد التنافس بين الدول الأوروبية والولايات المتحدة قد وضع حداً لكل الموانع والمحاذير المتعلقة بتوظيف حادثة الإبادة النازية واستغلالها. فهذه الحادثة -كما سبقت الإشارة- يمكن أن تُستخدم كهراوة لابتزاز بعض الدول الأوروبية لإرغامها على مساندة إسرائيل. كما يمكن استخدامها لتسويغ الممارسات الإسرائيلية إزاء الفلسطينيين، وفي هذا الصدد، يستشهد فنكلشتاين بكلمات بيتر بالدوين التي يقول فيها إن "تفرد المعاناة التي كابدها اليهود تضاعف من الادعاءات الأخلاقية والعاطفية القائلة إن بوسع إسرائيل أن تفعل الشيء نفسه مع شعوب أخرى[70]."ولعل اليهود يعرفون كيف يمحون ذاكرتهم البعيدة إن أرادوا وإن رأوا أن ذلك لا يخدم أطماعهم. وكتبت كارين أرمسترونغ الصحافية العاملة في جريدة نيويورك تايمز عن تلك الأحداث المؤلمة التي تكبدها اليهود، وأبدت تعاطفها القوي مع اليهود في مؤلفها، فهي تؤيد بقوة وتؤكد وقوع الأحداث الأليمة التي عاشها اليهود.

وتعتبر أن أكبر وأبشع محرقة تمت ضد اليهود في تاريخ البشرية كانت في إسبانيا بعد سقوط دولة الممالك بالأندلس. وقد حصلت هذه الحوادث البشعة تحت النظام الكاثوليكي الإسباني الذي جسده حكم الملكة إيزابيلا والملك فيرناندو طموحا منهم إلى بناء الإمبراطورية الكبيرة تحت دعم الكنيسة. فكانت المرحلة التي عقبت انتهاء دولة ملوك الطوائف بإسبانيا بداية مأساة اليهود الذين عرفوا جميع أنواع التعذيب والقتل والتقتيل بإسبانيا من أجل تنصيرهم وإخضاعهم للديانة المسيحية وطقوسها بالقوة والحديد.[71]

أحداث تاريخية تنير فهم جذور النكبة

ثورة 1936 ضد الإمبريالية

بعد ظهور أفكار معاداة السامية في أوروبا عام 1896م قام ثيودور هرتزل باقتراح حلٍّ للمشكلة في كتابه- دولة اليهود؛ وذلك بتأسيس وطن قومي لليهود في الأرجنتين أو فلسطين، وفي عام 1897م عقد أول مؤتمر للحركة الصهيونية في سويسرا؛ حيث أصدر برنامج بال في استعمار فلسطين، وتأسيس الحركة الصهيونية العالمية، وفي عام 1902م اقترح هرتزل على السلطان إنشاء جامعة يهودية في القدس، فرفض ذلك، فأرسل له هرتزل رسالةً يعرض عليه قرضًا من اليهود يبلغ 20 مليون جنيه إسترليني، مقابل تشجيع الهجرة اليهودية إلى فلسطين، ومنح اليهود قطعة أرض يُقيمون عليها حكمًا ذاتيًا، ورفض السلطان عبد الحميد ذلك بشدة.

وبعد انتصار القوات البريطانية على الدولة العثمانية، اتفقت فرنسا وبريطانيا على تقسيم المنطقة العربية إلى مناطق سيطرة فيما عُرف عام 1916م باتفاقية سايكس بيكو، فوُضِعت لبنان وسوريا تحت السيطرة الفرنسية، والأردن والعراق ومصر تحت سيطرة بريطانيا، على أن تبقى فلسطين دولية، إلا أن بريطانيا احتلت فلسطين في أكتوبر 1917م، وأعطى بلفور لليهود وعده بإنشاء وطن قومي لهم في فلسطين في 1917/11/2م، وكان عدد اليهود في ذلك الحين لم يتجاوز 56 ألفًا مقابل 644 ألف فلسطيني، أي بنسبة 8% إلى 92% ولم تتعد نسبة الأراضي التي يملكها اليهود 2% من أرض فلسطين [72].

التسلسل الكرونولوجي للأحداث التاريخية:

في عام 1901 تم انعقاد المؤتمر الصهيوني الخامس في بال وقام بتأسيس الصندوق القومي اليهودي Jewish National Fund ، ووضع له هدفا رئيسا وهو شراء الأراضي في فلسطين لتصبح وقفًا لكل "الشعب اليهودي"، وتم اتخاذ القرار بتوظيف يهود فقط في هذه الاستثمارات الصهيونية.

ما بين سنة 1904-1914 بدأت الموجة الثانية من المهاجرين الصهاينة تصل إلى فلسطين وتشمل حوالي 40,000 يهودي وبالتالي فقد ازدادت نسبة السكان اليهود

في فلسطين إلى حوالي 6٪، مع ادعاء الحركة الصهيونية بأن فلسطين فارغة من السكان.

وفي عام 1909 تم إنشاء أول كيبوتس صهيوني والذي حُصر العمل فيه لليهود فقط، وقد تم كذلك تأسيس مدينة تل أبيب شمالى يافا التي كانت مُخصصة لسكن اليهود فقط.

1916 كانون الثاني / يناير: مراسلات حسين ــ مكماهون، بين الشريف حسين في مكة (قائد الثورة العربية ضد العثمانيين) والسير هنري مكماهون (المندوب السامي البريطاني في مصر) والتي انتهت بالاتفاق باستقلال ووحدة المقاطعات العربية التي تخضع للحكم العثماني .

وفي 16 أيار / مايو تم إبرام معاهدة سايكس ـ بيكو سراً بين بريطانيا وفرنسا وروسيا لتقسيم المقاطعات العربية التي تخضع للحكم العثماني.

وفي حزيران الشريف حسين يعلن استقلال العرب عن العثمانيين، واندلاع "الثورة العربية" ضد إسطنبول .

1917 تشرين الثاني / نوفمبر تم توقيع وعد بلفور إذ يقوم وزير الخارجية البريطاني بلفور بتقديم تعهدات بريطانية بإنشاء "الوطن القومي اليهودي في فلسطين"

وفي عام 1918 تم احتلال فلسطين عسكريا من قبل القوات البريطانية بقيادة اللنبي.

1919-1923 ظهرت الموجة الثالثة من المهاجرين الصهاينة التي شملت أكثر من 35,000 يهودي مما زاد نسبة السكان اليهود في فلسطين إلى 12٪ من المجموع الكلي، وأصبحت ملكية اليهود للأراضي عام 1923 تبلغ 3٪ من مساحة فلسطين.

1919 عقد المجلس الوطني الفلسطيني الأول في القدس الشريف يرسل مذكرة إلى مؤتمر السلام بباريس يرفض فيها وعد بلفور ويطالب بالاستقلال.

1920 25 نيسان / أبريل: مؤتمر "السلام" في سان ريمو يعطي الوصاية الدولية أو الانتداب على فلسطين لبريطانية.

في يوليو تم تعيين المندوب السامي السير هربرت صموئيل (السياسي اليهودي الصهيوني) لإدارة الانتداب البريطاني في فلسطين.

1921 مارس تم تأسيس الهاغانا (منظمة عسكرية صهيونية). مع أنها كانت سرية وغير مشروعة إلا أن الانتداب ساعدها وغض الطرف عن نشاطاتها، وفي نفس الوقت كان تطبيق القوانين صارماً ضد حيازة الفلسطينيين أي نوع من أنواع الأسلحة، فالكثير تم سجنهم لفترات طويلة فقط لحيازتهم مسدسات، ذخيرة، أو حتى السكاكين الشخصية.

أيار / مايو قامت اضطرابات واسعة النطاق في يافا احتجاجا على تزايد الهجرة الصهيونية والتي أودت بحياة 46 يهوديا وجرحت 146. وقد شكل الاحتلال البريطاني لجنة تحقيق في تشرين الأول وتوصلت إلى أن السبب هو تفاقم مخاوف الشعب الفلسطيني من تزايد الهجرة الصهيونية لفلسطين.

أيار / مايو - حزيران / يونيو: انعقاد المجلس الوطني الفلسطيني الرابع في القدس الشريف ويقرر إرسال وفد فلسطيني إلى لندن لشرح وجهة النظر الفلسطينية ضد وعد بلفور.

وصدَّقت عصبة الأمم على مشروع الانتداب البريطاني على فلسطين بتاريخ 1922/7/27م، ووضع موضع التنفيذ في 1922/9/29م؛ مما أدَّى إلى ثورات واضطرابات في فلسطين.

1922، 24 تموز / يوليو: تصادق عصبة الأمم على الانتداب البريطاني على فلسطين، وفي نفس السنة تم أول إحصاء سكاني بريطاني لفلسطين وكانت الحصيلة ما نسبته 757,182 نسمة، كانت نسبة العرب المسلمين 78٪، ونسبة العرب النصارى 11٪، و9.6٪ من اليهود. كثيراً ما يزعم الصهاينة أن فلسطين كانت فارغة من سكانها وكأنها كانت تنتظر رجوع اليهود إليها منذ 2000 عام.

1923 أيلول / سبتمبر: تم العمل بالانتداب البريطاني على فلسطين ودخل حيز التنفيذ بشكل رسمي.

1924-1928: وصلت الدفعة الرابعة من المهاجرين اليهود الأوروبيون التي تكوّنت من 67,000 مهاجر يهودي وكان أغلبيتهم من بولندا، وبذلك تزايدت نسبة السكان اليهود في فلسطين إلى 16٪ من المجموع الكلي، وتزايدت ملكيتهم للأراضي لتصبح 4.2٪ من مساحة البلد في عام 1928.

1929 : وصلت الدفعة الخامسة من المهاجرين اليهود التي شملت أكثر من 250,000 مهاجر يهودي، مما زاد نسبة السكان اليهود في فلسطين إلى 30٪، وأما عن نسبة ملكيتهم للأراضي في عام 1939 بلغت 5.7٪ من مساحة البلاد.

أغسطس لنفس السنة: نشبت اضطرابات بين اليهود والفلسطينيين حول السلطة على حائط المبكى في القدس، وخلفت المواجهات خسائر في الأرواح فكان على إثرها 133 قتيل و339 جريح يهودي وقتل الجيش البريطاني 116 فلسطينياً وجرح 232.

1931 تشرين الثاني / نوفمبر: قام الاحتلال البريطاني بإحصاء ثان وتم تعداد السكان في فلسطين ويتوصل إلى النتائج التالية، كان العدد الإجمالي 1,035,154 نسبتهم حسب الأديان موزعة كالتالي: 73٪ من الفلسطينيين المسلمين، واليهود 16.9٪، و8.6٪ الفلسطينيين النصارى.

1936 نيسان / أبريل: قام زعماء الأحزاب السياسية الفلسطينية بتشكيل الهيئة العربية العليا برئاسة مفتي القدس الشريف الحاج أمين الحسيني.

ثورة 1936 وتداعيات الأحداث

في 8 أيار / مايو من سنة 1936 قامت الثورة وانطلقت واستمرت بحيث قام الفلسطينيون بإضراب عام وشامل لمدة ستة أشهر نظّمته اللجنة العربية العليا بقيادة الحاج أمين الحسيني؛ احتجاجًا على مصادرة الأراضي والهجرة اليهودية وانتهى بتدخل ملوك العرب لحل القضية، فأرسلت بريطانيا لجنةً بقيادة اللورد روبرت لدراسة الوضع وتقديم الحلول، فرفعت تقريرها الذي أكد استحالة قيام كيان مشترك لليهود والعرب، واقترحت تقسيم فلسطين إلى دولتين إحداهما عربية والأخرى يهودية، وتوضع الأماكن المقدسة تحت إدارة دولية، وكانت هذه المرة الأولى التي يُقترح فيها التقسيم.

والحقيقة أن العالم كان يعرف تحولات سريعة وخطيرة تراكمت الأحداث في سنوات الثلاثين حتى خلقت وضعا خطيرا على الصعيد الدولي مما أثر على مجريات الأمور في العالم.

فصعود النازية إلى الحكم في ألمانيا وما واكبه من لا سامية عنيفة وعسكرة عدوانية، أعقبه عدوان إيطاليا الفاشية الغادر على إثيوبيا واحتلالها في عام 1935، وكان مقدمة الحرب الأهلية التي أشعلها النازيون والفاشيون في إسبانيا الجمهورية في عام 1936 وشجع على محاولة اليابان العسكرية التوسع على حساب الصين العاجزة بسبب قيادتها ونظامها الإقطاعي.[73]

ويذكر ولتر بريوس في كتابه "حركة العمال في إسرائيل" أن نتائج التوتر الدولي في البحر الأبيض المتوسط بدأت تظهر في آب أغسطس 1935، على شكل تقليص في الاعتمادات في فلسطين مما أدى إلى إضعاف وتيرة البناء والإبطاء في صناعة مواد البناء الممتد إلى ميادين أخرى، ولأول مرة منذ 1931 عادت البطالة إلى الظهور.

وبديهي أن البطالة لم تقتصر على القطاع اليهودي بل انتشرت إلى القطاع العربي على نطاق أوسع، إذ كان النشاط الاقتصادي في القطاع اليهودي ينمو بسبب الهجرة والتطوير الصناعي والزراعي، في حين أسهمت السياسة الإمبريالية والممارسة الصهيونية في التضييق على النشاط الاقتصادي العربي بحيث أدى إلى تفاقم أزمة البطالة خصوصا

في هذه الفترة بالذات حين اتسعت صفوف العمال العاطلين نتيجة تشريد الفلاحين العرب عن أراضيهم التي باعها الإقطاعيون الغائبون في أكثر الحالات إلى اليهود. ولعل تعميق شعور الجماهير العربية باليأس من ممكنات تغيير الأوضاع بالنشاط السياسي، والخوف من اتساع الوطن القومي اليهودي على حساب كيانهم، نجم عن عاملين:

ارتفاع الهجرة اليهودية إلى رقم قياسي هو 61.854 في عام 1935 وتجميد الإدارة البريطانية مشروع المجلس التشريعي.

مشروع المجلس التشريعي:

في 25 تشرين الثاني "نوفمبر1935" قدم زعماء الحركة القومية التقليديون مذكرة إلى المندوب السامي البريطاني طالبوا فيها :

- إنشاء حكومة نيابية في فلسطين.

- وقف الهجرة اليهودية.

- منع بيع الأراضي.

ردت الحكومة البريطانية على هذه المذكرة فرددت موقفها القديم من الهجرة مؤكدة أن سياستها قائمة على قدرة الاستيعاب الاقتصادي في البلاد وأعلنت استعدادها

لوضع تشريع لا يسمح بموجبه، باستثناء قضاء بئر السبع ومناطق المدن وباستثناء الأراضي المغروسة بالأشجار الحمضية، ببيع الفلاح أي قسم من أرضه إلا إذا بقي له حد أدنى يسمح له بإعالة عائلته من دخله.

أما بشأن الحكومة النيابية فكان الجواب:

" إن الجواب على طلب إنشاء حكومة ديمقراطية في فلسطين قد أبلغه المندوب السامي للزعماء العرب حين قدم لهم اقتراحات بشأن تشكيل مجلس تشريعي يضم أكثرية كبيرة من الأعضاء غير الموظفين عن طريق الانتخاب".

وفعلا عرضت الحكومة البريطانية في 21، 22 كانون الأول (ديسمبر 1935 اقتراحاتها بشأن مجلس تشريعي على الزعماء العرب واليهود، وحسب الاقتراح كان المجلس التشريعي سيتألف من 28 عضوا على الوجه الآتي: 5 موظفين (بريطانيين طبعا) واثنان يمثلان التجار و11 مسلما (ثمانية ينتخبون وثلاثة يعينهم المندوب السامي) وسبعة يهود

(ثلاثة ينتخبون وأربعة يعينهم المندوب السامي) وثلاثة مسيحيين (1 ينتخب واثنان يعينهم المندوب السامي) ويكون الرئيس محايدا لا علاقة له بفلسطين.

ومع أن أكثرية المجلس التشريعي كانت ستكون منتخبة إلا أن قدرة المجلس حددتها ثلاثة قيود.

فلا يحق للمجلس أن يناقش شرعية الانتداب البريطاني، ومن حق المندوب السامي أن يشرع في ظروف معينة بما في ذلك ما يتعلق بالأمور الجوهرية كالهجرة والأراضي، وحقه التفويضي بأن يقرر لائحة هجرة العمال اليهود.

وكان طبيعيا أن تهاجم صحافة البلاد المشروع، ولكن انطلاق صحافة كل من الطرفين العربي واليهودي كان مختلفا، قرره الموقف من القضايا المصيرية الموضوعة على بساط البحث.

فقيادة الحركة القومية العربية انتقدت المشروع لأنه يجرد المجلس التشريعي من الصلاحيات ويجعل من الحكم النيابي مهزلة، وفي حين هاجمت القيادة الصهيونية مجرد فكرة مجلس تشريعي ما دام اليهود أقلية في البلاد.

وكالعادة غلفت القيادة الفلسطينية موقفها بذرائع الدفاع عن الديمقراطية وهذا في وقت كان تعلن فيه حقيقة خوفها من تطور الأجهزة المنتخبة.[74]

وهكذا كتب حاييم وايزمن في " التجربة والخطأ" يفسر أسباب مقاومة القيادة الصهيونية المشروع: "أن الحديث عن منتخبين عرب يمثلون شعبهم يتناقض مع المبدأ الديمقراطي الذي يفرض أن يكون تعبيرا عنه. إن مجلسا تشريعيا في فلسطين سيكون مجرد معطف معاصر لنظام الإقطاعية القديم أي استمرار سلطة

الدم العائلية التي قبضت على البلاد منذ قرون ومرغت وجوه الفقراء في التراب" ص 380.

وبعد ذلك أضاف: " لنا من الخبرة ما يكفي لأن نعرف أن الموظفين البريطانيين في فلسطين لا يمكن الاعتماد عليهم في الدفاع عن مبادئ الانتداب، وثانيا نرى في الأفق أن الخطوة الثانية بعد إقامة المجلس ستكون إعطاء العرب (بوصفهم الأكثرية أ.ت) مزيدا من السلطات على الأمور الخارجة عن صلاحيات المجلس الأمر الذي سيواجهنا بخطر تجميد الوطن القومي اليهودي " المصدر ذاته.

فالاختفاء وراء الإقطاعية والتظاهر بمعاداتها كان سلاحا من أمضى أسلحة القيادة الصهيونية في حملة التضليل بين الاشتراكية الديمقراطية اليمينية في أوروبا. وبتضخيم مكانة القيادة الإقطاعية العربية وبالتلويح بطبيعتها الطاغية زيفت الصهيونية الحقائق التي تبلورت جوهريا في أمرين: في تعاون القيادة الصهيونية مع الإقطاعيين العرب سياسيا واقتصاديا من وراء الستار، وفي هجوم عنيف على الفئات الشعبية العربية، فضحايا الإجلاء عن الأراضي العربية لم يكونوا إقطاعيين بل فلاحين فقراء وضحايا سياسة احتلال العمل لم يكونوا إقطاعيين بل عمالا معدمين حاولوا كسب الأولاد عن طريق بيع قوتهم البدنية.

ولهذا لم يكن أمرا غريبا في هذه الفترة بالذات، التي امتازت نتيجة البطالة، بنشاط الفرق الضاربة الصهيونية المتعاظم لطرد العمال العرب من المنشآت والمزارع اليهودية. وأرسل جمعية العمال العرب في يافا مذكرة إلى المندوب السامي تعالج فيها سياسة الإدارة البريطانية في إعطاء شهادات الهجرة وتحدد عدد العمال اليهود العاطلين بتسعة آلاف وعدد العمال العرب العاطلين بـ 23 ألفا ثم تنقد احتكار العمال اليهود المشروعات الاقتصادية الكبرى (كهرباء البحر الميت والحولة) وتخصيص العمال العرب بالأعمال الشاقة، ثم تذكر طرد الحاميات اليهودية العمال العرب من أعمالهم وإحلال اليهود مكانهم وتطالب في النهاية بوقف الهجرة. لذلك فالتلويح " بالديمقراطية " كان بمثابة السخرية من الديمقراطية التي لا تتجسم بالشكل بل بالمضمون السياسي والاقتصادي.

لم ترفض القيادة العربية المشروع واكتفت بانتقاده، في حين قاومته القيادة الصهيونية بالظفر والناب تؤيدها المحافل المغرقة في الرجعية في الطبقة الحاكمة البريطانية التي كانت تكره شعوب المستعمرات وتحقد عليها وترفض التنازل عن أي امتيازات لها.

ويصح القول هنا أن المحافل البريطانية الحاكمة التي أرادت أن تمنح فلسطين بعض الامتيازات الشكلية، هي المحافل التي كانت تأخذ في عين الاعتبار ضرورة مواجهة المنافسة الإمبريالية النشيطة التي مثلتها إيطاليا الفاشية وألمانيا النازية عن طريق التنازلات للحركات القومية العربية التي كانت تحاول إيطاليا وألمانيا جذبها إلى جانبها بالتظاهر بتأييدها.

كذلك لا بد من القول أن المحافل الإمبريالية البريطانية التي اتخذت مبدأ "فرق تسد" أساسا لنهجها في فلسطين كانت ترى في بعض التنازلات للحركة القومية العربية من ناحية ومواصلة تأييد المشروع الصهيوني من ناحية ثانية، أفضل موازنة تمكنها من التظاهر كفيصل في النزاع العربي اليهودي لا كطرف جوهري فيه، على اعتبار أن الصراع كان يدور بين الشعب الفلسطيني والإمبريالية البريطانية من أجل تحرير فلسطين، وفي هذا الصراع وقفت الصهيونية إلى جانب الإمبريالية البريطانية، في حين وقفت القوى الديمقراطية اليهودية إلى جانب معركة التحرر المعادية للإمبريالية.

والمقرر آنذاك أن مشروع المجلس التشريعي البريطاني أثناء المناقشات التي جرت في 28 شباط (فبراير) و25 آذار (مارس) 1936 تعرض إلى انتقاد لاذع من مختلف الأحزاب في مجلس العموم البريطاني مما أوحى للجماهير العربية- كما قلنا بعدم جدوى النضال السياسي.

وقد حاولت بريطانيا أن تزيل أثر هذه المناقشة فدعت وفدا عربيا لمباحثاتها في المشروع في بريطانيا، ولكن انفجار الثورة ألغى هذه المفاوضات.[75]

بذور المقاومة والإضراب العام

شهدت فلسطين في النصف الأول من سنوات 1930، مجموعة من التحوّلات التي صبت في اتجاه تدعيم أسس مشروع الوطن القومي اليهودي، من جهة، وخلقت مقدمات اندلاع الثورة العربية، من جهة أخرى. ففي الفترة التاريخية التي امتدت ما بين عامَي 1930 و1935، قدم إلى فلسطين حوالي 150 ألف مهاجر يهودي، كانت نسبة كبيرة منهم من أصحاب رؤوس الأموال ومن العمال المهرة والفنيين، وفي عام 1935 وحده، وصل إلى فلسطين 62 ألف مهاجر، وبلغت تحويلات رؤوس الأموال اليهودية 15 مليون جنيه، مما أعطى دفعة قوية للاقتصاد اليهودي على حساب الاقتصاد العربي، الذي أصبح يعاني من أزمة خانقة، حيث تدهورت زراعات وصناعات عديدة، كزراعة الخضروات والتبغ وصناعة التبغ وزيت الزيتون، وبات اليهود يستحوذون على أكثر من نصف الأراضي المزروعة بالحمضيات. بينما كان الفلاحون العرب يعانون من الضرائب المجحفة ومن عبئ الديون، أدّى توجّه المؤسسات اليهودية إلى استملاك أكبر مساحة من الأراضي وبروز فئة اجتماعية جديدة في الريف هي فئة " الفلاحين المعدمين "، وتزايد ظاهرة الهجرة من الريف إلى المدينة بحثاً عن العمل المأجور، في الوقت الذي كانت فيه المدن الفلسطينية تعاني من تفاقم ظاهرة البطالة بين صفوف العمال العرب نتيجة توسع المنظمات الصهيونية في تطبيق سياسة "العمل العبري ماهر" ثم الإضراب التاريخي وثورة عام 1936 في فلسطين التي كانت نماذج عن بيانات ونداءات التعبئة والتحريض ". [76]

وفي ظروف هذه المزاحمة اليهودية الشديدة، صارت تبرز مؤشرات عديدة تنبئ بتنامي المشاعر الثورية لدى الشعب العربي الفلسطيني وتزايد عداءه للاستعمار البريطاني، الذي صار يُنظر إليه بوصفه مسؤولاً عن تشجيع هجرة اليهود إلى فلسطين وتسهيل استيلام اليهود للأراضي الفلسطينية.

تصاعد نضال العمال العرب وتوسع حجم تنظيماتهم النقابية، وتشكّلت حاميات عمالية لمجابهة سياسة الهستدروت الرامية إلى طرد العمال العرب من أماكن عملهم. اندلعت العديد من المعارك الدموية بين الفلاحين المعدمين ورجال الشرطة والمستوطنين اليهود، وارتقت أشكال تنظيم الحركة الوطنية بظهور كتل سياسية، تقودها عناصر ثورية شابة في المدن الرئيسية. وانتشرت كتل سياسية لفرق الأنصار المسلحة في الجبال ومن أبرزها الفرقة التي شكّلها الشيخ عز الدين القسّام الذي كان لمقتله، في تشرين الثاني 1935 في إحدى المواجهات مع القوات البريطانية أثر عميق في فلسطين كلها. وقد ساهم هذا الأخير في التحفيز على

الثورة، لا سيما وأن الكثيرين من أتباعه كانوا لا يزالون مستعدين لحمل السلاح لمقاومة زرع الوطن القومي اليهودي والحكم البريطاني [77].

في 11 تشرين الأول (أكتوبر) 1935 اصطدمت قوة بريطانية بفرقة عربية مسلحة في جبال جنين وخلال المعركة الحامية قتل أربعة من الفرقة بينهم زعيمهم عز الدين القسام مما أدى إلى تسمية أتباعه فيما بعد "القساميين".

لقد كشف هذا الاصطدام وجود تنظيم سري يؤمن بالثورة المسلحة ويعد لها، وفي هذا الصدد هناك ما يوحي أن القوة البريطانية فاجأت الفرقة العربية بصحبة القسام وهي تتمرن من قبل أن يستكمل التنظيم استعداده.

ولكن الأهم أن هذا التنظيم السري جرى في عزلة عن القيادة القومية التقليدية معتمدا على الفئات الشعبية من العمال والفلاحين.

امتازت هذه الحركة بوضوح الرؤيا إذ اعتبرت أن العدو الجوهري للشعب الفلسطيني يكمن في الانتداب البريطاني وبذلك محت الفكرة التي كانت تخلط بين الصهيونية واليهود.

ولم يقلل من أهمية هذه الحركة، في فترتها الأولى، الطابع الديني الذي تلونت به. دلت موجة المظاهرات التي جرت خلال تشييع جثمان القسام إلى مقره الأخير والاستذكارات اللاحقة على توثب الجماهير الشعبية واستعدادها الثوري، ولذلك كان من السهل أن تشتعل المعركة حتى في أعقاب حادثة قطع طرق عادية جرت في 15 نيسان (أبريل) 1936 على طريق طولكرم- نابلس وأودت بحياة يهوديين، فالأزمة وصلت إلى درجة الانفجار.

وفيما تم تأليفه حول "القضية الفلسطينية" ما كتبه يوسف هيكل الذي شغل منصب رئيس بلدية يافا قبل حرب فلسطين:

" هذه الحادثة اعتيادية ولا علاقة لها بالسياسة ومثيلاتها عديدة في جميع البلدان، وليس العرب براضين عن مثل هذه العصابات، وأضرارها تلحق جميع سكان فلسطين... وحادث 15 نيسان لم يكن الأول من نوعه، فلو وقفت حوادث ذلك اليوم عند هذا الحد لما انفجرت قنبلة الاضطرابات حينئذ ولما اجتاحت الثورة فلسطين، غير أن اليهود مزجوا بين الاعتداءات الاعتيادية والسياسية فانتقموا بقتل رجل أو رجلين من العرب الأبرياء "[78]

بهذا أعرب يوسف هيكل، مثل غيره من الكتاب، عن الرؤيا الحقيقية لما كان يجري في البلاد، فبعد حادث السطو العادي قتلت عناصر صهيونية عاملين في كوخ يقع على طريق بيتح تكفا- كفار سابا 36/4/16 انتقاما لمقتل اليهوديين، وفي الوقت ذاته هاجمت مثل هذه العناصر المواطنين العرب في المنطقة المتاخمة لتل أبيب.

وتؤكد كافة الدلائل (وهذا يساعد على تحدي مسؤوليات الأزمة) بأن القيادة الصهيونية كانت تخطط الصراع بين اليهود والعرب، تساوقا مع الإمبريالية البريطانية بدون أن يكون ذلك محددا. وهكذا فما أن أذيع نبأ مقتل اليهوديين حتى اجتاحت المظاهرة تل أبيب والمنطقة المتاخمة لها ووقعت حوادث اعتداءات المواطنين العرب في يافا، واستنفرت بدورها اعتداءات مماثلة على المواطنين اليهود.

وما أن حل يوم الأحد في 1936/4/9 حتى كانت يافا مضربة احتجاجا على الاعتداءات الصهيونية على أبنائها، ونجم الإضراب عفويا وأدى إلى التوتر في المنطقة المشتركة بين يافا وتل أبيب.

ولكن هذا الإضراب العفوي تحول إلى إضراب منظم شمل في اليوم التالي عمال الميناء.

وعندئذ تحركت فئات قومية وأذاعت بيانا أعلنت فيه أن سياسة الوطن القومي اليهودي هي سياسة غاشمة..." وأن تجربة حكم شعب بخلاف رغبته وإرادته هي تجربة فاشلة".

وجاء في بيان اللجنة القومية التي تألفت حالا في اجتماع وطني أن المجتمعين يعلنون، مبدئيا، الإضراب العام في يافا إعلانا لسخط العرب على سياسة السلطات الفاسدة التي يقصد منها " إبادة العربي في بلده العربي". (فلسطين العربية بين الانتداب والصهيونية عيسى السفري ص 16-17 الجزء 2).

وامتد الإضراب حتى شمل ميناء يافا، مما أثر على اقتصاد البلاد، لأهمية هذا الميناء ثم امتد إلى النقليات، وبعد ذلك انفجر في كافة المدن.

وكان تأليف اللجنة القومية في نابلس، المدينة العربية البارزة في 1936/4/20 إيذانا بنمو كيفي في هذه الحركة العضوية التي دلت على أن التنظيمات السياسية في البلاد متخلفة عن الأحداث.

وسارت قيادة الأحزاب القومية العربية في مجرى التيار فأعلنت بعد يوم في 1936/4/21 الإضراب العام في البلاد.

وفي غمرة هذا التوثب السياسي اجتمعت قيادات الأحزاب القومية العربية وألفت في 1936/4/25 اللجنة العربية العليا برئاسة المفتي الحاج أمين الحسيني وأمانة سر عوني عبد الهادي وعضوية سائر قادة الأحزاب.

ولم تختلف شعارات اللجنة العربية العليا عن شعارات الحركة القومية: وقف الهجرة، ومنع بيع الأراضي وإنشاء حكومة وطنية مسؤولة أمام مجلس نيابي...

واختلف الموقف ليصبح أكثر وطنية وتغيرت تعابير ولهجة المتظاهرين وتحركت الجماهير الشعبية خاصة بين الطلاب والنساء الذين دعموا في البداية الحركة وقاموا بدور كبير في تحريك النشاط الوطني.

وامتاز الإضراب بالشمولية، فقد التحق المحامون بالحركة وقرروا مشاركة الأمة في نضالها واقتفى أثرهم الأطباء والتجار.

ومن أبرز مظاهر العمق الشعبي نشاط القرويين فقد عقدوا سلسلة من المؤتمرات وقرروا فيها تأييد المعركة الوطنية الدائرة.

وخلال أيار (مايو) 1936 وبينما البلاد مضربة عقدت فئات الشعب المؤتمرات والاجتماعات لتقرير تأييد المطالب القومية المعروفة، كذلك عقد منتخبو المجالس البلدية في وجه مقاومة السلطات وقرروا في اجتماعهم الإضراب.

انعقد مؤتمر اللجان القومية التي تألفت في كل البلد، بغض النظر عن قيام اللجنة العربية العليا في القدس في 7 أيار (مايو) 1936، تعبيرا عن الاندفاع القومي في البلاد وتجسيما لانخراط فئات قومية جديدة في المعركة. ولم تتغير طبيعة القيادة الطبقية إنما تغير إلى حد ما التوازن بين العناصر الإقطاعية الريفية والعناصر البرجوازية- التجارية المتوطدة في المدن، ثم برزت في هذا المؤتمر عناصر المهنيين مثل المحامين والأطباء باعتبارهم قوة فكرية. وقام الشعراء بدور بارز في دعم الثورة ونشر الوعي بالقضية الوطنية، وبرز من بينهم عبد الكريم الكرمي (أبو سلمي) وإبراهيم طوقان وعبد الرحيم محمود، ولاحظ المؤرخون المعاصرون أن قصائدهم كانت ترد على ألسنة المقاتلين وجماهير الشعب. وأعرب " أبو سلمي" عن المناخ الثوري حين هتف: "سيروا على الدرب المخضب والثموا أثر الجدود."

وهكذا توصلوا إلى حكمة أن حرية الإنسان تشرى بالدم لا بالوعود كذلك قام الشعر الشعبي بدوره الفعال، وصاغ الثوريون تجربتهم الوطنية في بعض الأحيان في قصائد بسيطة ولكنها غنية بالعواطف. وكان للإضراب العام قوته بحيث اتحدت اللجان القومية ونظمت المؤتمر الوطني الذي تألفت من الأحزاب بجميع توجهاتها والتي كانت تناضل من أجل القضية الفلسطينية على الصعيد الاجتماعي و السياسي.

وكان أهم قرار اتخذه مؤتمر اللجان القومية: الإعلان بالإجماع عن الامتناع عن دفع الضرائب اعتبارا من 15 أيار (مايو) الحالي إذا لم تغير الحكومة البريطانية سياستها ولم تعمل على وقف الهجرة اليهودية". تكمن أهمية هذا القرار الذي سرى مفعوله في ظل الإضراب المستمر، في طبيعته المضادة التي تعارض السياسة الإمبريالية والاحتلال الغير المشروط لدولة فلسطين. واقترن تنفيذ الامتناع عن

دفع الضرائب وإعلان العصيان المدني بسلسلة من المظاهرات الجماهيرية الضخمة في مختلف المدن رفعت المعركة القومية إلى مستوى أعلى.

وفي 18 أيار (مايو) ألغت الحكومة البريطانية رسميا دعوتها الوفد العربي إلى المفاوضات في لندن وأصدرت بيانا جاء فيه: "إن الوف

د العربي المقترح لم يعد ملائما للأحوال التي نتجت وأنه يجب بدلا من ذلك إجراء تحقيق في فلسطين، ولذا قررت (الحكومة أ.ت) أن تعيد الحالة المدنية لطبيعتها وأشارت على صاحب الجلالة بأن يعين لجنة ملكية لتبحث في أسباب الاضطراب المدني ويراجع شكاوى العرب واليهود المزعومة من دون إعادة النظر في نصوص الانتداب.

وأنشأت بريطانيا لجنة تحقيق لإجهاض الحركة القومية العربية ولكنها أخفقت في وقف المد الثوري. وبدأت السياسة القمعية البريطانية على نطاق واسع وتزايد عدد المعتقلين، ونفي الوطنيون، وأقامت الحكومة البريطانية معتقلات بلغ عدد نزلائها من المعتقلين السياسيين الإداريين والمحكومين حوالي 4500.[79] ونظم الضابط البريطاني "أوردي وينجيت" فرق الليل الخاصة التي كان من ضمنها أعضاء قياديين من الهاغانا، وقامت فرق الليل بعمليات إرهابية انتقامية ضد القرى الفلسطينية بشكل تعسفي وعقاب جماعي كهدم البيوت وعمليات القتل والتعذيب. وخلال هذه الفترة تفننت الهاغانا في تقتيل وترحيل الفلسطينيين من أراضيهم وتهجيرهم بكل وسائل الإجرامية والحتيال والغدر حتى أعلنت الدولة الإسرائيلية في 1948 بعد حرب الإبادة العرقية بفلسطين. تصاعدت ثورة الحركة القومية واصطدمت المظاهرات الثورية بالقوات البريطانية المسلحة في المدن وقامت حركة الأنصار المسلحة تنازل الجيش البريطاني في الريف. ويمكن وصف الثورة المسلحة التي اشتعلت في مختلف أنحاء البلاد ونازلت القوات البريطانية بكونها وطنية وتعبر عن المقاومة الشعبية. وحققت انتصارات كبيرة يمكنها إحصاؤها بالأرقام بحيث حققت القوات العربية المسلحة خلال قتالها القوات البريطانية النتائج التالية:

نسفت 48 جسرا وقطعت أسلاكا كهربائية وهاتفية 300 مرة وعطلت قاطرات 22 مرة ونسفت خطوط السكة الحديد 130 مرة.[80]

نِكبة 1948 ونتائجها

ظهر مصطلح النكبة، ويقصد به الكارثة الإنسانية، وطغى لمدة سنوات، وهو مصطلح غير كافي لتقديم وصف للأحداث التي حصلت في 1948 وما كان لها من تأثير على حياة الشعب الفلسطيني. ولعل المناسب هنا هو استعمال مصطلح آخر وهو التطهير العرقي في فلسطين.

فمصطلح النكبة لا يتضمن أي إشارة مباشرة إلى من يقف وراء الكارثة؟ بمعنى: يمكن لأي شيء أن يسبب دماراً في فلسطين ويمكن أن يكون ذلك الفلسطينيون أنفسهم، لكن لن يكون الأمر كذلك عند استخدام مصطلح التطهير العرقي. فهذا المصطلح يتضمن اتهاماً وإشارة مباشرين إلى مرتكبيها، ليس فقط في الماضي وإنما في الحاضر أيضا. والأهم من ذلك هو ارتباط سياسة الحكومة الإسرائيلية وإيديولوجيتها التي أدت إلى دمار فلسطين في العام 1948.

وبما أن هذه الأيديولوجية لا تزال الأساس لسياسة إسرائيل اتجاه الفلسطينيين، حيث تواصل عملية التطهير العرقي اتجاه الشعب الفلسطيني أينما حلّوا. وفي مناسبة حلول الذكرى الثامنة والخمسين للنكبة، يصرح عزمي بشارة في "فلسطين قضية العرب أم مشكلة الفلسطينيين، قضية فلسطين قضية لاجئين في مايو 2007، بأنه آن الأوان لاستخدام مصطلح التطهير العرقي بوضوح ودون أي تردد، باعتباره أفضل مصطلح قادر على وصف عملية طرد وتهجير الفلسطينيين في عام 1948[81].

تمثل النكبة بالنسبة للتاريخ العربي الإسلامي بداية لسلسلة من الاختراقات القانونية التي تمت في حق الشعوب المحتلة تحت هيمنة النظام الإمبريالي العالمي الذي جعل نصف العالم تحت حكمه وسيطرته وتصرفه، بينما شكلت بالنسبة للمحتلين اليهود بداية للعلو والفساد الذي أعلن عنه القرآن وبداية نجاح الحركة الصهيونية بدعم من الاحتلال تمثله الانتداب البريطاني- في السيطرة بقوة السلاح على القسم الأكبر من فلسطين وإعلان قيام "دولة إسرائيل".

حمل المشروع الصهيوني انطلاقا من مقولته "أرض بدون شعب لشعب بدون أرض" سياسة إبادية لشعب كان يعيش بفلسطين لآلاف السنين والذي تم طرده وتهجيره بالقوة من عشرين مدينة ونحو 400 قرية غدت أملاكها ومزارعها جزءاً من "الدولة الجديدة" هي إسرائيل.

وخلال الأحداث التي رافقها تدخل عسكري عربي ضد الاحتلال اليهودي لفلسطين- لقي عشرة آلاف فلسطيني على الأقل مصرعهم في سلسلة مجازر وعمليات قتل ما زال معظمها مجهولاً، وأصيب ثلاثة أضعاف هذا الرقم بجروح، وهجر 60% من سكان فلسطين، أي نحو 700 ألف.

فنكبة فلسطين عميقة فهي نكبة احتلال المقدسات، وفصل الشعب عن أرضه وطرد أهالي 531 مدينة وقرية من ديارهم عام 1948. وفصولها بدأت حين خانت بريطانيا وعودها للعرب بمنح الاستقلال لبلادهم بعد إنهاء الحكم العثماني، وأصدرت على لسان وزير خارجيتها "وعد بلفور" في 2 تشرين الثاني (نوفمبر) 1917 الذي "ينظر بعين العطف" إلى إنشاء وطن قومي لليهود في فلسطين.

ما إن انتهى الانتداب عام 1948 حتى أصبح عدد اليهود 605 آلاف نتيجة الهجرة الظاهرة والخفية التي سمحت بها بريطانيا، رغم معارضة أهالي فلسطين ومقاومتهم وثوراتهم وأهمها ثورة 1936. وهكذا أصبح اليهود يمثلون 30% من سكان فلسطين الذين بلغ عددهم حوالي مليوني نسمة عام النكبة. أما على الصعيد الإنساني فقد خلفت هذه النكبة وراءها حوالي 900.000 لاجئ طردوا من 531 مدينة وقرية، نزحوا إلى الجنوب المتبقي في قطاع غزة وإلى الشرق فيما أصبح يعرف بالضفة الفلسطينية وإلى الشمال نحو سوريا ولبنان. وتطلع الفلسطينيون إلى الحلول التي يمكن أن تقوم بها الجامعة العربية التي قامت بأول خطوة لتوفير الاحتياجات الدفاعية للفلسطينيين في سبتمبر 1947 بما عرف

باللجنة العسكرية الفنية وذلك لتقييم المتطلبات الدفاعية الفلسطينية. وخرج التقرير باستنتاجات تؤكد "قوة الصهاينة وأنه ليس للفلسطينيين من قوى بشرية أو تنظيم أو سلاح أو ذخيرة يوازي أو يقارب ما لدى الصهاينة". وقد كانت القيادات الصهيونية قد شرعت في إعداد خطط عسكرية تفصيلية منذ مطلع عام 1945 توقعا لأي مواجهة مقبلة. وفي أيار 1946 رسمت عصابات الهاجاناه اليهودية خطة سميت بخطة أيار (مايو) 1946 وتقضي بما يسمى "الإجراءات المضادة ."

استندت السياسة المتبعة من طرف القادة اليهود على عملية التهجير والتطهير العرقي بوصفها خطوة ضرورية لتأسيس "إسرائيل"، حيث تحدثوا علناً عن الحاجة إلى الصدامات العسكرية لترحيل أكبر قدر ممكن من الفلسطينيين لتغيير الواقع الجغرافي والاجتماعي على الأرض المغتصبة. وكانت خطة (داليت) لميليشيا (الهاجانا) بمنزلة مسودة لذلك التطهير العرقي، وأعلن بن غوريون أول

رئيس وزراء إسرائيلي "يجب علينا أن نستخدم الإرهاب والاغتيال وبث الرعب والمصادرة وقطع جميع الخدمات الاجتماعية لإخلاء الجليل من سكانها العرب ".

وتم تدمير المئات من القرى والبلدات الفلسطينية حيث قامت القوات الصهيونية بإخلاء أكثر من 450 بلدة وقرية فلسطينية تم تدمير معظمها تدميرا تاما والاستيلاء على الأراضي والممتلكات. ثم قامت الحكومة الإسرائيلية الجديدة بعد إعلان قيام "إسرائيل" بمصادرة أراضي اللاجئين وممتلكاتهم بغض النظر عن حق الفلسطينيين أو رغبتهم في العودة إليها.

يقول المؤرخ الإسرائيلي "توم سيغيف" عن ذلك: "تمت إعادة إسكان مدن بأكملها ومئات من القرى الخالية باستقدام مهاجرين يهود جدد إليها. لقد مضى الأحرار العرب إلى المنفى وأصبحوا لاجئين معوزين. وجاء اللاجئون المعوزون اليهود ليحلوا محل المنفيين كخطوة أولى نحو تحولهم إلى أناس أحرار. وهكذا فقدت مجموعة (الفلسطينيون) كل ما تملك وحصلت مجموعة أخرى (اليهود) على كل ما تحتاج إليه من

أثاث وأدوات مطبخ وكتب وأجهزة راديو وحتى الملابس والحيوانات الأليفة". يوحي دخول القوات العربية المتزامن مع نهاية الانتداب وإقامة الدولة اليهودية وكأنه كان هناك تنسيق بين قوات الدول المختلفة على خطة عمل مشتركة أو تنسيق على مستوى القيادات الميدانية. ولكن القيادة العامة كانت قضية نظرية فحسب. إذ لم ينصع لأوامر القائد العام، الملك عبد الله الأول، ملك الأردن في حينه، إلا جيشه وبشكل محدود للغاية الجيش العراقي كذلك. أما الجيوش المصرية والسورية واللبنانية فقد عملت بشكل مستقل وانفرادي. ولم يفلح ضباط الارتباط الذين عملوا من قبل الأمين العام للجامعة العربية، عبد الرحمن عزام، بتحقيق الحد الأدنى من التنسيق الذي يلزم لإنجاح الخطة الفضفاضة التي كان من المفروض تنفيذها لضمان تحقيق الأهداف.

وقد ظهر واضحاً للعيان ومن الوهلة الأولى التنافس والتنافر بين المحور المصري السعودي السوري وبين المحور الهاشمي العراقي الأردني. هذا التنافس شلّ إلى حد كبير فاعلية العمل العسكري العربي المشترك، ووصل في بعض القطاعات إلى درجة التوتر الشديد بل العداء السافر. والأهم من ذلك كله أن هذه الجيوش دخلت غير جاهزة أو مجهزة ولم يكن بمقدورها منع إقامة الدولة اليهودية ولا حتى الدفاع، بشكل ناجع، عن الأراضي المخصصة للدولة العربية. ومن

الضروري التأكيد هنا بأن كافة هذه الجيوش لم تحاول، بأي حال من الأحوال، تجاوز الحدود المخصصة للدولة العربية وهذا بحد ذاته يعد كافياً لدحض الادعاءات المنتشرة في الرواية الصهيونية وكتب التدريس الإسرائيلية حول "الغزو" العربي وصده وتهويل حجم الخطر الذي كان يتهدد الدولة اليهودية من دخول هذه الجيوش ميادين القتال.[82]

وثمة ملاحظة مهمة تتعلق بحجم هذه القوات قياساً بالقدرات العسكرية العربية في حينه ومقارنة بحجم القوات اليهودية التي وقفت أمامها في ساحات القتال. فمن الضروري التأكيد بأن حجم القوات العربية التي دخلت فلسطين في الخامس عشر من أيار 1948 لم يوازي قرابة ال20% من القدرات العربية العسكرية الحقيقية في حينه، فقد كان

مجموع ما دخل فلسطين ليلة الخامس عشر من أيار أو تواجد فيها قبل ذلك قوات المتطوعين يتكون من 23000 مقاتل توزعوا على النحو التالي: الجيش المصري 10000 مقاتل (منهم 2000 من المتطوعين)، الجيش الأردني 4500 مقاتل (بعضهم كان قد تواجد في فلسطين منذ نهاية الحرب العالمية الثانية)، الجيش العراقي 3000 مقاتل منهم 1500 تواجدوا في فلسطين قبل ذلك وعملوا ضمن وحدات جيش الإنقاذ، الجيش السوري 3000 مقاتل، منهم 1500 خدموا في وحدات جيش الإنقاذ، الجيش اللبناني 1000 مقاتل والجيش السعودي 1500 مقاتل (عملوا تحت إمرة القيادة المصرية). علماً بأن هذه القوات غير المتناسقة افتقدت إلى قواعد عمل جدية وإلى آليات إمداد ناجعة وباستثناء الجيش الأردني (وبشكل معين الجيش العراقي) الذي كان حسن التجهيز والتدريب، وذلك لاشتراك بعض وحداته في الحرب العالمية ضمن المجهود الحربي لقوات الحلفاء[83].

انصبت السياسة البريطانية في حينه على معارضة إقامة دولة فلسطينية مستقلة أو أي جسم ومؤسسة فلسطينية مستقلة تعمل بإمرة المفتي، وذلك لعدة أسباب كان أهمها محاسبة المفتي على التحالف مع دول المحور في الحرب العالمية الثانية، وكذلك الخوف من أن تسير الدولة الفلسطينية المستقلة المقترحة على سياسة معادية لبريطانيا وحليفاتها بشكل يهدد، حسب الرؤية البريطانية، أمن واستقرار المنطقة. وما وأنه غني عن التأكيد على أن بريطانيا فضلت تفاهماتها وتحالفها مع الهاشميين الذين عارضوا معارضة شديدة إقامة دولة فلسطينية بزعامة المفتي الحاج أمين الحسيني، والذين وقفوا وراء بريطانيا في المراحل الصعبة أثناء

الحرب العالمية الثانية، هذا فضلاً على أن الهاشميين في العراق والأردن لم ينسوا اشتراك المفتي في ثورة رشيد علي الكيلاني في أيار 1941.

صحيح أنه كانت للدولتين الهاشميتين، العراق والأردن طموحات مختلفة بالنسبة لمستقبل الهلال الخصيب، ولكن كان لكليهما عداء واضح للحاج أمين ولخططه بالنسبة لمستقبل القضية الفلسطينية.[84]

وبقيت قوات جيش الجهاد المقدس هي القوات العربية الوحيدة التي كانت جاهزة لمباشرة مهامها القتالية فور الإعلان عن قرار التقسيم في التاسع والعشرين من تشرين الثاني عام 1947. وقامت العملية العسكرية الأولى التي نفذها مقاتلو هذا الجيش في قطاع القدس، وذلك في الرابع عشر من كانون الأول لعام 1947 حين قامت مجموعة لجيش الجهاد المقدس بقيادة بهجت أبو غربية بمهاجمة حافلة يهودية كانت في طريقها إلى الجامعة العبرية في جبل المشارف (هار هتسوفيم). وقتل في هذه العملية إثنان من راكبي الحافلة، وجرح تسعة. وأعلنت قيادة الجهاد المقدس أن هذه العملية جاءت رداً على مهاجمة قوات "الهاجاناه" لتجمع عربي في باب الخليل وقتلها لستة من العرب وإصابة قرابة العشرين بجراح متفاوتة. وكانت على إثر ذلك النجاح ثلاث معارك شهيرة أولها:

معركة الدهيشة: وقعت هذه المعركة يومي السابع والعشرين والثامن والعشرين من شهر آذار، وذلك على أثر نجاح قافلة يهودية كبيرة مكونة من 58 مركبة موزعة بين مصفحات وحافلات وشاحنات، خرجت من القدس إلى "كفار عتسيون" تحت جنح الظلام، ودون أن يتمكن المقاتلون العرب من اعتراضها. مثلت معركة الدهيشة أكبر الإنجازات العسكرية لجيش الجهاد المقدس في قطاع القدس.

ولكن القادة الميدانيين قدّروا، وكان تقديرهم في محله، على أن القافلة ستعود من نفس الطريق بعد إفراغها لحمولتها وهذا ما كان في الفعل. ففي الصباح الباكر ليوم السابع والعشرين من آذار عادت سيارات القافلة أدراجها إلى القدس، وكان كمين عربي كبير بانتظارها في موقع الدهيشة المجاور لمدينة بيت لحم.
قام المقاتلون العرب، ومن ساعدهم من قوات الفزعة القادمة من القرى المحيطة، بإغلاق الطريق بحواجز من الحجارة وحاجز من الألغام. توقفت القافلة تحت وطأة رصاص رجال الكمين وقام المقاتل يوسف الرشماوي بإيقاف المصفحة اليهودية الأولى بعد أن فجر نفسه بحزام ناسف قبالتها فتعطلت وقتل من في داخلها.

94

وقام مقاتلو جيش الجهاد بتشديد الحصار على رجال القافلة اليهودية الذين لجأوا بمعظمهم إلى مبنى مهجور وقع بالقرب من الحاجز، وقد حاولت طائرتان يهوديتان خفيفتان التدخل لكسر الحصار عن رجال القافلة، ولكن مهمتهما كانت مستحيلة لالتحام القوتين وعدم قدرة الطيارين على التفريق بين المقاتلين من الطرفين. استمر القتال بشدة حتى المساء، في حين طالب الطرف اليهودي المندوب السامي والصليب الأحمر بالتدخل، حيث بدأت عملية مفاوضات مكثفة بين قائد جيش الجهاد في الموقع، كامل عريقات، وبين ضباط بريطانيين وممثلي الصليب الأحمر يرافقهم وسيطان فلسطينيان هما عارف العارف وعيسى البندك. وقد أصرّ عريقات، بعد مشاورات تلفونية أجراها مع الحاج أمين الحسيني المقيم في حينه في القاهرة على ضرورة استسلام رجال القافلة وتسليمهم العتاد والمركبات بكاملها.

وهذا ما حصل في نهاية الأمر حيث قام رجال القافلة بتسليم ما لديهم من عتاد صالح لقوات الجهاد، في حين قام الانجليز بنقل جثث القتلى والجرحى وتسليمها إلى ممثلي القوات اليهودية في القدس.

بلغت غنائم جيش الجهاد من المركبات والعتاد 3 من المصفحات، و8 من الحافلات المصفحة، و30 شاحنة، وطنا ونصف من المواد المتفجرة، ومئات البنادق، وبعض المدافع الرشاشة من طراز "ستين" و"برين" و"براوننغ."
خسر اليهود في هذه المعركة 15 قتيلاً، ووقعت في صفوف مقاتليهم 50 إصابة، في حين بلغت خسائر جيش الجهاد 12 شهيداً و3 من الجرحى.
رفعت معركة الدهيشة كثيراً من معنويات الطرف الفلسطيني، ولكن هذه الغنائم لم تحول للقيادة المركزية لجيش الجهاد بل تقاسمها رؤساء فصائل القرى التي شاركت في القتال وذلك ليتسنى لها الدفاع عن قراها إذا اقتضت الضرورة ذلك.
معركة المصرارة: رغبة من القوات اليهودية بتخفيف الضغط عن قافلة الدهيشة المحاصرة، قامت بمهاجمة حي المصرارة بشدة مستعملة في قصفها له قنابل المورتر من عيار 2 و3 انش. وقد أحدث ذلك دماراً هائلاً في المباني والشوارع وهلعاً شديداً في صفوف الأهلين، خاصة عندما امتد القصف ليشمل منطقة باب العمود.

وسقط نتيجة للقصف 7 من المدنيين 2 في المصرارة و5 في ساحة باب العمود وجرح العشرات. وقد ردت القوات العربية المرابطة في المنطقة بقيادة بهجت أبو غربية بقصف مماثل بقنابل المورتر لحي "مئة شعاريم"، وأحدثت فيه خسائر جسيمة أدت إلى اشتعال حريقين كبيرين في مراكز للذخيرة تقع في الطرف

الجنوبي لـ"ميئة شعاريم"، كما وسبب القصف المركز في المورتر نزوح ما لا يقل عن خمسة آلاف من سكانها إلى مناطق أكثر أمناً في غربي القدس.

معركة القسطل: كانت قرية القسطل وقلعتها الواقعة على الحافة الجنوبية لطريق يافا (على بعد قرابة 12 كم من القدس) هي إحدى أهم النقاط الإستراتيجية التي سعى الطرفان للسيطرة عليها؛ أولاً بحكم ارتفاعها ومناعتها إذ ترتفع عن مستوى سطح البحر 750 متراً، وثانياً لكونها تسيطر بإحكام على طريق الإمدادات اليهودية من منطقة الساحل أي تل أبيب على وجه التحديد إلى الأحياء اليهودية في القدس.

قامت قوات يهودية كبيرة بمهاجمة قرية القسطل التي بلغ عدد سكانها قرابة 300 نسمة عام 1948 يوم الثالث من نيسان، واحتلتها بعد معركة قصيرة مع حاميتها ضئيلة العدد والمسلحة بعتاد قليل لم يتعد بضعة بنادق وبعض صناديق الذخيرة.

قامت القوات المهاجمة بإجلاء السكان فور احتلالهم للقرية، وشرعت على الفور بتحصينها بالأسلاك الشائكة والسواتر الترابية خاصة في بيت المختار الواقع في القلعة ومنطقة المسجد الملاصق لها في أعلى القمة. كان عبد القادر الحسيني أثناء الهجوم اليهودي الأول متواجداً في دمشق للاجتماع بأعضاء اللجنة العسكرية للجامعة العربية وسكرتيرها العام عبد الرحمن عزام. ناقش عبد القادر مع من اجتمع به أمور تسليح المقاتلين الفلسطينيين بشكل عام ومنطقة القدس بشكل خاص. كما ناقش معهم قضية التضييقات التي مارستها قوات جيش الإنقاذ ضد المقاتلين الفلسطينيين التابعين لجيش الجهاد التي وصلت في بعض الحالات إلى الاعتقال وتجريد السلاح.

لم تفلح مفاوضات عبد القادر الحسيني في دمشق كثيراً، وانتهى الاجتماع لليلة السادس من نيسان 1947 بتبادل الاتهامات والكلمات اللاذعة والنعت بالخيانة والتقصير.

عاد عبد القادر الحسيني من دمشق إلى القدس صباح اليوم السابع من نيسان، حانقاً خالي الوفاض، واتصل برجاله وهو في الطريق أكثر من مرة يحثهم فيها على استعادة القسطل مؤكداً لهم بأن "القسطل هي القدس" ثم عاد ليخوض معركة استعادة القسطل وليستشهد فيها.[85]

وأطرح هنا شهادة.. كاتب صحافي حمل قلمه الى أرض المعركة وارتدى الملابس العسكرية لأول مرة في حياته وسجل بأمانة لبني قومه تفاصيل هذه الحرب وما سبقها وما حدث فيها. وسوف تظل حرب فلسطين أحد أهم الفصول في كتاب تاريخ الصراع العربي الإسرائيلي، وهو محمد حسنين هيكل.

هذه الحرب التي كانت لها مقدماتها وأحداثها وتداعياتها: أما المقدمات فقد كانت انعكاسا لحال مصر السياسية، وحال الأمة العربية أيضا. وأما تداعياتها فأغلب الظن أنها باقية حتى اليوم. وتبقى أحداث حرب فلسطين 1948 برغم السنوات التي انقضت عليها مثل كرة بلورية مليئة بالانعكاسات والأشكال المختلفة، تختلف رؤيتها باختلاف المواقع والمواقف.

وقد قام محمد حسنين هيكل بطرح أسئلة محورية على الحاج أمين الحسيني رئيس الهيئة العربية العليا لتبين مواطن الخلل في الخسارات التي تكمدتها الجيوش العربية في حرب 1948 والنكبة التي كانت على إثرها، ألخصها هنا:

هيكل: هل ترى قيام تحقيق سياسي وعسكري في نتيجة حرب فلسطين؟.. ومن الذي يجب أن يقوم بمثل هذا التحقيق؟ وما هي النقاط التي يجب أن يشتمل عليها؟

الحاج أمين الحسيني: إن قيام تحقيق سياسي وعسكري في نتيجة معركة فلسطين أمر ضروري جد، ولقد سبق لي أن طلبت من جامعة الدول العربية في مذكرة مؤرخة في 5 نيسان (أبريل) 1950 إجراء مثل هذا التحقيق وتحديد المسؤولية، وما زال الفلسطينيون يطالبون بإجراء هذا التحقيق. والواقع أنه ما من أمة حية ذات كرامة إلا وتجري تحقيقا في كل نكبة تصيبها أو حيف يلحق بها، وأنه من واجب الأمة.

أما نقاط البحث والتحقيق فهي كثيرة.

وأذكر بعض منها هنا:

البحث عن الأسباب التي حملت على تبديل الخطة التي وضعها الخبراء العسكريون للدفاع عن فلسطين ووافق عليها مجلس جامعة الدول العربية المنعقد في عاليه في تشرين الأول (أكتوبر) 1947.

لماذا أقصي الفلسطينيون المجاهدين الذين أثبتوا جدارتهم واستبسالهم في الدود عن بلادهم وصمودهم أمام اليهود والإنجليز طيلة ثلاثين عاما؟ وما هي أسباب منعهم من القيام بحرب العصابات التي برعوا فيها وتجلت فوائدها العظيمة؟

لماذا منعت الأسلحة عن قادة المجاهدين، أمثال المرحوم عبد القادر الحسيني في معركة القسطل وغيرها، وحسن سلامة في منطقة يافا والرملة واللد، وإبراهيم أبو دية في منطقة القدس وغيرهم؟ وكيف يعقل أن يقوم دفاع عن بلاد.. لا يشترك أهلها فيه؟ ولماذا جردوا المجاهدين الفلسطينيين من أسلحتهم وصادروا مخازن ذخائرهم في بعض الأقطار العربية، وفي داخل فلسطين؟ ولمصلحة من كانت هذه الإجراءات الغريبة؟

ولماذا سلمت قيادة الجيوش العربية الى يد الجنرال غلوب الإنجليزي وجعلته يقلب الخطة الحربية التي وضعها رؤساء أركان حرب الجيوش العربية في الزرقاء شرق الأردن في أوائل شهر ايار "مايو" سنة 1948 رأسا علي عقب؟

وكلف غلوب الجيش العراقي أن يهاجم بمدافعه خط أيدن المنيع أمام مستعمرة جيشر ليعود بالخيبة!

وينقل الجيش السوري من منطقة جبيل في اتجاهه نحو صفد في وضح النهار وأمام مرأى من اليهود الى سمخ ويعرضه للهزيمة هناك؟

لماذا منع الجيش العراقي الذي كان في أشد حالات الحماس والاستعداد من التقدم نحو أهدافه، ولم يسمح له بالقيام بأية معركة؟ ولما هاجمت القوات مدينة جنين في حزيران (يونيو) 1948 وكان فيها فوج عراقي واحد اشترك مع مجاهدي المنطقة في صد اليهود وهزمهم شر هزيمة وتبع فلولهم الى اللجون وأوقع الرعب يومئذ في يهود حيفا التي ظلت بلا دفاع بعد هذه المعركة، فأرسل رئيس بلديتها اليهودي شبتاي ليفر

كلا من نائبي رئيس البلدية الحاج طاهر فرمان وشحادة شلح بكتاب لتسليم حيفا الى الجيش العراقي. ولكن القيادة العامة أمرت بعودة الفوج العراقي وقائده الباسل.. الذي سحبته من المنطقة.. ووجهت له أشد اللوم وعاقبته على خوض المعركة؟!

لماذا أخليت الرملة واللد وسحب منهما الجيش الأردني بأمر غلوب بدون مبرر؟ لقد كان ذلك سببا في تشريد نحو مئة وخمسين ألفا من العرب! ما الأسباب التي حالت دون نجدة بعض الجيوش العربية للجيش المصري في معارك النقب وغيرها في شهري تشرين الأول "نوفمبر" وكانون الأول (ديسمبر) سنة 1948؟

ما هي الأسباب التي حالت دون تنفيذ الخطة التي اتفق عليها رؤساء أركان حرب الجيوش العربية في اجتماعاتهم في القاهرة لإنقاذ حامية الفالوجا وفك الحصار عنها؟

وكيف منع الجنرال غلوب القوات المقرر إرسالها من كل الجيش السوري والجيش العراقي لهذه المهمة من المرور بأراضي شرق الأردن؟

ماذا أمر الجنرال غلوب في 17 و18 ايار (مايو) 1948 بإخراج المجاهدين الفلسطينيين من مضيق باب الواد وبإعادة فتحه لتمر منه قوافل السيارات اليهودية حاملة السلاح والمؤن والمدد، من تل أبيب إلى القسم اليهودي من مدينة القدس الذي كان يحاصره المجاهدون الفلسطينيون وكادوا يحملون سكانه البالغ عددهم أكثر من مئة ألف يهودي علي الاستسلام؟

لماذا منع الجنرال غلوب الجيش الأردني وقوات الجهاد المقدس وغيرها من تحرير القدس كلها؟ وقد كان ذلك في الاستطاعة حينئذ! ولماذا منع احتلال عمارات هداسا والجامعة العبرية وتركها مراكز تهديد وخطر دائم علي القدس العربية؟

ما هي الأسباب التي أدت الي عقد الهدنة الأولى والثانية، في الوقت الذي كانت الجيوش العربية فيه تسيطر كل السيطرة ومتفوقة في عددها وأسلحتها وطائراتها ومدافعها؟

لماذا سلمت لليهود مناطق عربية واسعة في كل من المثلث العربي وأراضي القدس وبيت لحم والخليل والبحر الميت بما تحتوي عليه من سكك حديدية وطرق مهمة بعد اتفاقية رودس وبدون حرب أو مبرر؟

كيف.. ولماذا استولي اليهود علي حيفا ويافا وعكا وصفد والناصرة والقدس الجديدة وغيرها من المدن والمناطق التي يغلب فيها عنصر العرب، في الوقت الذي كان الاحتفاظ بها ميسورا؟[86]

تبقى هذه الأسئلة التي راودت الحاج الحسيني حول مرحلة النكبة حاضرة في واقع القضية فهناك دوما أياد إقليمية ودولية متواطئة تعمل لصالح الإمبريالية التي سعت بكل قوة لزرع دولة الصهيون في قلب البلاد العربية الإسلامية وفي البقعة المباركة وما حولها. وما تعانيه المقاومة من تحبيط وتشويه ونقد لاذع ومعاداة ما هو إلا سلسلة من ذلك التاريخ الذي لا تزال تجتره القوة الإمبريالية التي تسعى بكل قوة لإخماد قوة المقاومة وطمسها للأبد بتعاون مع الحكومات الإقليمية.

ومراجعة التاريخ ومسائلة أحداثه ضرورية لفهم التحديات التي تعرفها المقاومة في محك التاريخ، فالعودة للتاريخ الذي لا يحسب إلا حسابا ماديا للقوى المتصارعة ويغفل عن الحساب الإلهي الذي يطرح سننه في الكون ويبين أن الصراع هو بين قوة ظالمة مفسدة في الأرض وقوة مؤمنة تحت محك الامتحان وأن الأخذ بالأسباب الغيبية في موازاة مع الأسباب المادية ضروري وأن النصر لعباده المتقين الصابرين المجاهدين.

حرب 67 وتداعيات الأحداث

تختلف الرؤى في تحليل سبب شن إسرائيل حرب عام 67، فقد اعتبرها البعض محاولة منها لإسقاط "الأنظمة التقدمية"، بينما تدعي شريحة واسعة أن هدف حرب الـ 67 كان من أجل توسيع الدولة الإسرائيلية من النيل إلى الفرات. فقد أزهرت حرب الـ 67 مخطط احتلال بلاد عربية مجاورة لتحقيق هدفها الكبير وهو دولة إسرائيل الكبرى حين كانت الأراضي المحتلة مقتصرة على سيناء والضفة والجولان. وتهاوى مخطط المحتل من النيل إلى الفرات وأصبح أسطورة إسرائيلية، لكون الجيش الإسرائيلي عاجز عن احتلال أراضٍ تمتد من النيل إلى الفرات، ولم يقدروا أن يضموا غزة وهم بالكاد يستوعبون الضفة. وبدلاً من الإقرار بالهزيمة، يجري تعظيم قدرات إسرائيل وإمكانياتها وأهدافها، فهي حرب إعلامية تضخيمية أكثر منها حرب عسكرية.

وقد تكون هناك أهداف اقتصادية وإيديولوجية للحرب تم التخطيط لها، ولكن الهدف الاستراتيجي الحقيقي وشبه المعلن عنه، وما يُمارس سياسياً من احتلال أراضٍ لمبادلتها بإنهاء حالة الحرب العربية مع إسرائيل ومسارعة الحكام العرب الاعتراف بدولة الاحتلال والتطبيع معها لا يوافق إرادة الشعوب العربية حيث يحصل هذا في فترة لم تجف فيها دماء شهداء حرب 48 أي بعد مرور تسعة عشر عاماً على نكبة فلسطين[87]. وحصول مثل هذا الاعتراف والتطبيع وقبول إسرائيل في المنطقة بعد أقل من تسعة عشر عاماً يعتبر أكبر عملية سطو مسلح على وطن عربي، ويُعتبر إنجازاً تاريخياً لإسرائيل من دون تحقيق شعار "من النيل إلى الفرات". وهل من إنجاز أهم من ذلك؟

كانت إسرائيل تعيش حينها حالة من الحرب وعدم الاستقرار والتسلل والعمليات الفدائية وبدايات جنينية لولادة حركة تحرر وطني فلسطيني حديثة، وكان هناك إيمان عربي قاطع بضرورة تحرير الأرض وتفكيك هذا الكيان، ولم تسدِ ثقة إسرائيلية أو دولية، ولا حتى بين ما يسمى بيهود الشتات، بإمكانية استمراريته. وفلسطينياً كما قلنا، تكوّنت منظمة التحرير من جهة ومنظمات العمل الفدائي من جهة أخرى، وكان الإيمان بإمكانية التحرير قوياً لدرجة تدفع العلماني للاستشهاد من أجل فلسطين قبل المتدين. وأذكركم هنا بأن قضية التضحية والاستشهاد التي تبدو الآن خاصة بالمتدينين والحركات الدينية ليست بالضرورة علمانية أو دينية، بل هي مسألة إيمان بقضية.

وأبدت حينها الحكومة الإسرائيلية نيتها الانسحاب من الأرض عندما أرسلت فوراً برقية إلى الرئيس الأميركي ليندون جونسون حينها عبّرت فيها عن استعدادها للانسحاب من الأراضي التي احتلتها باستثناء القدس، (وهي قضية مختلفة حيث ضمت القدس مباشرة إليها)، وفي ما عدا ذلك هي ترغب بأن تبادل الأراضي بالسلام مع العرب وغيرهم... وطبعاً تطورت مطامع إقليمية وبوشر بسياسة الاستيطان[88].

أما الادعاء بأن تحرير أرض دولة عربية احتلت في حرب حزيران مقابل السلام المنفرد مع إسرائيل هو إنجاز كبير، فنذكر أنه كان يُعتبر بمنطق قمة الخرطوم التي عقدت بعد الحرب مباشرة خيانة. لقد جاءت لاءات الخرطوم لا مفاوضات لا صلح لا سلام، لأن هدف تلك الحرب هو تحقيق الاعتراف بإسرائيل وعقد اتفاقية سلام معها مقابل الأرض التي تنسحب منها. أكثر من ذلك، فإن قيام أول دولة عربية وأكبرها بالخطوة الأولى بالتوصل إلى اتفاق سلام مقابل استعادة سيناء، بدّد حتى حاجة إسرائيل إلى مبادلة كل الأرض بالسلام، فبعدما كانت المساومة صعبة في البداية، باتت سهلة بعد تحقيق مثل هذا الاعتراف. فهو كاد يستثني الحرب العربية خياراً، بعدما انتشر الاعتقاد القائل إن الحرب غير ممكنة من دون مصر... وبذلك لم يعد السلام مع الآخرين ملحاً.

لم تكن هذه حصاداً لنتائج حرب أكتوبر كما يدعى بل مؤسسة لهزيمة عام 67. وتحولت هذه الخطوة مع الوقت إلى نموذج تقتدي به كل الدول العربية، يحمل أسماء متنوعة كتطبيق قرار 242 (الأرض مقابل السلام)، بالإضافة إلى الاسم الأكثر رواجاً حالياً ألا وهو تحقيق الشرعية الدولية، وهو مصطلح عربي يفتقر إلى أية ترجمة له باللغات الأجنبية.

هناك شرعية أخلاقية وشرعية وطنية، ولكن ليست هناك من شرعية دولية. إنه مصطلح ابتكره العجر العربي لفقدان إرادة المواجهة. وهكذا أيضاً صُمِّم هذا النموذج المسمى بالأرض مقابل السلام، لتمسى معه قضية فلسطين قضية الأراضي المحتلة عام 67. فيما الانسحاب إلى حدود الرابع من حزيران كان يسمى عربياً "إزالة آثار العدوان"، وكان يُعتبر شرطاً للمفاوضات. فكان الانسحاب إلى أراضي 67 هو شرط التفاوض وليس نتيجة التفاوض، ولم يكن يعرف بالانسحاب من الأراضي المحتلة بل عرف بـ«إزالة آثار العدوان»، أي أن يعود كل شيء على ما كان عليه قبل الحرب. وتبقى المعضلة الكبرى هي هذا التبنّي الفعلي «الرسمي» الفلسطيني (وما الرسمي قبل قيام الدولة؟ ما الرسمي بلغة

حركات التحرر؟) لاختزال قضية فلسطين على قضية الأراضي المحتلة عام 67، ولا سيما أنها يطرحها لاجئون شرّدوا عام 48.

فمنظمة التحرير الفلسطينية بسلبياتها وإيجابياتها قد انطلقت كونها حركة لاجئين من دون أرض، وتكمن كل من سلبياتها وإيجابياتها في هذه النقطة بالذات، إذ أنها ليست حركة الفلسطينيين على الأرض، حيث لم تقم في الضفة أو عند عرب 48، بل انطلقت من مناطق اللجوء والشتات (في الكويت ولبنان وسوريا والأردن وغيرها، ومن ضمنها غزة التي كانت وما زالت أشبه بمخيم كبير للشتات لجأ إليه أهالي يافا جنوباً، وليست مجرد منطقة محتلة عام 67.

كانت منظمة التحرير وفصائل العمل الفدائي عموماً، حركة لاجئين، ولم تنشأ في المناطق التي احتلت عام 67، بل قبل ذلك[89].

وهنا، لا بد من طرح المسألة التالية المتعلّقة بمفهوم الحق وتشويه استخدامه عربياً ليتماشى مع السياسات الجديدة، وكمثل على ذلك نأخذ "حق المقاومة" و"حق العودة". لقد لحق تعديل غريب عجائبي على حق العودة المشتق من قضية لاجئين شرّدوا من ديارهم بغير حق بفعل حربي، وذلك بعدما تحول "الحق" إلى ورقة تفاوضية في مسار فلسطيني ـــ إسرائيلي على مسألة دولة واحدة من 22 دولة عربية.

هنا أصبح حق العودة حقاً نظرياً، والمطلوب هو اعتراف نظري به ولكن ليس حق ممارسته. ومنذ أن صار هنالك سلام ومسارات لعملية السلام، جرى التنازل عن الأدوات الأخرى واعتبار التفاوض هو الطريق الوحيد. وتعتبر المقاومة حقاً نظرياً، وانتشرت عربياً ظاهرة الاعتراف بحق المقاومة، ولكن من دون إمكانية استخدامه، بل يحارب ويمنع من يمارسه. وهكذا منعت المقاومة الفلسطينية من كل الجبهات العربية مع إسرائيل الواحدة تلو الأخرى، وذلك ليس لأن هنالك استراتيجية حربية عربية للتحرير يجب أن تنصاع المقاومة لها، بل لأنه في إطار السلام مع إسرائيل، لدى الأنظمة التزامات تنفذها بممارسة أشكال القمع والاعتقال كلها، بما فيها تسليم المقاومين إلى إسرائيل، إلا أن حق المقاومة النظري يبقى محفوظاً. فلا يمانع أحد في حق الشعوب في مقاومة الاحتلال، إلا أنه لا أحد يقبل ممارسة فعل المقاومة الفلسطيني.

ماذا فعلنا أكاديمياً لترميم مفهوم الحق؟ حق المقاومة من دون مقاومة، وحق العودة لكن من دون عودة، وطبّق ذلك في كل من مصر التي باتت تتدخل بحق المقاومة

حتى في قطاع غزة المحتل والأردن... وفي سوريا منذ عام 1982 وفي لبنان، وذلك دون أن تعقد الدولتان الأخيرتان اتفاق سلام ولتجنب الانجرار إلى حرب مع إسرائيل. أما فلسطينياً فالمصيبة أكبر، إذ يجري في إطار السلطة الفلسطينية التنسيق أمنياً مع إسرائيل ضد المقاومة، وهذه أهم نتائج اتفاق أوسلو..قد آن الأوان للكلام على واجب الشعوب في مقاومة الاحتلال، وواجب الدول في دعم المقاومة، وليس على حق الشعوب في مقاومته، فهذا حق تقره الشرائع الدولية والاعتراف به ليس فضيلة نضالية. في أوساط الشعب الفلسطيني والأمة العربية يجب الحديث عن واجب الشعوب في مقاومة الاحتلال لا حقها[90].

كما يرتبط حق المقاومة بممارسته واجباً، كذلك يرتبط حق العودة بدور اللاجئين السياسي، فهم حملة هذا الحق وهذه القضية وأصحابها. ولا يعقل أن يقتصر دورهم على التضامن مع غزة، فيما هم الأصل.الأصل هو حق العودة، والعودة مرتبطة بمشروع التحرير. إذ إن انتزاع حق العودة بالتفاوض مستحيل. فكيف استحال دور الشتات إلى التضامن مع غزة؟ وما هو دور الشتات الفلسطيني؟ وكيف يمكن استعادة هذا الدور؟

لا بد من طرح هذه الأسئلة في ذكرى النكبة. إذ يجب ألا يكون إحياؤها احتفالاً، لأن النكبة ما زالت مستمرة والشتات مستمراً. ورأينا مظاهر كليهما أخيراً متجلية في حال لاجئي العراق ونهر البارد. من يهتم بهؤلاء الناس ويرعى شؤونهم؟ ومن ينظمهم لأخذ دورهم في النضال؟ لا بد أن يحدّد هذا السؤال بنية حركة التحرر الفلسطينية، ليمسي الباقي نقاشاً نظرياً أكاديمياً. فإذا كان اللاجئون الفلسطينيون خارج عملية صنع قرار في حركة التحرر الفلسطينية، يصبح حق العودة كلاماً ليس إلا. ويشمل السؤال دور اللاجئين في عملية صنع القرار وأين هو صوتهم في عملية صنع القرار الفلسطيني؟ فهنالك خشية حقيقية من إخراج اللاجئين من عملية صنع القرار، لأن ذلك من شأنه أن يحوّل القضية الفلسطينية إلى مجرّد جلسات تفاوض وورش حوار لنخب منفصلة عن واقع القضية الأصلي، فيما واقع المخيم على شفير الانفجار[91]. والحقيقة أنه جرى في العقدين الأخيرين تغيير جذري في علاقة الدولة العربية مع فكرة وجود إسرائيل والتسوية، ومع فكرة مقاومة إسرائيل، فبعد إقفال آخر جبهة للمقاومة الفلسطينية في الخارج (الجبهة اللبنانية) انتقل مركز ثقل حركة التحرر الفلسطينية إلى الداخل، إلى الانتفاضات. ولم يكن هذا الانتقال مقصودا كما يروج مؤيدو التسوية، بل كان قسريا بعد أن قمعت إسرائيل المقاومة من الخارج، لتختزل القضية الفلسطينية بعد ذلك في نظر منظمة التحرير الفلسطينية إلى الاعتراف الإسرائيلي والدولي بها ممثلا للشعب الفلسطيني

في المناطق المحتلة عام 1967، وكانت الانتفاضات في نظرها أداة في سبيل ذلك، وليست أداة للتحرير. ويتابع الدكتور بشارة فيرى أن هذا الانتقال من الخارج إلى الداخل لم يؤدِ إلى إستراتيجية موحدة في الداخل، بل أدى إلى شرخ لأنه انتهى إلى سلطة تحت الاحتلال، وإلى فقدان عناصر الوحدة الوطنية التي قامت عليها حركة التحرر الفلسطينية، وكان أخطر ما في الأمر أنه ليس تعددية في إطار حركة التحرر، بقدر ما كان انقساما حول الإستراتيجية ذاتها. وما إن أصبح حلم حركة التحرر الفلسطينية هو اعتراف إسرائيل بها، حتى تحولت إلى طرف من بين طرفين، أحدهما طرف افتراضي وهو دولة نظرية تسعى إلى أن تصبح دولة حقيقية، وفي هذه الأثناء خسرت عالم حركة التحرر، ولم تربح عالم الدولة، وأخطر ما في هذه المرحلة هو حالة الانحلال والارتباك القيمي والثقافي التي تنشرها.

إن تحدي الوحدة الوطنية الفلسطينية اليوم هو تحدي تحول الانقسام الجغرافي إلى انقسام سياسي، ولا بد أن تتضمن الوحدة الوطنية الاتفاق على إدارة وبناء المجتمع، وإعادة بناء منظمة التحرير، وتنظيم المقاومة، والعمل السياسي في الخارج.

وقعت حركة التحرر الوطنية الفلسطينية في أخطاء تاريخية منذ تبنت فكرة الدولة الفلسطينية وتحول الاعتراف الإسرائيلي بها إلى إنجاز تجري مقايضته بتنازلات سياسية، وذلك قبل اعتراف إسرائيل بحقوق الشعب الفلسطيني.

قبول الخطاب الحقوقي بدل الخطاب السياسي، وتحويل معاناة الناس نتيجة المقاومة ورد إسرائيل على المقاومة إلى المسألة الرئيسية، وليس مدى ما تنجزه هذه المقاومة فعليا. وتقسيم قضية الشعب الفلسطيني إلى قضايا، فالدولة واللاجئون قضيتان منفصلتان، الأولى مسألة تفاوضية، أما الثانية فلا.

قبول فكرة السلطة دون سيادة، وفي ظل الاحتلال والاستمرار في التفاوض بمنطق الرهينة.[92]

بهذا التقسيم والتجزيء والتبعيض للقضية الفلسطينية، التي صارت عبارة عن ملفات وأوراق مبعثرة وحقوق على ورق، يتاجر بها في المفاوضات التي تتم تحت رعاية الدول الإمبريالية الكبرى التي لا يهمها من القضية شيء غير تثبيت مصالحها وتدعيمها بالحلفاء العرب الذين يرعون تلك المصالح التي تبرر وجودهم وتعطي الشرعية لحكوماتهم.

تشكل الحركة الوطنية
والعمل الحزبي

تختلف نشأةُ الأحزاب والتنظيمات الفلسطينية عن بقية أحزاب الدول الأخرى في خصائص عدة.

فهي تختلف عنها في ارتباطها بالنضال الفلسطيني المسلح بالدرجة الأولى مما جعل النضال في المجال الثقافي والاجتماعي والاقتصادي نضالا ثانويا وحتى مُهملا، وتختلف كذلك في أن نشأة معظم الأحزاب كان خارج فلسطين، وتختلف أيضا في اعتمادها السريَّةَ في نشر أفكارها ومبادئها، وعدم وجود قوانين وأنظمة داخلية مكتوبة عند بعضها إلا عقب تأسيسها بسنوات طويلة. وكذلك تختلف في شراء بعضها من قبل الآخرين[93].

ولمقاربة العمل السياسي الفلسطيني لا بد من الإشارة إلى خصوصية القضية، فقد مرت القضية الفلسطينية بتطورات كثيرة في مختلف المجالات السياسية، والاقتصادية والفكرية، بحيث جعلت للتجربة الفلسطينية في مجال تطور الفكر السياسي وخاصة الحركة السياسية الوطنية أي تكون "الأحزاب" ثقلا وتأثيرا كبيرا على واقع الحياة السياسية في فلسطين. وانعكست هذه التجربة الفريدة من نوعها على مجمل تطورات القضية، فقد عملت الأحداث المتلاحقة والمتلاصقة على صقل الشخصية الفلسطينية ذات الطابع المستقل في تكوين الفكر السياسي وتطوره لدى المجتمع الفلسطيني قاده مجموعة من النخب السياسية والثقافية والقيادات العسكرية.

وهنا سوف نركز على تطور الفكر السياسي الفلسطيني في فترة ما قبل 48 "النكبة" وخاصة الجذور الحزبية ومراحل تطورها والأحداث التي عاصرتها وتفاعلت معها منذ الفترة العثمانية في "أواخر هذه المرحلة" وحتى ما قبل النكبة. اهتم الفلسطينيون والأحزاب المهيكلة سياسيا في الفترة 19401908-م بتوجيه نشاطهم للنضال ضد مشروع الصهيونية التي كانت تسعى جاهدة لشراء الأراضي وامتلاكها والعمل على تهجير سكان المدن والقرى وسلبهم ممتلكاتهم ومحلاتهم التجارية وعدم الاعتراف بأوراق الملكية. وضمن العمل النضالي للهيئات الفلسطينية ضد إرادة المحتل الصهيوني الذي لم يكن غرضه احتلال الأرض والاستفادة من خيراتها وموقعها الاستراتيجي بل تهجير الشعب للحصول على الأرض وبناء دولة إسرائيل التي تتمركز في فلسطين وتمتد فوق الشرق الأوسط،   أسس الفلسطينيون عدة جمعيات لمكافحة هذا التغلغل الصهيوني وكانت بعض هذه الجمعيات تعبر عن آرائهم السياسية ومعارضتهم

للصهيونية. وحاولت سلطات الانتداب البريطاني تشكيل أحزاب سياسية تتعاون معهم، ولكن الفلسطينيين رفضوا ذلك وأرادوا أن يكون نضالهم مستقلا منذ نشأته الأولى.

إذا أردنا أن ندرس الأحزاب الفلسطينية، فلا بد من تقسيمها إلى قسمين على الرغم من أن ذلك التقسيم لا ينصرف على بعض الأحزاب الفلسطينية التي مزجت بين القسمين ،إلا أن التقسيم يسهّلُ دراستها ومتابعة مسيرتها خلال السنوات الفائتة، والقسمان هما:

أولا : الأحزاب والحركات الوطنية الفلسطينية

كان لهذا القسم أولوية الحضور في الساحة الفلسطينية، ويضم هذا القسم كل الأحزاب الوطنية التي اعتمدت [الفكر الديمقراطي الحر] كنمط حزبي ونظام أساسي، وأدارت نضالها بالاسترشاد بالأفكار والنظريات السائدة في الأحزاب التقدمية، وكانت حركة فتح والحزب الشيوعي الفلسطيني سابقا أو حزب الشعب حاليا، والجبهتان، الشعبية والديمقراطية وما تفرّع عنهما، وحزب البعث بأقسامه الفلسطينية والعربية والجبهات الفلسطينية الأخرى والوحدويون والناصريون والمستقلون، وصولا إلى أحزاب الطريق الثالث التي خاضت الانتخابات التشريعية الأخيرة، كانت كل هذه الأحزاب تشكل التيار الوطني الفلسطيني.

ثانيا : أحزاب التيار الديني

بقيت هذه الأحزاب تعارض المشاركة في السياسة الفلسطينية باعتبار المشاركة السياسية خروجا عن تعاليم الدين الإسلامي إلى أن كسرت حماس هذه القاعدة في الانتخابات التشريعية في يناير 2006

.وتضم قائمة الأحزاب الدينية : حماس الجهاد الإسلامي وحزب التحرير الإسلامي السلفيين ومن شايعهم ويجمع هذه الحركات شعارٌ واحدٌ هو [الإسلام هو الحل] وهو شعار جماعة الإخوان المسلمين على الرغم من اختلاف هذه الأحزاب في تفسير مدلول الشعار السابق.

وقبل أن ندرس هاتين الفئتين ينبغي أن نوضح بأن التقسيم السابق لا يعني توافق جميع الأحزاب في المجموعة الواحدة في رؤيتها لطبيعة الصراع الفلسطيني الإسرائيلي، إذ أن بعضها لا يرتبط بالأحزاب الأخرى إلا في إطار التسمية فقط، فحركة المقاومة الإسلامية (حماس) لا يربطها بالجهاد الإسلامي سوى الاسم (الإسلامي) فقط ، كما أن الصراع بينهما صراعٌ أيدلوجي ليس سهلا أو هيّنا، بل هو صراعٌ عميق يمس الجذور الفكرية لكل منهما.

وعند دراسة الأحزاب الوطنية الفلسطينية، فإننا نلاحظ بأنها ارتبطت بحركات التحرر العالمية وبخاصة أحزاب اليسار الفلسطيني، فقد كانت الأيديولوجيا الرئيسة لتلك الأحزاب هي أيديولوجيا ماركسية بالدرجة الأولى، وإن حاولت تلك الأحزاب أن تتفلَّت من تلك الأيديولوجيا عبر صياغات حزبية جديدة تلائم البيئة الحزبية الفلسطينية

فلسطينيا، مارس الشعب الفلسطيني التعددية السياسية والحزبية في وقت مبكر من القرن الماضي، وعبْر مراحل سياسية متتالية، إلا أن هذه التعددية كانت في ظل النضال الوطني ضد الاستعمار والاحتلال من ناحية، وفي غياب سيادة وطنية وسلطة سياسية فلسطينية من ناحية ثانية .أما بعد قيام السلطة الوطنية الفلسطينية فقد بدأت مرحلة سياسية تختلف عن المراحل السابقة، حيث نشأت سلطة سياسية فلسطينية معينة، وإن لم تكن ذات سيادة كاملة، وأصبح المجلس التشريعي الفلسطيني صاحب صلاحية سنّ التشريعات الوطنية.

شهدت المرحلة الأولى لقيام السلطة الفلسطينية، وهي المرحلة الانتقالية التي امتدت من عام 1994 وحتى 1999، حركة تشريعية أولية في أروقة المجلس التشريعي، شملت العديد من مشاريع القوانين، التي كان منها مشروع قانون الأحزاب السياسية لعام 1998.كان من المفترض أن تشكل هذه القوانين بمجموعها تشريعا فلسطينيا يؤسس للدولة الفلسطينية، التي كان من المتوقع البدْء بمفاوضات المرحلة النهائية الخاصة بها بعد 1999

إلا أن الانتفاضة الفلسطينية منذ عام 2000 وما تلاها من /5/ المرحلة الانتقالية، التي انتهت في4 أحداث واستحقاقات، أثرت على الوضع الفلسطيني بشكل عام، بما في ذلك عملية التشريع، ومنها مشروع قانون الأحزاب السياسية، الذي لم تعد له أولوية في تلك المرحلة94.

وتمكنت حركة فتح من التسلل من خلال الفجوة بين اليسار واليمين فتمكنت من تأسيس بُنية حزبية فلسطينية توافق الطبيعة الحزبية الفلسطينية منذ نشوئها وحتى تأسيس السلطة الفلسطينية أي من 1965--1995م. واستطاعت حركة فتح أن تؤسس الهيكل الأول لحركات التحرر الوطنية ، وهو هيكل منظمة التحرير الفلسطينية.

ظلت منظمة التحرير الفلسطينية تمثل في نظر العالم الدولة الفلسطينية، وتمكنت المنظمة من تحقيق مكاسب إعلامية عظيمة للشعب الفلسطيني، غير أن تلك المنظمة فقدت دورها الريادي بعد توقيع اتفاق أوسلو لعدة أسباب أبرزها:

لم تُوفَّق منظمة التحرير في وضع قاعدة تأسيس الدولة الفلسطينية كنظامٍ مركزي يقوم على التعددية ، وانضوت المنظمة تحت إطار فتح باعتبارها الحركة الأقوى، ولم تتمكن التيارات الوطنية التي أصابها الهزال عندما عادت إلى الوطن

واكتفى كثيرٌ من زعمائها بالمكاسب الشخصية البحتة على حساب أحزابهم وتياراتهم من إعادة إنعاش منظمة التحرير كإطار مركزي لكل الأحزاب والحركات الفلسطينية

كما أن بعض الأحزاب الوطنية اصطدمت بالواقع الفلسطيني العملي بعد العودة، وشاهدت على الطبيعة الممارسات الاحتلالية التي أعاقت مسيرة الأحزاب الوطنية وأفشلت خططها.

يضاف إلى ذلك أن معظم تلك الأحزاب أهملت الجانب الثقافي والتوعوي للفلسطينيين، فلم تقم بتأسيس البنية الثقافية والفنية، وأصبحت تمارس طقوس المنافسات الحزبية الصغيرة، وتنفق كل الميزانيات على الاحتفالات بذكرى تأسيس الأحزاب، واستعراض

المريدين والأتباع وكل ما يرتبط بهذه الأفعال من ممارسات.

بالإضافة إلى ما سبق فإن أكثر الأحزاب الوطنية أخذت تخسر أتباعها ومناصريها، لأنها فشلت في وضع أسس للنضال الفلسطيني، فحتى اللحظة لا يعرف كثير من أتباع الأحزاب الوطنية الغاية الرئيسة من النضال الفلسطيني، فهل هو إعادة فلسطين برمتها، أم تأسيس دولة في غزة والضفة، كما أن هناك تفاوتا في تفسير حق العودة بين كثير من تلك الأحزاب[95].

وهناك أيضا تناقض في مفاهيم الأحزاب الوطنية لمفهوم [التطبيع] وهل ينصرف مفهوم التطبيع على الإسرائيليين اليساريين والمؤرخين الجدد ممن يدعمون الحق الفلسطيني ويناضلون داخل جامعاتهم ومؤسساتهم إلى درجة أنهم يتعرضون للطرد من إسرائيل أمثال المؤرخ الجديد إيلان بابيه، وآفي شلايم وباروخ كيمرلنغ، وتوم سيغف وأبطال حركة السلام الآن من أمثال يوري أفنيري، ولطيف دروري وغيرهم كثيرون؟ أم أن التطبيع جريمة فقط إذا كان مع المتطرفين من حزب الليكود ودعاة الترنسفير؟

إذ أن أكثر الأحزاب الوطنية ترى في اليساريين الإسرائيليين والمؤرخين الجدد ومؤسسي حركات السلام أكبر الداعمين للقضية الفلسطينية، في الأحاديث السرية غير العلنية فقط، بدون أن يجرؤوا على الإعلان عن ذلك جهرا.

ويرى فيهم آخرون مجرد جواسيس للسلطة الإسرائيلية، وهؤلاء يرددون دائما المقولة [المحزنة] "الإسرائيليون عملة واحدة بوجهين!"

أما أحزاب التيار الديني الفلسطينية فإنها استفادت من تفكك الأحزاب الوطنية الفلسطينية، وليس من قبيل المبالغة القول بأن ظهور حماس كان ناتجا من نواتج ضعف التثقيف الحزبي من قبل التيار الوطني الفلسطيني بكامل أحزابه وفصائله.

هذا التيار الذي اكتفى في الفترة التي سبقت ظهور حماس بالافتخار بالنضال العسكري والعمليات المتعددة كقصف المستوطنات والعمليات الفدائية وخطف الطائرات بدون أن يتمكن من بلورة ثقافة حزبية لهذا التيار الوطني.

وكان للفراغ الثقافي أثرٌ كبير في تقوية التيار الديني، وهذا الفراغ ساد المجتمع الفلسطيني خلال ثلاثة عقود على الأقل مضافا إليه سياسة التجهيل الإسرائيلية التي كانت تُمارس بخطة مدروسة لإفشال التعليم، وفتح مجالات العمل للطلاب الفلسطينيين ليهربوا من مدارسهم، كما أن إسرائيل شجعت الطلاب على استخدام المدارس والجامعات كخلايا نضالية لتجد العذر المقبول لإغلاق تلك المدارس وتشجيع التسرب المدرسي، بالإضافة إلى انتهاك حرمة الامتحانات العامة عندما كان طلاب الثانوية العامة يحملون أوراق الإجابة من قاعة الامتحانات إلى البيوت، ثم يعودون بها إلى المدارس مرة أخرى بعد أن تكتب الإجابات الصحيحة.

مكنت كل تلك الممارسات التيار الديني من أن يحظى بالجماهيرية، مستغلا الفراغ الثقافي ليحل محل الثقافة الوطنية، كما أن التيار الديني استفاد من الدين وطوَّعه ليكون شعارا له وقانونا ولا سيما أن أنصار وأتباع التيار الوطني كانوا عاجزين عن محاججة أنصار المذهب الديني لما يعانونه من نقص في ثقافتهم الدينية. [96]

أما فيما يخص علاقة الأحزاب الوطنية بمنظمات المجتمع المدني فيجب الإشارة إلى أن تعبير منظمات المجتمع المدني الفلسطينية تختلف عن منظمات المجتمع المدني في أكثر الدول وذلك لأسباب عديدة:

إن منظمات المجتمع المدني الفلسطينية ظلت محظورة طوال فترة الاحتلال، لأن سلطات الاحتلال كانت ترى في تأسيس تلك المنظمات خرقا للخطة النفسية والاقتصادية التي يرمي إليها المحتلون، إذ أن سلطات الاحتلال كانت تهدف إلى إضعاف البنية الاجتماعية الفلسطينية لهدف تطويع المجتمع وإخضاعه للسيطرة ولم تسمح سلطات الاحتلال للنقابات والاتحادات إلا وفق المواصفات التي تضعها إسرائيل فقد سمحت لنقابة العمال بشروطها وكذلك فعلت لنقابة الصحفيين والكتاب واتحادات المرأة بعد أن فرضت حظرا على كثير من الكفاءات، وسجنت عددا كبيرا من القيادات البارزة فبقيت تلك المنظمات يافطات فقط لا غير.

وتمكنت من اختصار منظمات المجتمع المدني في الجمعيات العثمانية. كما أن سلطات الاحتلال فرضت القانون العثماني والقانون البريطاني على الرغم من أن القانونين قانونان فرضهما المحتل،

وعندما اضطرت إسرائيل تحت إلحاح منظمات حقوق الإنسان إلى منح تراخيص لبعض الجمعيات، منحت بعض التراخيص بشروطها الخاصة.[97]

وإذا أردنا أن نتتبع دور أحزاب التيار الوطني الفلسطيني في منظمات المجتمع المدني بعد قيام السلطة الوطنية، فإننا نجد أن هذا التيار لم يتمكن من وضع خطة شاملة لحاجة المجتمع الفلسطيني لمنظمات المجتمع المدني، فقد سادت عشوائية الجمعيات والمؤسسات والمراكز الأهلية، حتى أن بعض الأحزاب والتنظيمات الوطنية اعتبرت منح تراخيص الجمعيات مكافأة وإرضاء لبعض الطامحين ممن لم يتولوا منصبا مرموقا في وزارات السلطة الفلسطينية.

أما في مجال الاتحادات: كاتحاد العمال والطلاب والصحفيين والكتاب والمرأة والأطباء والصيادلة، والنقابات المهنية وغيرها، فقد برز ضعف تلك الأحزاب الوطنية واضحا فقد ظلت الانقسامات والصراعات تحول دون وضع أسس سليمة للعمل النقابي، وحدث اشتباكٌ بين الموظفين الرسميين ممن يطمحون في ممارسة دورهم النقابي وممارسة العمل السلطوي في الوقت نفسه

وهذا أصاب عمل معظم الاتحادات والنقابات بالشلل حتى اليوم.

كما أن التيار الوطني لم يُفلح في وضع آلية مشتركة للعمل النقابي، وظل يعتمد سياسة [المحاصصة] التقليدية أي خمسة وواحد لفتح وواحد للجبهة الشعبية وآخر للديمقراطية وثالث لحزب فدا ....الخ . على الرغم من اختلاف ظروف العمل في الوطن وليس من قبيل المبالغة القولُ بأن نتائج فشلنا في إنجاح منظمات المجتمع المدني، كانت هي السبب الرئيس في أزمتنا الراهنة، أزمة التيار الوطني الفلسطيني العاجز عن أخذ دور ريادي، أو حتى استعادة مجده القديم.

وانتشرت كذلك ظاهرة جمعيات الاسترزاق، وهي نمط فريد يقوم على أساس استغلال ظروف المجتمع الفلسطيني لاقتناص الدعم الخارجي، فانتشرت مئات جمعيات العناية بالأطفال المعوقين، والأطفال المصابين، وعشرات جمعيات العناية بالأسرى والجرحى والمعاقين والمصابين والمساجين وحقوقهم، أما عن جمعيات المعونات والبر والإحسان ودعم الأسر الفقيرة وطلاب المدارس والجامعات ومؤسسات العلاج الطبي والنفسي والمجتمعي فحدِّث بلا حرج.

يضاف إلى ذلك جمعيات [الصداقات] بين الشعب الفلسطيني وكل بلدان العالم، ولا يخفى على أحد الغاية من هذه الجمعيات، فهي في الغالب لا تختلف كثيرا عن الأنماط السابقة.

وهذه الألوان من الجمعيات يشرف عليها في الغالب المقربون والأهل والأصدقاء، وأكثرهم موظفون يتقاضون رواتبهم الضئيلة بالقياس إلى ما يجنونه من أرباح من جمعياتهم من خزينة السلطة الوطنية.

أما أكثر الجمعيات التي تسمى جمعيات ثقافية وفنية، يكون رئيس مجلس الإدارة فيها بعيدا عن الثقافة، وأنماط هذه الجمعيات ليس له من صفات الثقافة سوى اسم الجمعية.

لهذا فإننا لا نعدو الصواب حين نقول أن معظم الأحزاب الوطنية الفلسطينية لم تنجح حتى الآن في تأسيس منظمات أهلية "مدروسة" يحتاجها المجتمع الفلسطيني تسدد النقص في مجالات الإشراف التي تختص بها الحكومة، وتكون عونا للمجتمع على أداء المؤسسات الرسمية.

ونستثني من ذلك نجاح بعض مؤسسات حقوق الإنسان في متابعة جرائم الاحتلال، ومتابعة الإخلال بالحق العام من قبل مؤسسات السلطة نفسها.[98]

علاقة الأحزاب الدينية بمنظمات المجتمع المدني

أما عن علاقة أحزاب التيار الديني بالمنظمات الأهلية فتجدر الإشارة إلى أن أحزاب التيار الديني أدركت منذ البداية أهمية ملف منظمات المجتمع المدني، واستطاعت بناء منظومة قوية منها وعلى وجه الخصوص جمعيات المعاونات؛ لأن تلك الأحزاب استفادت من كونها فرعا من فروع الأحزاب الإسلامية خارج فلسطين، لذلك فقد أسست منظمات كبيرة وتمكنت من جلب أموال طائلة لهذه المؤسسات، عززتْ بها بنيتها الحزبية، كما أنها استفادت من فشل التيار الوطني في تأسيس الجمعيات الأهلية وأرست قواعد جديدة في مجالات منظمات المجتمع المدني، وتمكنت من خلال هذا الدعم من التأثير في بنية المجتمع الفلسطيني برمته.

ولا يجب أن نغفل بأن هذا التيار الديني استفاد من حالة الترهل والفساد التي سادت المجتمع الفلسطيني أثناء تأسيس السلطة، فاستقطب هذا التيار عددا كبيرا من الناقدين والناقمين، كما استفاد هذا التيار من الضائقة الاقتصادية التي كانت تعصف بالمجتمع الفلسطيني فقد تمكنت أحزاب التيار الديني من التغلغل في نسيج منظمات المجتمع المدني فأخذت تدفع أتباعها نحو الاتحادات والنقابات المهنية، وتمكنت من احتلال مواقع كثيرة ومهمة في هذه المنظمات.

واستطاعت كذلك بحكم هشاشة بعض الاتحادات والنقابات، الهشاشة الناجمة عن ضعف أحزاب التيار الوطني، أن تبني منظومتها النقابية الخاصة والبديلة، وأن تؤسس بنية كبيرة من الجمعيات العثمانية الخاصة بها.[99]

تاريخ الحركة الوطنية
في فلسطين

عرفت الحياة السياسية بفلسطين تحولات كبيرة عبر تاريخية تمتد جذورها من مرحلة الحكم العثماني إلى يومنا الحالي، وبالنظر إلى تاريخية الدولة العثمانية التي عرفت كغيرها من دول العالم الأخرى "العظمى" مرحلة قوة وازدهار وكان لها إيجابياتها العظيمة. ثم وصلت إلى مرحلة الشيخوخة والتراجع بعد أن دب فيها الضعف نتيجة للضعف الاقتصادي، وفساد الإدارة والمؤامرات الاستعمارية ضدها، وقيام العديد من محاولات الانفصال عن الدولة والاكتفاء بالارتباط الاسمي بها، مثل حركة "الشيخ ظاهر العمر الفريداني في فلسطين" ومن قبله محاولة محمد علي في مصر.

بدأ الوعي السياسي في فلسطين بداية مبكرة وكان هذا الوعي ملحوظاً في فترة الدولة العثمانية. وكان لفلسطين دور في الدولة العثمانية بحيث كان لأهل فلسطين ممثلين في مجلس المبعوثان الذي انتخب في أعقاب صدور الدستور حيث كان كل من روحي الخالدي، وسعيد الحسيني وحافظ السعيد ممثلين عن لواء القدس، والشيخ أحمد الخماش عن لواء نابلس وأسعد الشقيري على لواء عكا.

أما الدعوة إلى القومية العربية فقد كان المد القومي العربى ملازما للمد القومي التركي. وعلى الرغم من الحساسية الشديدة في مسألة القومية، لدى الطرفان كانت ردة الفعل العربية أكثر تمسكاً بالعروبة ومن ثم ازداد الإقبال على إنشاء الجمعيات والأندية الأدبية والسياسية العلنية والسرية في سبيل الدفاع عن كيانهم القومي الذي أصبح مهدداً بالنزول.

ومن المعروف بأن القانون العثماني كان يفرض قيودا كبيرة على الجمعيات، وكانت الغاية من القانون العثماني أيضا فرض السلطة التركية على البلاد العربية
.

بالإضافة إلى ما سبق فقد عمدت سلطات الاحتلال إلى فرض بعض الشخصيات الفلسطينية على منظمات المجتمع المدني، وكانت سلطات الاحتلال تمنح هؤلاء الترخيص المطلوب لتأسيس الجمعيات كمكافأة على تعاونهم معها في مجالات عديدة، ورفضت سلطات الاحتلال منح التراخيص للمفكرين والوطنيين ورواد العمل الحر الأكُفاء، مما أسهم في جعل منظمات المجتمع المدني في فلسطين بروازا تفاخر به إسرائيل أمام العالم بادعاء أنها دولة [ديمقراطية] وليست دولة محتلة.[100]

لقد كان المثقفون الفلسطينيون متابعين للتطورات السياسية حينذاك وكانت لهم آراؤهم وتوجهاتهم إذ اتخذوا مواقف ثابتة وحازمة في وجه سياسة التتريك التي مارستها جمعية الاتحاد التركي ضد الثقافة العربية، وكذلك كان لهم مواقفهم ضد سياسة التجنيد الإجباري للشباب العربي وزجهم في حروب لا علاقة لهم فيها سوى تحقيق مطامع الدولة التركية.

وقد تأثر المثقفون ورجال الفكر في فلسطين بالتيارات السياسية التي ظهرت بين إخوانهم العرب في هذه الحقبة من الزمن وأثروا فيها.

ولعل أهم هذه التيارات هي الدعوة للجامعة الإسلامية، والدعوة إلى القومية العربية والوقوف بوجه الحركة الصهيونية والهجرة اليهودية إلى البلاد".

فالجامعة الإسلامية: نادى بها جمال الدين الأفغاني وساعده محمد عبده وتأثر فيها أهل فلسطين مؤيدين مبادئ الإصلاح الشامل في العالم الإسلامي، ومن أبرز المثقفين الذين أيدوا دعوة الجامعة الاسلامية، روحي الخالدي وأسعد الشقيري وعبد القادر المظهر. وعارضها رجال الدين الذين لم ينم لديهم وعي سياسي سليم في تلك الفترة. [101]

فقد أسس شكري الحسيني من القدس "جمعية الإخاء العربي العثماني 1908" وأنشأ لها فروعا في القدس وضم إسماعيل الحسيني وحنا العيسى ... وزريق وفيض العلمي وخليل السكاكيني.

وكذلك في المنتدى الأول سنة 1909 لإحياء الوعي القومي في العاصمة العثمانية كان للمثقفين الفلسطينيين لهجة مشتركة منهم جمال الحسيني وعاصم بسيسو ولا ننسى مساهمة الطلبة من فلسطين بتأليف جمعية للطلبة هي "جمعية العلم الأخضر" في الاستانة في أيلول سبتمبر 1912، لتقوية الروابط القومية بين الطلبة العرب في المدارس العليا وتوجيههم إلى النهوض بأمتم وكان من مؤسسيها عاصم بسيسو ومصطفى الحسيني وشكري غوشة.

وجمعية العربية الفتاة سنة 1911 شارك فيها عوني عبد الوهاب، ورفيق التميمي وكان لها دور بارز في الحركة العربية التي تعاونت مع الشريف حسين بن علي وأعلنت الثورة على الأتراك وضمت هذه الجمعية واحداً وعشرين عربياً من فلسطين وعند قيام الثورة العربية من مكة سنة 1916 لم يتكاسل أبناء فلسطين عن اللحاق والالتحام مع أبناء العروبة الواحدة الجسد الواحد والمصير الواحد والارتباط الوجداني والمادي مع أبناء كل العرب.

ظهر الوعي الفلسطيني من خطر الهجرة اليهودية وبدأ يحذر منها ومن نشاطاتهم المريبة قبل المؤامرة، وأدرك عرب فلسطين خطر الهجرة اليهودية إلى بلادهم منذ أن اتخذت شكلاً منظماً في الربع الأخير من القرن التاسع عشر، ونشأ صدام بين الفلاحين العرب وسكان المستعمرات اليهودية وهو الأول من نوعه في مطلع

الثمانيات من القرن التاسع عشر وأرسل عدد من أعيان القدس عريضة إلى الباب العالي سنة 1891 يطالبون بوقف الهجرة اليهودية ومنع اليهود من امتلاك الأراضي.

"أول من أشار إلى أطماع الصهيونية في فلسطين الرهبان الكاثوليك الذين كانوا يتابعون النشاط الصهيوني باهتمام وقلق كبير.

ومن أول الصحف العربية التي نبهت إلى الخطر الصهيوني جريدة الكرمل في حيفا سنة 1909 وشن صاحبها نجيب نصار حملة شعواء على الصهيونية".

وجريدة فلسطين الذي نشر صاحبها عيسى داود العيسى مقالات عدة بعنوان "البروغرام الصهيوني، السياسي المؤرخ أبراهام واسشيكن" وأحدثت ترجمة هذا الكتاب أثراً قوياً في إدراك الخطر الصهيوني وقد رفعت مسألة الخطر الصهيوني إلى مجلس المبعوثان في العاصمة العثمانية وتولى رفعها أبناء فلسطين النواب في المجلس وهم /روحي الخالدي وسعيد الحسيني وراغب النشاشيبي ونائب دمشق شكري العلي، وطالب هؤلاء النواب بسن تشريع يمنع اليهود من الهجرة إلى فلسطين وقد ساعدت إثارة مسلة الخطر الصهيوني إلى إنشاء "الحزب الوطني العثماني" بهدف توجيه كل الجهود نحو معارضة قانونية للصهيونية وتذكير الحكومة بواجباتها.

وكان من شخصيات الحزب الفلسطينية:

سليمان الناجي الفاروقي: بين أهداف الحزب المذكور وحدد مطالب الشعب الفلسطيني من الحكومة العثمانية فيما يلي:

1. سد باب المهاجرين وذلك بتطبيق قانون الجواز الأحمر.

2. منع بيع الأراضي مع إحصاء النفوس اليهودية بدقة وإعطاء العثمانيين فيهم تذاكر نفوس تتضمن أسماءهم الحقيقية.

3. تطبيق نظام المعارف على المدارس اليهودية.

4. عدم جواز عقد الاجتماعات الخاصة إلا بعد إعلام الحكومة.

5. إحصاء أملاك أصحاب المستعمرات وأراضيهم واستيفاء الأموال الأميرية منهم لصالح الخزينة.102.

الأحزاب الفلسطينية قبيل النكبة

الحزب الحر الفلسطيني يرجع تاريخ التأسيس إلى 01 تموز 1927. المؤسسون :

فهمي الحسيني، عبد الرؤوف البيطار، ألفرد روك ، الشيخ عبد القادر أبو رباح، عبد اللطيف أبو خضرة، موسى الكيالي، مسعد الصايغ، سليم جبجي. عيسى داود العيس.

كان مقر الحزب بمدينة يافا، ويتسم توجه الحزب بكونه وطني، ولا يوجد له امتداد.

نبذة عن الحزب : تأسس الحزب الحر الفلسطيني نتيجة لطبيعة الخلافات التي كانت قائمة بين أطراف المعارضة السياسية في فلسطين، حيث انبثق الحزب وأطلق عليه هذا الاسم في مدينة يافا من عام 1927 على يد بعض السياسيين والتجار، وقد كانت الفترة التي أنشئ فيها الحزب مميزة بالركود السياسي.

البرنامج السياسي:

حدد الحزب برنامجه السياسي من خلال جملة من النقاط أهمها: السعي للاستقلال التام وذلك بتحقيق الأماني الوطنية والسيادة القومية. الدفاع عن الحريات الشخصية بكافة أنواعها. التقدم بالبلاد نحو وحدة قومية إجتماعية.[103]

الحزب الشيوعي الفلسطيني "عصبة التحرر الوطني"
يرجع تاريخ التأسيس إلى 1 كانون الأول 1943.

المؤسسون :

رضوان الحلو، فؤاد نصار، أميل حيبي، أميل توما، موسى الدجاني، بولس فرح.

توجه الحزب: اشتراكي وله امتداد هو حزب الشعب الفلسطيني.

نبذة عن الحزب :

كانت ولادة نواة الحزب الشيوعي الفلسطيني، حزب العمال الثوري، من رحم حزب العمال الصهيوني بعد الانشقاق الذي حصل في صفوفه عام 1923 هو العام الذي حمل فيه هذا الاسم الحزب الشيوعي الفلسطيني بعد اضطرابات عام 1921، وقد أعلن حينئذ أن الحركة الوطنية العربية أحد العناصر الأساسية التي تقاوم الاستعمار البريطاني واعتبر الصهيونية حركة تتجسد فيها تطلعات البرجوازية اليهودية وتقف في جبهة واحدة مع الاستعمار البريطاني.

بدأ انضمام العرب إلى الحزب منذ سنة 1924، ولكن نتيجة لموقف الحزب من أحداث ثورة البراق، إذا اعتبر العرب جمهورا فاشيا طلبت الكتلة الشيعية الكومنترن من الحزب تصحيح موقفه وقامت للحزب مركزية جديدة مؤلفة من ثلاثة عرب واثنين من اليهود حيث انتخب رضوان الحلو أمينا عاما للحزب عام 1934 وبقي حتى عام 1943 حيت حصل الانقسام في صفوفه، وقف الحزب في صف اللجنة العربية العليا في ثورة 1936 1939وجمع المطالب العربية. واستمرت عصبة التحرر الوطني في العمل حتى صدور قرار التقسيم عام

1947 الذي أحدث انشقاقاً فيها، وهذا أدى إلى اعتزال بعض قادتها العمل السياسي، وانضمام البعض الآخر إلى الحزب الشيوعي الإسرائيلي(1948)، في حين وضعت قيادة العصبة في الضفة الغربية برنامجا سياسياً جديدا، وغيرت اسمها إلى الحزب الشيوعي الأردني في سنة 1951.

البرنامج السياسي

ركز الحزب برنامجه على إلغاء الانتداب عن فلسطين ودعا إلى إنشاء حكومة وطنية ديمقراطية مستقلة مع العمل على جلاء الجيوش الأجنبية عن فلسطين. [104]

ج- الحزب العربي الفلسطيني

يرجع تاريخ التأسيس إلى 25 نيسان 1934م.

المؤسسون:

جمال الحسيني، قاسم أغا النمر، حسن ابو السعود، فريد العنبتاوي، الشيخ محمد الخطيب، الحاج موسى الصوراني، عبدالله سمارة، يوسف العلمي

توجه الحزب: حزب وطني ولا يوجد له امتداد.

نبذة عن الحزب:

نظرا للحالة التي وصلت اليها الحياة السياسية في فلسطين عام 1935، وخاصة عدم قدرة اللجنة التنفيذية على القيام بمهامها تجاه القضايا الوطنية، جرى عقد اجتماع عام لأعضاء اللجنة التنفيذية حيث دعوا فيه الى تشكيل أحزاب وطنية متجانسة بهدف ملء الفراغ الذي لم تستطع اللجنة التنفيذية القيام به، لذلك بدأت بعض الرموز الوطنية بالعمل على تأليف مثل هذه الاحزاب، ونتيجة لنشأة حزب الدفاع الوطني على يد آل النشاشيبي وجد آل الحسيني أنفسهم في وضع يحتم عليهم تأسيس حزب خاص بهم مؤلف من أعضاء متجانسين في الفكرة والاتجاه، عقد اجتماع في فندق الأوقاف يوم 27 آذار 1935 بحضور ألف وخمسمائة من زعماء ومحامين وأطباء وعلماء ورؤساء الشيوخ والعشائر وكبار التجار، وأعلن في المؤتمر انتخاب جمال الحسيني رئيسا مؤقتاً للمؤتمر حيث أعلن عن تأسيس "الحزب العربي الفلسطيني" القانون الداخلي:

استقلال فلسطين ورفع الانتداب.

المحافظة على عروبة فلسطين ومقاومة تأسيس وطن قومي يهودي.

ارتباط فلسطين بالأقطار العربية في وحدة قومية سياسية مستقلة استقلالاً تاماً.

تحسين حالة الأمة العربية في فلسطين اجتماعياً واقتصادياً وثقافياً.

البرنامج السياسي:

تميزت برامج الحزب العربي الفلسطيني بأنها استقلالية وقومية سعت الى مواجهة الانتداب والحركة الصهيونية وقد حددها القانون الداخلي للحزب بما يلي

العمل على استقلال فلسطين ورفع الانتداب عنها، المحافظة على عروبة فلسطين ومقاومة تأسيس وطن قومي لليهود فيها، ارتباط فلسطين بالأقطار العربية في وحدة قومية سياسية مستقلة، تحسين حالة الأمة العربية في فلسطين اجتماعيا واقتصاديا وثقافيا.

الأنشطة الحزبية:

نشاطات الحزب:

إقامة مراكز للحزب لحشد أكبر عدد ممكن من الجماهير.

إقامة مهرجانات لتوضيح خطر بيع الأراضي.

إنشاء فرق الفتوة المؤلفة من الشباب ذوي الأبدان القوية.

إنشاء منظمة برئاسة عبد القادر الحسيني تطورت إلى منظمة الجهاد المقدس.

توجيه الثورة الكبرى 36_39. [105]

جماعة الإخوان المسلمين

يرجع تاريخ التأسيس إلى19 آذار 1946.

المؤسسون :

الشيخ أسعد الإمام، ومحمد العمد، الشيخ عبد الباري بركات. كان مقر الحزب بالقدس.

توجه الحزب: اسلامي

وامتداده هو جماعة الإخوان المسلمين في فلسطين "حركة حماس".

نبذة عن الحزب:

نشطت جماعة الإخوان المسلمين التي أسسها الإمام حسن البنا في مصر سنة 1928، تحت أسماء جمعيات دينية متعددة ولم تنتظم من واحد إلا في سنة 1946 حينما عقد مؤتمر للجميعات التي حملت اسم جماعة الإخوان المسلمين في القدس في 19 آذار مارس 1946 برئاسة الشيخ عبد الباري برقان وتولى أعمال الأمانة الشيخ أسعد الإمام ومحمد العمد ويعتبر هذا المؤتمر هو مؤتمر انطلاقة جماعة الإخوان المسلمين في فلسطين.

البرنامج السياسي:

تضمن برنامج الجماعة العديد من القضايا منها:

إعادة الناس إلى دينهم بالكلمة الصادقة والأسلوب الحسن.

السعي لإقامة دولة الإسلام على أي جزء من أرض المسلمين.

العمل من أجل القضية الفلسطينية وذلك من خلال:

عرض قضية فلسطين على مجلس الأمن الدولي، تأييد المشاريع التي ترمي إلى إنقاذ الأراضي.

عدم الاعتراف باليهود الطارئين على البلاد.

مواجهة العدوان الصهيوني بكل الوسائل وعلى رأسها الوسائل العسكرية.

تعدُّ حركة المقاومة الإسلامية (حماس) حركة فلسطينية فدائية وحلقة من حلقات الجهاد الإسلامي في مواجهة الصهيونية على أرض فلسطين. ومن أدبيات هذه الحركة كما ورد في المادة الثامنة من ميثاقها: الله غايتها والرسول قدوتها، والقرآن دستورها، والجهاد سبيلها، والموت في سبيل الله أسمى أمانيها .

وتتعارض عقيدة هذه الحركة مع الحلول السلمية المطروحة حاليًا لحل القضية الفلسطينية، فالحل ـ عندها ـ لا يتم إلا بالجهاد. أما المؤتمرات والمبادرات فهي ـ في رأي الحركة ـ مضيعة للوقت، والجهاد في هذه الحالة فرض عين على كل مسلم، وتتعاون الحركة مع سائر الحركات والمنظمات والأحزاب على الساحة الفلسطينية وبخاصة منظمة التحرير الفلسطينية ما دامت هذه التنظيمات لا تعطي ولاءها للشرق أو للغرب، وقد أعلنت الحركة في أكثر من مناسبة أنها فرع من حركة الإخوان المسلمين .عملت كوادر حركة حماس فيما مضى من خلال حركة فتح وقامت بعمليات فدائية ضد الاحتلال الإسرائيلي وكان لها قواعد عسكرية أطلق عليها قواعد الشيوخ.

برزت حركة حماس بشكل منظم وواضح من خلال الانتفاضة الفلسطينية في أواخر الثمانينيات وأوائل التسعينيات من القرن العشرين.

وأخذت تشتد يومًا بعد يوم ويقوى تيارها وبدأت تستحوذ على اهتمام الجماهير وإعجابهم، وقام الشيخ أحمد ياسين رمز الحركة ومؤسسها يحرضهم على الجهاد. وقضى الشيخ ياسين حكما بالسجن المؤبد في سجون إسرائيل حتى أفرجت السلطات الإسرائيلية عنه دون شرط في نهاية عام 1997م. ورفض ياسين عروضا إسرائيلية للإفراج المشروط عنه من السجن وهو يعاني من عدة أمراض أدت إلى تدهور خطير في صحته .

تعمل الحركة حاليًا في تحالف مناوئ لعملية السلام يضم عشرة فصائل فلسطينية مقرها في دمشق. وعلى الرغم من ترحيب الحركة وأنصارها بدخول منظمة التحرير الفلسطينية إلى غزة وأريحا في يوليو 1993م وقيام السلطة الفلسطينية فيهما، إلا أنه بدأت اتهامات ومشاحنات بين الطرفين مؤداها أن السلطة الفلسطينية تنفذ رغبات الاحتلال الإسرائيلي، وبدأت تلك المشاحنات تأخذ طابعًا صداميًا في أوائل 1995م ثم هدأت الأحوال بين الطرفين.106 وبعد الانتخابات **التشريعية وبعد فوز حركة حماس في الانتخابات التشريعية وتشكيلها للحكومة الفلسطينية بتاريخ يناير 2006م وانفصال منطقة غزة سياسيا عن السلطة بالضفة أصبح للمقاومة توجه مختلف وأثيرت انقسامات كثيرة نظرا لاختلاف وجهات النظر حول مفهوم السلطة نفسها وحول أساليب التعامل مع الاحتلال ومقاومته، وقد ذهب المعارضون إلى اعتبار المقاومة العسكرية في غزة نبتة خبيثة تسعى للانفصال بغزة للانفراد بالسلطة.**

ولكن عمق الاختلاف يظهر في تواجد منظورين مختلفين سياسيا وفكريا وتنظيريا لمفهوم المقاومة وهما التوجه الإسلامي الذي تتوجه حركة حماس وتوجه آخر علماني وتتوجه السلطة وباقي الأحزاب المرتبطة بتصورها. وإذا رجعنا لتاريخ المقاومة بفلسطين نجد أنها حلقة من مسلسل طويل من حلقات المقاومة الفلسطينية تعاقبت على قيادتها تيارات متنوعة، والآن يقود الحلقة المعاصرة منها (منذ أكثر من عقدين) التيار الإسلامي من حركة المقاومة الفلسطينية الوطنية، ولقد واجهت كل حلقة من هذه الحلقات داخل فلسطين وخارجها ضغوطا وقيودا دولية وعربية، بل فلسطينية أيضا، ولكن ما أن تتوقف، ولا أقول تنتهي، حلقة إلا وأفرزت حلقة جديدة وقيادة جديدة، أي وكأن "المقاومة الفلسطينية" قبل غزة ومعها تمثل تجسيدا على مستوى آخر لفكرة تجدد حلقات مقاومة الأمة برمتها أمام تعاقب التحديات الحضارية الكبرى عبر تاريخها. ويمكن تركيز المآخذات التي توجه لحماس من قبل باقي الفعاليات السياسية المعارضة وفهمها في مسارها التاريخي وأهم تلك المؤاخذات أن "إسلامية" حماس وقيادتها لحركة المقاومة تمثل جهالة أو تطرفا أصوليا إسلاميا غير عقلاني يهدد استقرار المنطقة برمتها لتحالفه مع قوى إسلامية أخرى سواء سُنية (الإخوان وقوى المعارضة الإسلامية الأخرى) أو شيعية (حزب الله وإيران)، ومن ثم يجب ضربها وإنهاء وجودها ضمن خطة مواجهة تصاعد "المقاومة الإسلامية" في أرجاء "الشرق الأوسط الكبير" وليس "الشرق الأوسط الصغير" فقط.

وثاني ما يآخذ على حركة حماس هو انفعالها وعاطفتها واندفاعها برفض تجديد التهدئة مما أشعل الحرب الإسرائيلية، كما أن توازن القوى العسكرية ليس لصالح حماس، ولا تدرك حماس التغيير في المذهب العسكري الإسرائيلي بعد حرب لبنان في صيف 2006، ولا الواقع الدولي المحيط ولا تفهم قيوده أو سقفه. وما يحرك حماس مجرد نوازع الانفراد بالسلطة بعد أن انقلبت على رئاسة السلطة الفلسطينية وفصلت غزة عن الضفة. ثم إن خيار المقاومة غير رشيد ولا يقوم على حسابات استراتيجية تقودها إلى تحقيق ما لم تحققه التسوية، ومن تم فهو لا يجلب إلا المعاناة والمآسي الإنسانية للمدنيين.

فهناك التوجه الذي يدعو لمحاكمة حماس كحركة مقاومة، واتجاه يريد محاكمة حماس كحزب سياسي ذي أغلبية تشريعية، ولكل من الاتجاهين متطلباته وشروطه، فلا يمكن أن تخضع محاكمة حركة مقاومة لنفس ما تخضع له الدول ذات السيادة. ولا يمكن أن تحاكم العلاقة بين سلطة تنفيذية وسلطة تشريعية في ظل احتلال بنفس معايير محاكمة نظائرها في دولة مستقلة. وربما هنا يكمن خطأ أو

خطيئة حماس في أنها، وهي حركة المقاومة ابتداء، قد قبلت دخول اللعبة السياسية بكل مشاكلها، وهو ما حذرتها منه عديد من الاتجاهات العروبية والإسلامية في حينه، ومما لا شك فيه أن هذه الازدواجية في الصفة هي التي وظفتها إسرائيل لزيادة الغربة بين الفصيلين، ناهيك بالطبع عن أخطاء الجميع وخطاياهم من الوقوع في أسر اللعبة الإسرائيلية المدعومة دوليا وعربيا أي اللعبة التي جسدتها شروط خارطة الطريق، وهي الشروط التي أدخلت السلطة الفلسطينية على أرض محتلة في دوامة ودهاليز الانتخابات والديمقراطية، مما خلق وضعا متناقضا في حد ذاته. ووظفت إسرائيل هذا الوضع توظيفا كبيرا في مسلسل اتهام مقاومة غزة بالإرهاب، وتبرير عدوانها على غزة بأنه دفاع عن النفس، متناسية بفجاجة وعن قصد، أنها تواجه مقاومة على أرض محتلة. لكن هذه المقولات وغيرها تبدو في نظر من يعي أهمية الذاكرة الحضارية مقولات بلا جذور وبلا قواعد، إلا أنها ولدت من بنان اللحظة الآنية؛ اللحظة التي يعجز فيها الخائفون المضطربون أمام قوة إسرائيل وحلفائها عن الاعتراف بأن مشهد التسوية السياسية عبر ثلاثة عقود لم يُنتج إلا أوهام السلام، حيث لم تتحقق المطالب الأساسية العربية والفلسطينية.

وهذه اللحظة الآنية هي أيضا اللحظة التي تحكمها حسابات خوف الأنظمة على نفسها متذرعة في نفس الوقت بالخوف على أوهام الاستقرار والتنمية وأرواح الشعوب، كما لو أن هناك تنمية بالفعل، وكما لو أن الشعوب كلها ترفل في الخير والحرية، وكما لو أن هذه النظم لا تضحي بأرواح شعوبها بطريقة أو بأخرى، ومن ثم فإن الاستقرار محل الحديث والسلام محل الأوهام هو للحفاظ على الأوضاع القائمة. وهذه الأوضاع تستدعي كل أنماط المقاومة ضدها، كما استدعت المقاومة في غزة الخروج على ما يسمى التهدئة والحصار، لأنهما لم يعودا إلا سبيل التصفية، ولا قبول لتصفية القضية مهما كان الثمن[107].

الأحزاب الفلسطينية
بعد النكبة
حركة التحرير الوطني الفلسطيني فتح

بالعودة التاريخية لنشأتها تعتبر من كبرى المنظمات الفلسطينية. اشتق الاسم من قلب كلمة حتف اختصار حركة التحرير الوطني الفلسطيني، نشأت كفكرة إثر الهجوم الإسرائيلي على غزة في 27 فبراير 1955م. ولم تعلن عن نفسها حتى مطلع 1965م حين أعلنت العاصفة، جناحها العسكري، البيان الأول عن عملية لها في فلسطين المحتلة، وعن اعتمادها مبدأ الكفاح المسلح وسيلة لتحرير فلسطين، أعقبه البيان السياسي لفتح في 28 يناير 1965م .

ازداد الإقبال على الحركة إثر هزيمة حزيران 1967م، ومعركة الكرامة في 21 مارس 1968م أمام القوات الإسرائيلية الغازية التي قامت بهجوم كبير داخل الأراضي الأردنية، وقد استمرت المعركة نهار يوم الخميس 21 مارس 1968م وطوال الليل حيث لقنت المقاومة الفلسطينية إسرائيل درسًا حاسمًا، وكبّدتها خسائر كبيرة في الأرواح والآليات التي تُركت في ساحة المعركة ولم تستطع إسرائيل سحبها خارج ساحة المعركة. وكانت هذه المعركة مناسبة لمشاركة القوات الأردنية في تلك المعركة حيث قامت بمساندة المقاومة الفلسطينية وألحقت بالإسرائيليين خسائر فادحة .وبعد معركة الكرامة، اعتمدت فتح ياسر عرفات (أبو عمار) ناطقًا رسميًا لها، وأصبح فيما بعد رئيسًا للجنة التنفيذية لمنظمة التحرير الفلسطينية. وأصبحت فتح تقود العمل الفلسطيني الرسمي إضافة إلى كونها الفصيل الرئيسي داخل حركة المقاومة الفلسطينية عام 1969م.

وفي سبتمبر 1970م، وقع الصدام بين منظمة التحرير الفلسطينية والأردن وحدث ما عُرف باسم أيلول الأسود الذي نجم عنه خسائر كبيرة في الأرواح والممتلكات بين الجانبين، وأدى إلى خروج المقاومة الفلسطينية من الأردن. وفي أعقاب ذلك، ركزت فتح وجودها في لبنان ورسمت نشاطها داخل الأرض المحتلة.

تقود الحركة لجنة منبثقة عن المجلس الثوري يشكل القادة المؤسسون الوزن الأكبر فيها. ومن أشهر قادتها: ياسر عرفات (أبو عمار)، صلاح خلف أبو إياد الذي استشهد في تونس 1990م)، خليل الوزير (أبو جهاد الذي استُشهد في تونس خلال عملية تسلل إسرائيلية عام 1989م)، فاروق القدومي (أبو اللُّطف،

رئيس الدائرة السياسية في منظمة التحرير الفلسطينية حاليًا، ثم الشهداء: محمد يوسف النجار (أبو يوسف)، كمال عدوان، ممدوح صيدم (أبو صبري). [108]

منظمة التحرير الفلسطينية

أعلن عن قيامها خلال المؤتمر الفلسطيني الأول الذي انعقد في القدس في 28 مايو 1964م بحضور وفود تمثل الجامعة العربية وكثير من الدول العربية، وافتتحه الملك حسين عاهل الأردن وألقى فيه خطابًا.

في مؤتمر القمة العربي الثاني الذي انعقد في 5 سبتمبر 1964م، لمناقشة المشروع الصهيوني لتحويل مياه نهر الأردن للأراضي الإسرائيلية والموقف العربي المطلوب لمواجهته، اتخذت اللجنة التنفيذية للمنظمة عدة قرارات تؤكد على أهمية استكمال بناء القوة العسكرية العربية لمواجهة مشروع التحويل الإسرائيلي، واقترحت بناء كيان مستقل يمثل الفلسطينيين حيثما تواجدوا.

وعلى إثر انتهاء مؤتمر القمة، تم البدء في إنشاء الدوائر والمكاتب المركزية للمنظمة وافتتاح مكاتب للمنظمة في عواصم الدول العربية وبعض الدول الأخرى وإنشاء محطة إذاعية في القاهرة باسم صوت فلسطين ـ صوت منظمة التحرير الفلسطينية وإنشاء مركز أبحاث في بيروت للعمل على إغناء الفكر الفلسطيني والعربي وتشجيع البحث وتعريف العرب والعالم بحقيقة الكيان الصهيوني، والبدء بتشكيل القوات الفلسطينية المقاتلة وتدريبها وتسليحها، وقيام الصندوق القومي الفلسطيني بالجباية من أبناء الشعب الفلسطيني والأمة العربية.

عقدت منظمة التحرير الفلسطينية دورات للمجلس الوطني الفلسطيني في القاهرة وغزة أعوام 1965، 1966، 1968، 1969م، وتقلص عدد أعضاء المجلس الوطني بعد حرب يونيو 1967م. وبعد ذلك تمثلت في المجلس جميع منظمات المقاومة الفلسطينية الأمر الذي دل على أهمية الكفاح المسلح. انظر: منظمة التحرير الفلسطينية .

اللجنة التنفيذية لمنظمة التحرير الفلسطينية هي أعلى سلطة تنفيذية للمنظمة ومهامها: تمثيل الشعب الفلسطيني والإشراف على تشكيلات المنظمة وإصدار اللوائح والتعليمات واتخاذ القرارات الخاصة بتنظيم أعمال المنظمة وتنفيذ السياسة المالية وإعداد الميزانية .

وقد أنشأت اللجنة التنفيذية للمنظمة الدوائر التالية 1968م: الدائرة العسكرية، دائرة الشؤون السياسية والإعلامية، دائرة الصندوق القومي الفلسطيني، دائرة البحوث والمؤسسات المتخصصة، دائرة الشؤون الإدارية. وقد عُيّن لكل دائرة مدير عام وعدد من الموظفين، والمدير العام هو أحد أعضاء اللجنة التنفيذية.

حصلت منظمة التحرير على مركز المراقب في منظمة الأمم المتحدة عام 1974. 109

الأحزاب السياسية بين المقاومة والقانونية

في إطار طرح الخريطة الجديدة للأحزاب السياسية الفلسطينية التي تتمثل القضية في مستويين مضاعفين هما المقاومة نظرا لواقع الاحتلال الذي لا تزال تعاني منه فلسطين والعمل الحزبي المستقل الذي يتوخى بناء دولة فلسطين في ظل الديموقراطية والتعددية وحرية المعارضة.

موضوع التنظيم القانوني للأحزاب السياسية في فلسطين هو من المسائل الشائكة من الناحية القانونية والسياسية، لذا فإننا نلحظ وجود إهمال تشريعي متعمّد للمسألة. ولعل عدم التنظيم القانوني الكافي للمسألة يعود لعدة أسباب أهمها:

وجود احتلال إسرائيلي، وغياب سيادة فلسطينية حقيقية، وما يترتب على ذلك من خشية كثير من القوى والفصائل العمل ضمن قالب الحزب السياسي لما لذلك من استحقاقات تتعلّق بعلنية العضوية وكشف مصادر التمويل وغيرها.

-وجود امتدادات لأغلب التنظيمات الفلسطينية خارج فلسطين، سواء امتدادات على مستوى القاعدة أم على مستوى القيادة، ومن شأن سن قانون أحزاب سياسية تعقيد الأوضاع الداخلية والهيكليات التنظيمية لهذه التنظيمات، فأي قانون أحزاب سيكون له تطبيق في نطاق مناطق السلطة الوطنية الفلسطينية فقط.

وجود منظّمة التحرير الفلسطينية ووجود فصائل معترف بها في المنظمة، وجزء من هذه الفصائل ترى نفسها أكبر من أن تسجل نفسها لدى السلطة الوطنية الفلسطينية.

أدت هذه الأسباب إلى وجود توافق بين الحزب الحاكم وبين الأحزاب المعارضة على تجميد موضوع التنظيم التشريعي والقانوني لعمل الأحزاب السياسية، وفضّل المشرّع الفلسطيني الوقوف موقف الصمت ومعالجة الموضوع على استحياء من خلال بعض الأحكام الواردة في قانون الانتخابات.[110]

ينص القانون الأساسي الفلسطيني في المادة (5) على أن نظام الحكم في فلسطين نظام ديمقراطي نيابي يعتمد على التعددية السياسية والحزبية. وينص في المادة 26، وفي تناوله للحقوق والحريات العامة، على أن، للفلسطينيين حق المشاركة في الحياة السياسية أفرادا وجماعات، ولهم على وجه الخصوص الحقوق الآتية: تشكيل الأحزاب السياسية والانضمام إليها وفق القانون.

ورغم عدم إقرار أي قانون للأحزاب السياسية الفلسطينية حتى اليوم، إلا أنه من الناحية الواقعية، واستنادا إلى القرار الرئاسي رقم (1) لسنة 1994 بشأن استمرار العمل بالتشريعات التي كانت سارية قبل 5 حزيران 1967، يمكن القول بأن قانون الأحزاب السياسية الأردني رقم (15) لسنة 1955 يعتبر ساريا في

الضفة الغربية، وكذلك النصوص المتعلقة بالأحزاب في التشريعات التي كانت سارية في قطاع غزة.

بالتأكيد، لا تعبر هذه القوانين عما ينشده الفلسطينيون في المرحلة الحالية، فهي تنتمي إلى مرحلة تختلف تماما عن الحالة الفلسطينية اليوم، وفي الكثير من المجالات السياسية والاجتماعية والجغرافية، فضلا عن تصورها المختلف لمفهوم العمل الحزبي وعلاقة الأحزاب بالنظام السياسي.

تتضمن هذه القوانين توجهات تعبر عن نمط سياسي معين أصبح من مخلفات الماضي، مثل مُنح مجلس الوزراء صلاحية ترخيص الأحزاب ورفضها، ومُنحه صلاحية حل الحزب بناء على تنسيب الوزير ولأقل الأسباب، مثل مخالفة النظام الأساسي للحزب أو أحكام القانون، أو تقديم بيانات غير صحيحة، أو تلقي معونات مادية أو معنوية من أية جهة أجنبية، وغير ذلك.

كما أن قرارات مجلس الوزراء في ترخيص الأحزاب ورفضها وحلها، هي قرارات قطعية غير قابلة للطعن لدى أي مرجع آخر. يُضاف إلى ذلك، إمكانية اختراق حصانة الأحزاب عبر السماح للوزير أو من ينيبه، في أن يطلع، في جميع الأوقات، على سجلات الحزب.والمبالغة في طلب المعلومات والبيانات المفصلة في النظام الأساسي للحزب، وغيرها.

خول القانون لجنة الانتخابات المركزية، باعتبارها الإدارة العليا للانتخابات، اعتمّاد وكلاء الهيئات الحزبية لتمّكينها من المراقبة على العمليات الانتخابية كما ذكر أعلاه. وبناءً على ذلك، أصدرت لجنة الانتخابات نظام اعتماد وكلاء الهيئات الحزبية حددت فيه شروط اعتمّاد الوكلاء وكيفية تقديم طلبات اعتمادهم وآلية معالجتها واعتمادها، وإصدار بطاقات الاعتماد الخاصة بهم.

وعلى ضوء ذلك، وضعت اللجنة مجموعة من قواعد سلوك الوكلاء، بهدف تنظيم عملهم وتحديد دورهم ومسؤولياتهم أثناء عملية المراقبة. وبينت هذه القواعد طبيعة العلاقة بين الوكلاء وأطراف العملية من جهة، والموظفين العاملين في مراكز التسجيل والاقتراع من جهة أخرى، بحيث لا يقتصر عمل الوكلاء على المراقبة وجمع المعلومات حول العمليات الانتخابية وحسب، وإنما يمكنهم من إبداء ملاحظاتهم وشكاواهم حول المخالفات والخروقات الإجرائية والإدارية التي قد

تحدث أثناء التسجيل أو الاقتراع أو الفرز .يبين الجدول التالي عدد الوكلاء المعتمدين لدى لجنة الانتخابات المركزية حسب الهيئة الحزبية التي ينتمون إليها:

عدد الوكلاء المعتمَدين	اسم الهيئة الحزبية	الرقم
330	الاتحاد الديمقراطي الفلسطيني — فدا	1
1913	الجبهة الديمقراطية لتحرير فلسطين	2
722	الجبهة الشعبية لتحرير فلسطين	3
152	الجبهة الشعبية لتحرير فلسطين - القيادة العامة	4
598	الجبهة العربية الفلسطينية	5
2510	المبادرة الوطنية الفلسطينية	6
203	جبهة التحرير الفلسطينية	7
794	جبهة النضال الشعبي الفلسطيني	8
4707	حركة التحرير الوطني الفلسطيني - فتح	9
57	حركة المقاومة الإسلامية-حماس	10
188	حزب الخلاص الوطني الإسلامي	11
643	حزب الشعب الفلسطيني	12
2	حزب حركة الخضر الفلسطينية	13
12,800	المجموع	

استفادت الأحزاب السياسية من عملية تسجيل الناخبين، ومن ثم الانتخابات الرئاسية، من عدة وجوه. فقد كانت مشاركتهم أداة للتعبئة التنظيمية، وحشد المؤيدين وتفعيل الكوادر وقياس قوة التنظيم وحجمه. وحتى الحركات التي قاطعت الانتخابات الرئاسية، مثل حركة حماس، لم تمنعها مقاطعتها من المشاركة بفاعلية بعملية تسجيل الناخبين. فقد شاركت حماس بالرقابة على عملية التسجيل، كما قامت بتنظيم نفسها وتسجيل أكبر عدد ممكن من أتباعها ومُناصريها.وأصدرت الحركة في نهاية عملية التسجيل تقريرًا مفصلا عن العملية وقدمته للجنة.

وقد ساهمت عملية تسجيل الناخبين ومن ثم الانتخابات الرئاسية في تعزيز وتقوية الدور التنظيمي والتعبوي للأحزاب، كذلك ساهمت مشاركة الأحزاب في تشجيع مشاركة الناخبين في عملية التسجيل، كذلك ساهمت مشاركة الأحزاب في رفع مستوى العملية الانتخابية

بشكل عام، وذلك من خلال الملاحظات التي أبدوها والخروقات التي رصدوها ما أتاح للإدارة الانتخابية تصحيح الأخطاء الإجرائية والإدارية وإزالة المخالفات التي تمّ رصدها أثناء الانتخابات، ولعبت مشاركة الأحزاب ضمانًا إضافيا من ضمانات نزاهة وحيادية العملية الانتخابية.

يكمن الفرق الأساسي بين المراقب(عن هيئة/جمعية) ووكيل الحزب في أن المراقب يفترض فيه أنه يمثل مصلحة الشعب، بمعنى، أن الهدف الأساسي المفترض للمراقب هو تأكيد نزاهة العملية الانتخابية أمام الرأي العام أو الجمهور وذلك لإعطائهم الثقة بممثليهم. أما وكيل الحزب فهو ممثل للحزب، بمعنى أن مصلحته بالنهاية هي التأكيد للحزب على نزاهة سير العملية وضمان مشاركته بشكل نزيه وعادل ومساو للأحزاب الأخرى، وعليه فإن وكيل الحزب غير حيادي ويحق له أن يقترح تعديلات إجرائية للجنة الانتخابات المركزية، وأما المراقب فهو شخص حيادي يراقب العملية دون التدخل في سيرها، ويحق للهيئة التي يتبع لها أن تقدم الملاحظات، ويذكر أنه من حقوق الوكيل الإضافية أن يوقع على محضر ورقة الاقتراع يوم الاقتراع[111].

إذا اتفق على ضرورة سن قانون أحزاب فلسطيني، يصبح من الملح إصدار قانون فلسطيني جديد يناسب الحالة الفلسطينية، ويحقق الطموح الفلسطيني المنشود. تزداد أهمية هذا القانون في هذه الأيام، حيث تتم مناقشة مشروع قانون الانتخابات، الذي من المفترض أن ينص على مبدأ التمثيل النسبي للقوائم الانتخابية المشاركة في الانتخابات التشريعية، الأمر الذي يتطلب اهتماما إضافيا بمفهوم القوائم والأحزاب[112].

أما اليوم فيبدو أن الحالة الفلسطينية تتجه نحو مرحلة ثالثة تختلط فيها ملامح المرحلة الانتقالية بملامح مرحلة الانتفاضة، فالحالة الفلسطينية تشهد اليوم حالة من التهدئة السياسية، وتتجه نحو إجراء انتخابات رئاسية وتشريعية ومحلية، وترتيب جديد للبيت الفلسطيني، بما في ذلك موضوع الشراكة السياسية من مختلف الفصائل والأحزاب الفلسطينية، سواء المنطوية تحت منظمة التحرير الفلسطينية، أو خارجها، وبما في ذلك إعادة ترتيب الأجهزة الأمنية وهيكلة الوزارات ومحاربة الفساد.

ولكن في نفس الوقت، ما زالت مظاهر العدوان الإسرائيلي مستمرة، وآثار الاجتياح في مختلف المناطق الفلسطينية قائمة، وما زالت آثار الجدار الفاصل ومشروع الانسحاب الإسرائيلي من قطاع غزة تتفاعل، وبالتالي ليس من السهل الحديث عن استقرار سياسي طويل الأمد.

أثارت هذه المراحل تساؤلات سياسية عديدة تتعلق بالدولة والمقاومة والنظام السياسي، فبينما كان التوجه العام في ظل المرحلة الانتقالية يسير نحو سن القوانين والاستعداد لمرحلة الدولة الفلسطينية وبناء المجتمع المدني، إلا أن استمرار الاحتلال، وما يستتبعه ذلك من إرهاب وقمع واستيطان، ونهب للأرض وتهويد للقدس، وغيرها من أشكال العدوان، كان يعني أيضا، وفي نفس الوقت، استمرارا للمقاومة والنضال الوطني، وبالتالي فإن هذه الحالة تتطلب توازنا بين

خصائص المجتمع المدني وبين متطلبات المقاومة، بحيث يجب أن يتوفر هذا التوازن في مختلف الشؤون الفلسطينية، بما فيها التشريعات والقوانين، والتي منها قانون الأحزاب السياسية.

من هنا تأتي أهمية هذه الورقة التي تسعى إلى الإجابة على تساؤل مفاده: هل نحن اليوم بحاجة إلى قانون للأحزاب السياسية؟ وأي قانون نريد؟ ما هي ملامح قانون الأحزاب المناسبة للمرحلة القادمة، وكيف يمكن للفصائل والأحزاب الفلسطينية أن توفق بين متطلبات المقاومة الوطنية، وبين متطلبات النزاهة والشفافية والمساءلة في العمل الحزبي؟[113]

إن الوضعية الخاصة التي تتميز بها فلسطين هي استمرار وجود الاحتلال، وبالتالي ضرورة استمرار المقاومة الفلسطينية، وما ينشأ عن ذلك من نتائج على الأصعدة المختلفة، يثير النقاش حول فكرة مشروع القانون، وبالتالي تبدو هناك عدة اتجاهات بشأن الفكرة نفسها. هذه الاتجاهات هي:

اتجاه يرى أنه لا داعي لمشروع القانون أصلاً، إذ أن الأحزاب السياسية تنظَّم عادة في ظل الدول المستقلة ذات السيادة، وليس خلال مرحلة النضال الوطني، التي تغلب عليها خصائص الثورة وليس الدولة.

يعزز هذا الاتجاه رأيه بأن مشروع القانون نفسه ينص في المادة (2) على أنه قانون مؤقت ومخصص للمرحلة الانتقالية، وبالتالي فإن الاستحقاقات السياسية هي التي ستتحكم بمشروع القانون.

اتجاه يدعو إلى المضي قدما في تشريع القوانين الفلسطينية الممكنة والتي منها هذا القانون، وذلك انطلاقا من أن المرحلة الحالية تؤسس للمرحلة القادمة، وأن النظام السياسي الفلسطيني اليوم يرسم ملامح المستقبل.

اتجاه يدعو إلى البحث عن التوازن بين الحالتين، أي التوفيق بين متطلبات المقاومة والتحرير، وبين متطلبات استقرار المجتمع المدني. الأمر الذي يعني إيجاد صيغ في مشروع القانون تنظم العمل الحزبي من ناحية، ولا تقف في وجه المقاومة من ناحية ثانية.

في هذا السياق، يُشار إلى أن مشروع القانون يعترف بالحالة السياسية وتأثيرها عليه، إذ أن المادة الثالثة تتضمن اقتراحا بمعاملة فصائل منظمة التحرير الفلسطينية كأحزاب سياسية مشروعة، تمارس نشاطاتها في فلسطين ويتم تسجيلها وفقا لأحكام هذا القانون، كما تتضمن اقتراحا آخر بشطب هذا النص.

إن حسم هذه المسألة يتطلب بلورة موقف هذه الفصائل من تسجيلها كأحزاب سياسية وفق القانون، مما يمنحها طابعا مدنيا، أو استمرار صفتها الفصائلية التي تشير إلى دورها المقاوم، يُضاف إلى ذلك بلورة موقف الفصائل الأخرى التي لا

تنطوي تحت إطار منظمة التحرير، والتي أصبح لها حضور واضح في الساحة الفلسطينية.

وربما يحتاج حسم هذه المسألة إلى خيارٍ ثالث، هو تشكيل أحزاب سياسية كأذرع مدنية لفصائل المقاومة، وبناء عليه، تواصل الفصائل دور المقاومة، بينما تمارس أحزابها الرديفة العمل السياسي، علما أن هذا التوفيق بين الأمرين يحتاج إلى التمييز بين السرية في عمل الفصائل والعلنية في عمل الأحزاب، والتمييز بين شرعية الفصائل التي تأخذها من شرعية المقاومة أو الإنضمام لمنظمة التحرير، وبين شرعية الأحزاب التي تأخذها من السلطة الفلسطينية.

وعن قضية طرح مسألة الديمقراطية الداخلية للأحزاب يعتبر أن مطالبة الأحزاب السياسية بتوفير الحريات والأجواء الديمقراطية

للعمل الحزبي، ينبغي ألا يغفلها عن توفير المتطلبات اللازمة لممارسة الديمقراطية الداخلية في أطرها وهياكلها التنظيمية. يبدو أن مشروع القانون يترك تنظيم هذه المسائل الداخلية للأحزاب ذاتها، فالمشروع لا يتحدث عن الانتخابات الداخلية للأحزاب، وهيئاتها القيادية، وآليات الرقابة الداخلية فيها، وغير ذلك من جوانب الشفافية والمساءلة الذاتية. لا شك أن هذه المسائل تختلف من حزب سياسي إلى آخر، وأن الأنظمة الداخلية للأحزاب تنظمها بصور مختلفة، إلا أن مشروع القانون احتار بشأن ما يتضمنه النظام الأساسي للحزب، ولذا ستكون هذه المسائل حاضرة في نقاش المشروع[114].

الأحزاب الفلسطينية بين المقاومة والانقسام الداخلي

منذ حزيران 2007 إلى الآن تجلت كثيرٌ من الوقائع والأحداث الاجتماعية التي كان محركها الانقسام الفلسطيني، فالانقسام الذي بدأ سياسيا قد مست مفاعيله البنية الاجتماعية للفلسطينيين[115].

يبدو أن الانقسام الداخلي للعمل السياسي قد أبان التباعد في الرؤى وطرق المقاومة وكيفية المواجهة مع المحتل الصهيوني في إطار السعي لبناء دولة فلسطينية مستقلة. فبالرغم من أن الاعتقاد السائد عن الانقسام الداخلي الفلسطيني باعتباره انقسام بين حركتي فتح وحماس فقط، فإن أي متابع للشأن الفلسطيني من الداخل يكتشف بسهولة أن الخلافات أعمق وأكبر مما هو ظاهر ومعروف، فالأقسام المنقسمة علاوة على أنها متعددة الأطراف، فهناك قوى أخرى مؤثرة في الساحة الفلسطينية بشكل فاعل غير فتح وحماس وخاصة حركة الجهاد الإسلامي والجبهتين الشعبية والديمقراطية. ولا ننسى أن التنظيمات الأصغر

تسير في فلك التبعية لفصائل أكبر، وبالتالي فهي تكون جزءا من الانقسام الحالي وعنصرا مهما فيه؛ لأن بعضها قد يعمل بالنيابة عن الآخرين.

ولو نظرنا بشكل أكثر تفصيلا فسنجد أولا أن هناك خلافات حادة في الهوية والرؤية والاستراتيجية بين ثلاث مجموعات من الفصائل، أولاها الفصائل المنتمية لمنظمة التحرير وعلى رأسها فتح والجبهتان الشعبية والديمقراطية، تأتي بعدها فصائل أصغر بالمنظمة مثل جبهة التحرير العربية وحزب فدا وهذه المجموعة تشكل معا المنظمة بتشكيلاتها المختلفة. فبالرغم من أن بعضها تلاشى على المستوى الشعبي تقريبا مثل فدا، وهو ما أبرزته الانتخابات الماضية للمجلس التشريعي, وبعضها مثل الشعبية والديمقراطية تراجع برحيل مؤسسيها وتفرغ القيادات الجديدة للعمل في مجال البزنس السياسي والإنساني المعروف باسم المنظمات غير الحكومية "أن.جي.اوز" وجمعيات حقوق الإنسان.

وما يجمع بين هذه الفصائل أيضا الانتماء للفكر اليساري أو العلماني، ولكنها تختلف فيما بينها فيما يتعلق بالاعتراف باتفاقيات أوسلو، فالجبهة الشعبية دخلت المنظمة وخاضت الانتخابات التشريعية الأولى والثانية والمستندة علي شرعية أوسلو بدون الاعتراف بتلك الاتفاقيات.

أما المجموعة الثانية من الفصائل وهي أقصر عمرا من الأولى فهي لم تظهر للوجود إلا بدءا من ثمانينيات القرن الماضي ومازالت تتكاثر حتي اليوم، فهي الفصائل ذات الخلفية الإسلامية الرافضة لأوسلو، والتي تؤيد العمل العسكري وتؤمن بفلسطين بحدودها التاريخية وعلى رأسها حماس والجهاد الإسلامي.

تأتي من بعدهما لجان المقاومة الشعبية، وهو تنظيم نشأ بدعم من السلطة الفلسطينية. ولكن حماس تبنته قبل أن ينضم لمعسكر حركة الجهاد ليكون محسوبا على الفصائل الإسلامية برغم أن معظم أعضائه وقياداته الحالية وعلى رأسهم أمينه العام كمال النيرب(أبوعوض) يتبنون فكرا وسطيا في معظمهم، وذلك علي عكس الفصيل الرابع في المجموعة الذي يقوده زكريا دغمش (أبوالقاسم) وهو ألوية الناصر صلاح الدين المنشق أساسا عن اللجان بعد استشهاد مؤسسي اللجان أبو يوسف القوقا وجمال أبو سمهدانة، وهذا التنظيم يعد محسوبا علي حماس تدريبا وتمويلا عكس اللجان القريبة من الجهاد.

أما الفصيل الخامس في هذه المنظومة الإسلامية فهو جيش الإسلام وهو أيضا فصيل محسوب على حماس ومنشق عن لجان المقاومة ويقوده ممتاز دغمش(أبومحمد) وشارك مع حماس واللجان في عملية تبديد الوهم التي جري خلالها أسر العريف جلعاد شاليط، ولكنه تورط بعد ذلك في أعمال عنف داخلي سواء

قبل سيطرة حماس على غزة في منتصف يونيو2007 أو بعدها، وأشهر تلك الأعمال قيامه باختطاف الصحفي البريطاني آلان جونستون واحتجازه عدة شهور، ودخل مؤخرا في مواجهة مع حماس نفسها حيث اتهمها علنا بأنها لم تطبق

شرع الله وخاض ضدها صراعا مسلحا غير متكافيء لأن عدد أعضائه محدود وبينهم بعض الأجانب، من بعض الدول العربية، تسللوا للقطاع خلال عمليتي كسر الحدود في أواخر عام2005 وبداية عام2008.[116]

بالنسبة لفتح فإن انقساماتها الداخلية يعرفها القاصي والداني، وسببها الرئيسي هو رحيل القيادات التاريخية ووفاة الرئيس الرمز ياسر عرفات(أبوعمار) آخر الشخصيات الكاريزمية بدون وضع هيكل سليم للحركة، مما فتح الباب لصراع سلطة بين الحرس القديم والجيل الأصغر، نجحت أطراف خارجية في استغلاله من خلال بعض الشخصيات لإضعاف الحركة وإخراجها من منظومة الكفاح المسلح، مما سمح بتقوية حماس والفصائل الأخرى خاصة مع تفشي الفساد في فترة حصار أبوعمار.

وعلى النقيض من فتح فإن حماس ما زالت تظهر أمام العالم بمظهر التنظيم المتماسك الذي يعلو فيه صوت الكل على صوت الفرد، ولكن ذلك لايمنع من وجود معسكرات متضاربة بداخلها وأخطرها سيطرة العسكريين من قادة كتائب القسام على آليات صنع القرار وتراجع دور السياسيين خاصة بعد خضوع غزة للحركة في يونيو2007، وغياب جيل القادة التاريخيين باستشهاد الشيخ أحمد ياسين والدكتور عبد العزيز الرنتيسي والمهندس إسماعيل أبوشنب. وإذا كانت هذه هي الصورة المبسطة للانقسام الداخلي الفلسطيني والذي لم ينج منه أي تنظيم أو مستوى تنظيمي، فالمنطق ينبؤ بأنه لن يتلاشى بسهولة لأنه أصبح متجذرا وعميقا في الثقافة السياسية، وكل حل يتم التوصل إليه سيكون مؤقتا، فالخلافات تبدأ من الأيديولوجيا، وتمتد إلى الاستراتيجية والرؤية وطريقة التعامل.

ولكن الشيء الأخطر من كل ذلك هو أن المنتفعين من وراء الانقسام باتت أعدادهم هائلة ولايمكن إخراجهم من المنظومة بمجرد قرار. ولذلك فالخطوة الأولى في أي حوار يجب أن تبدأ من داخل التنظيمات بأن تحيد أولا عناصرها الأكثر تشددا أو الأكثر فسادا وبعدها تتخلى عن التنظيمات الدمى التي تحركها حتي لا يقوى عودها وتبحث هي الأخرى عن دور لم تخلق أصلا له.[117]

نظم مركز معلومات وإعلام المرأة الفلسطينية وعلى شرف الثامن من آذار يوم المرأة العالمي ندوة بعنوان "أثر الانقسام الفلسطيني الداخلي على المرأة الفلسطينية" حضرها جمهور غفير من الفعاليات الشعبية المختلفة. وتضمن تدخل د. هدى حمودة مسألة خطورة الانقسام الفلسطيني من حيث أنه أخطر ما واجهه الشعب الفلسطيني والحركات السياسية بعد نكبة 1948م على الإطلاق. وهو طعنة موجهة لقلب الجماهير العربية، فالانقسام الفلسطيني عدا عن كونه هدية مجانية لإسرائيل حقق لها ما لم تستطع تحقيقه في العقود السابقة.

فقد أضر كثيراً بالشعب الفلسطيني وقضيته الوطنية لما له من آثار خطيرة على المستوى السياسي والديمغرافي والاجتماعي والاقتصادي والقانوني والنفسي للشعب الفلسطيني بشكل عام وللمرأة الفلسطينية بشكل خاص.

وقامت د. هدى بتحليل الآثار السلبية للانقسام الداخلي الذي ترك آثاره على وضعية المرأة الفلسطينية وعلى مستوى الأسرة والمجتمع. وجعل المرأة طرفاً ضعيفاً لا تستطيع تفادي النتائج الكارثية للانقسام والخسائر الناجمة عنه؛ لأن الظلم عندما يقع من الخارج فإن المجتمع يستجمع قواه للمواجهة، ولكن حينما يكون من الداخل، تصبح المشكلة أصعب وأخطر وهو ما يتجلى في تأثير الانقسام على المرأة والأسرة والمجتمع.

وعلى انهيار القيم الأخلاقية القائمة على تقديس العائلة، وانتشار ظاهرة عدم المسؤولية والنوايا السلبية لدى الأفراد. وهي عوامل خطيرة على البناء النفسي والاجتماعي وتأثيراتها أشد خطراً على الأجيال القادمة من العيش تحت ظروف الاحتلال والحصار.

لقد جرّ الانقسام السياسي مجموعة من الانقسامات المتعددة التي تهدد هوية الشعب الفلسطيني مثل انهيار البنية الاجتماعية التي تلزمها أجيال متتالية لكي تستطيع إعادة إصلاحها.

وأوضحت د. هدى حمودة توضيحات عن معدلات العنف ضد المرأة بعد الانقسام الداخلي وقد تجلت مظاهر هذه الزيادة في ارتفاع عدد حالات القتل على خلفية الشرف، وتزايد معدلات العنف الجسدي والنفسي التي تتعرض له المرأة من قبل أفراد الأسرة ويعتبر الخوف

والقلق وعدم الشعور بالأمان من مظاهر العنف الذي تتعرض له المرأة وكذلك الخوف على الأبناء أو الزوج من الاعتقال بسبب الانتماء السياسي. وإذا أضفنا إلى كل ذلك استغلال إسرائيل لحالة الانقسام بتصعيد ممارستها العدوانية على قطاع غزة وتواصل الإغلاق وإحكام الحصار وما يترتب على ذلك من تدمير للمنازل وتشريد النساء وحرمانهن من أبسط حقوق الإنسان في العيش بأمان.

وقامت د. هدى حمودة بعرض نتائج دراسة بحثية حديثة للمركز حول أثر الانقسام الداخلي على المرأة وكانت النتائج مايلي:

85% من أفراد العينة ذكرن أنهن يعانين من أمراض القلق والاكتئاب والغضب والعصبية الزائدة، ثم بينت الآثار النفسية السلبية على المرأة فـ75% يشعرن بعدم الأمان الشخصي أو العائلي، و86% يعانين من عدم القدرة على التركيز، 64% من العينة التي عليها البحث يعانين اضطرابات جسدية مثل اضطراب النوم، الصداع، فقدان الشهية للطعام، فقدان الرغبة العاطفية أو الجنسية.

وأعلنت 62% من أفراد العينة بأن الانقسام قد تسبب في حدوث مشاكل عائلية داخل أسرهم، وأجابت 19% من أفراد العينة أن الانقسام أدى إلى قطع الصلات العائلية نهائياً، بينما أفادت 20% أنها وصلت حد استخدام العنف أو التهديد.

71% من أفراد العينة أفدن أنه أصبح للانتماء السياسي لفتح أو حماس تأثير كبير في اختيار الزوجات والأزواج، أجابت 87% من أفراد العينة أن الحالة النفسية لأفراد عائلاتهم تأثرت جراء الانقسام وتداعياته.

68% من أفراد العينة قالوا أن علاقات أطفالهم مع زملائهم في المدارس وأصدقائهم قد تضررت جراء الانقسام الداخلي، 86% من أفراد العينة قلن أن أسرهن تأثرت سلباً من الناحية المالية في هذا الصراع. 48% من أفراد العينة قالوا أنهم يفضلون الهجرة للخارج إذا سنحت لهم الفرصة وأعلن 60% أنهم متشائمون حيال المستقبل.

وحذرت د. هدى حمودة من هذه النتائج" الكارثية" على مستقبل الأجيال في المدى المتوسط والبعيد وقالت أن الجميع مطالب بلا استثناء أن يطرقوا جدران الخزان من الداخل بكل قوة ليحذروا من الأخطار المحدقة بالنسيج الاجتماعي والهوية الوطنية للشعب الفلسطيني والتي تحتاج إلى جهود مضنية وطويلة لإصلاح الخلل الذي حدث في نفوس وعقول الأجيال الشابة وأن مطالبة المرأة أن تأخذ دورها في تعزيز ثقافة التسامح وتعزيز السلم الأهلي بين أبنائها يتطلب إنهاء الانقسام فوراً وإلاّ ستظل هذه الدعوات كطلقات في الهواء[118].

التساؤلات التي تدور في خلد من يراقب هذه الصورة المأساوية التي تعكسها هذه البيانات:

هل جذر الانقسام الفلسطيني سياسي أم اجتماعي؟ وهل الفلسطينيون منقسمون اجتماعيا قبل انقسامهم سياسيا؟ أم أن الانقسام السياسي أدى إلى الانقسام الاجتماعي؟ وإذا كان الأمر كذلك ألهذا الحد بلغت البنية الاجتماعية الفلسطينية من الترهل والسوء مبلغا لا يمكن تخيله أو تحمله؟ ألهذا الحد كان العامل السياسي طاغيا في تشكيل الاجتماعي؟

أم أن سبب هذا الانقسام هو ترهل واهتراء البنيتين الاجتماعية والسياسية معا؟ وأين المجتمع المدني الفلسطيني الذي تشكل إبان تأسيس السلطة الوطنية وشهدنا فيها بزوغا لهذه المؤسسات المدنية وأخذت على عاتقها نشر القيم الديمقراطية وقيادة التحول الديمقراطي ومراقبة أداء النظام السياسي، فما فائدتها إذا كانت المحصلة صفرا؟

من الصعوبة بمكان دراسة العمل السياسي بدون الأخذ بعين الاعتبار العوامل الاجتماعية، لذا فإن هذه التساؤلات تقع ضمن اختصاص علم الاجتماع السياسي. ومن هنا فإن اكتشاف الضعف والترهل في الواقع الحالي يتطلب قراءة هذا الواقع من منظور علم الاجتماع السياسي الذي يربط بين الوقائع السياسية بعضها بالبعض الآخر، ويربط بين هذه الأخيرة والوقائع غير السياسية، سواء أكانت هذه الوقائع اجتماعية أو اقتصادية أو دينية أو أخلاقية أو ثقافية. فالتأثير بين المجتمع والنظام السياسي، بين البنى الاجتماعية والمؤسسات السياسية هو تأثير حتمي لا فكاك منه، لأن الواقعة السياسية هي واقعة اجتماعية، وأن المجتمع "كل" يتكون من مجموعة من العناصر التي يعتمد بعضها على البعض الآخر، فهذه العناصر لا تكون لوحدها عوالم منغلقة ومنعزلة بعضها بالنسبة إلى البعض الآخر..

وفي ضوء هذه الرؤية المنهجية التي يتعين قراءة هذه البيانات من خلالها. يمكن القول أن هذا الانقسام طال أهم بنيتين اجتماعيتين وهما: الأسرة والمدرسة. فقد لعبت الأسرة الفلسطينية دورا بارزا في التنشئة السياسية، فتفجير الانتفاضة الأولى عام 1987 من شباب وأطفال الحجارة ليس إلا تعبيرا عن الأسرة الفلسطينية وبدورها في التنشئة السياسية التي حافظت على الهوية القومية للطفل الفلسطيني بعد أن زيفت سلطات الاحتلال الإسرائيلي كل المقررات الدراسية، ونزعت منها أي بعد قومي، وبعد أن ركنت سلطات الاحتلال إلى أن الجيل الجديد نشأ وتربى في ظروف ستجعله أقل مقاومة ورفضا للاحتلال، إذا بها تفاجئ الأسرة الفلسطينية وقد أخرجت لهم جيلا أقوى وأصلب وأقدر على المقاومة.

ولم يكن ذلك إلا برهانا قويا على أن دور الأسرة في التنشئة السياسية يمكن أن يكون هو خط الدفاع الوحيد أمام الشعوب والأمم في مراحل معينة من حياتها السياسية. وهنا تبرز التساؤلات في ضوء البيانات السابقة التي تبين ضعف الأسرة الفلسطينية وتراجع دورها: لماذا تأثرت الأسرة بهذه السرعة بالانقسام السياسي؟ ولماذا أصابها الانقسام والفرقة والتناحر؟ [119]

ألهذا الحد بلغت الأسرة مبلغا من الضعف والترهل ؟! ألهذا الحد كانت غير محصنة ومخترقة سياسيا؟! لماذا فقدت دورها في أن تكون حاضنة ومصدر أمنٍ

وأمان لأبنائها في الوقت الذي يفتقدون فيه للأمن النفسي والاجتماعي في ظل الاحتلال الصهيوني الإحلالي؟ ولماذا فقدت الأسرة هذا الدور الذي لطالما كانت سداً منيعاً في السابق وحصنا دافئا لأبنائها؟

تشير البيانات أيضا إلى أن الانقسام طال طلبة المدارس والجامعات، ومن المعروف أن المدرسة هي البيئة الثانية التي يواجه فيها الفرد نموه وإعداده للحياة المستقبلية، ويأتي دورها بعد دور الأسرة حيث إن دورها لا يكتمل إلا بما تضفيه المدرسة من مبادئ تسهم في تشكيل شخصية الفرد، وذلك بما تحتوي عليه من المناهج وما يدرسون من المواد، وعن طريقها يستكمل المواطن ما بدأته الأسرة من تربية وتعليم. وهكذا تلعب المدرسة في الإعداد السياسي للنشء دورا مكملا للأسرة.

واقع الحال وتأثر المدرسة والجامعة بالانقسام الفلسطيني يؤكد أن هذه المؤسسات لم تكن محصنة كما يجب، بل كانت سهلة الاختراق وسهلة التأثير فيها وإقحامها في غياهب الصراعات الداخلية: فأين المؤسسة التعليمة؟

أين النظام التعليمي الفلسطيني؟ أين المناهج الفلسطينية الحديثة التي شرعتها السلطة الفلسطينية واحتوت قيماً سياسية من قبيل العدل والتسامح والمساواة وحقوق الإنسان والحرية والديمقراطية؟ أين المؤسسات الفلسطينية المستقلة؟ ولماذا عجز الفلسطينيون عن تشكيل بنى مستقلة تتوسط بين النظام السياسي والعائلة وتكون حصنا منيعا وإطارا حاميا من توغل الاستبداد السياسي وعند انهيار النظام السياسي؟[120]

يعاني الواقع الفلسطيني اليوم من المشكلات التي تراكمت تاريخيا وأحدثت تفككا وترهلا في المجتمع والنظام السياسي معا معطوفا على انهيار أخلاقي وقيمي، فعندما يجرؤ فلسطيني على قتل أخيه الفلسطيني فنحن أمام انهيار أخلاقي وقيمي وليس انهيارا سياسيا فحسب.

ومنه اهتزاز الثوابت الأخلاقية التي تمثل المرجعية العليا وضمير الجماعة ومعايير السلوك التي تحدد ما يجب أن يكون عليه هذا الأخير، فهذا مؤشر على عقم واهتراء كل المؤسسات الفلسطينية ابتداء من الأسرة مرورا بالمدرسة والجامعة وانتهاء بالحزب السياسي، وتصبح هذه التشكيلات غير قادرة على التعامل مع الواقع وضبطه وتقنينه.

فلا غرو والحالة هذه أن تكون النتيجة هي أن يمر المجتمع السياسي بحالة من الفوضى، مما يمهد الطريق إلى البحث عن مطلقات وثوابت أخرى تكون قادرة على أن تضبط واقع الاجتماع السياسي، فما يجري اليوم هو تيه وجهل سياسيين، نتيجة أن الأنساق الفكرية والفلسفية والبنى الاجتماعية والسياسية تعرضت

للاهتزاز. ويتحمل مسؤولية الوصول إلى هذا الوضع كل من ساهم في تلك الحالة أو وافق عليها أو لم يعترض عليها أو تواطأ معها، وهي مسؤولية تاريخية مستمرة مهما مضى من الزمان، والكل يتحمل المسؤولية بمقدار وظيفته ودوره في البناء الاجتماعي والوطني.

فبعد أن أثبت التاريخ أن لا وحشية الاحتلال الصهيوني وجبروته استطاع أن يلغي الشعب الفلسطيني أو يضعف انتمائه لوطنه، ولكن وصول الوضع الفلسطيني إلى حد التفكك سوف ينعكس على حالة الانتماء هذه، وبخاصة أن البيانات المذكورة أعلاه تؤكد أن نسبة

الهجرة هي نسبة عالية وسوف تزداد إذا بقي الوضع على حاله، واستمر انشطار العقل السياسي والبناء الاجتماعي، وسيُهزم وطن أمام سياسات فاشلة وعصبوية اجتماعية قاتلة، فضلا عن الانقسام السياسي بين قطبي النظام: فتح وحماس. كل ذلك يأتي في ظل انحسار اليسار الفلسطيني، وضعف التشكيلات السياسية الأخرى، وأخيرا الدور الضعيف وغير المؤثر للمنظمات الأهلية وباقي تشكيلات "المجتمع المدني الفلسطيني".

وعليه لا مراء والحالة هذه أن البنيتين الاجتماعية والسياسية تعيش حالة اهتراء وخواء، وأن كلا البنيتين في حالة تفكك مستمر فضلا عن تآكلهما.[121]

الحرب على غزة
والمحرقة

إن التحدي الذي ستواجهه القوات الإسرائيلية في غزة يطغى عليه شبح هزيمة حرب صيف 2006 ضد حزب الله الشيعي في لبنان، عندما واجه الجيش الإسرائيلي قوات مدربة بشكل ممتاز ومتمرسة في حرب الشوارع.

وإسرائيل بقدر هزيمتها الشنيعة التي تلاحقها رغم جيشها المدجج بجميع أنواع الأسلحة البرية والجوية فإنها تزداد فظاعة وتهجما ومضيا في همجيتها ووحشيتها في مقاتلة الأبرياء المدنيين من النساء والأطفال لا يردعها قانون ولا يردها موقف معارض من المجتمع الدولي، وتتجلى هذه الغطرسة في حشد إسرائيل الدبابات على طول الحدود مع قطاع غزة التي تمتد على ستين كيلومترا، وحشدها لأكثر من 9 آلاف جندي احتياط للمشاركة في هجوم بري.

ولم تكتف بذلك بل حذر وزير الدفاع إيهود باراك مرارا من أن الدولة العبرية قد تلجأ إلى شن هجوم بري إذا اقتضت الحاجة.

وحذر رئيس جهاز شين بيت (الأمن الداخلي) يوفال ديسكين من أن الجيش سيواجه صواريخ متطورة مضادة للدروع وألغاما ومكامن وخنادق ومواقع شديدة التحصين يتولاها ناشطون ومقاتلون تلقوا تدريبات قوية.

يقول أنبار أن الجيش يجب أن يكون على الأرض ليوقف إطلاق الصواريخ، وهذا يعني أن على إسرائيل اجتياح مناطق مكتظة في غزة ومخيمات لاجئين حيث ستكون القوات الإسرائيلية في موقع ضعف وحيث سيعلق آلاف المدنيين في وسط القتال.

ويضيف انبار: "لا خيار آخر سوى استخدام القوات البرية. ليس بالضرورة أن يكون اجتياحا واسع النطاق، بل تكفي ربما بعض الوحدات الخاصة وبعض التوغلات المحدودة، لكن على الجيش أن ينشر قوات على الأرض". ويقول أن "القتال في مناطق مأهولة أكثر تعقيدا ويجب توقع بعض النكسات."

وأدى آخر هجوم كثيف لإسرائيل على قطاع غزة، الذي أتى بعدما خطفت مجموعات مسلحة فلسطينية الجندي جلعاد شاليط في يونيو/حزيران 2006، إلى مقتل أكثر من 400 فلسطيني وثلاثة جنود إسرائيليين.

لكن الهجوم البري الحالي على غزة قد يؤدي إلى حصيلة أكبر من ذلك بكثير في الجانبين، على ما يحذر الميجر جنرال في الاحتياط ياكوف اميدرور.

ويوضح أن: "الجيش الإسرائيلي يجب أن يستخدم قوة كبيرة، والثمن سيدفعه سكان غزة المحليون، لأن إسرائيل تشن حربا على قوة تمتلك أسلحة متطورة ومتحصنة بشكل جيد."

ويضيف أن: "قوات الدفاع الإسرائيلية ستضطر إلى استخدام قصف أعنف وآليات مدرعة، الأمر الذي سيتسبب في سقوط ضحايا أكثر بكثير في الجانب الفلسطيني وفي صفوفها كذلك[122]."

إن إسرائيل ليست بحاجة إلى شهادة من أحد على ما ترتكبه من جرائم وما تقوم به من عربدات وممارسات خارجة عن القانون الدولي، بل هي تحتل المرتبة الأولى على هذا الصعيد، وهي ربما أول من دخل كتاب "غينيس" من حيث عدد ما ارتكبته من جرائم وأعمال وأفعال خارجة عن القانون الدولي، وهي بأعمالها الإجرامية والبربرية هذه تجد دائماً من يشكل لها حاضناً ومدافعاً وحامياً من أية عقوبات قد تفرض عليها جراء تلك الجرائم والأفعال. فأمريكا وأوروبا الغربية كانتا دائماً تختلقان الحجج والذرائع لما تقوم به إسرائيل من جرائم وممارسات همجية ووحشية ومخالفة للقانون الدولي بحق المدنيين العزل، في ازدواجية وتعهير واضحين للمعايير والقوانين الدولية وانتقائية في التطبيق. ولعل المثال الساطع والواضح في هذا المجال هو ما ارتكبته إسرائيل من جرائم في حربها العدوانية على قطاع غزة في كانون أول/2008، حيث استخدمت الأسلحة المحرمة دولياً، وقتلت الأطفال والشيوخ والنساء من المدنيين العزل، واستباحت كل شيء ولم توقر لا مستشفى ولا مسجد ولا مدرسة، حتى مقرات الأمم المتحدة تم قصفها وتدميرها. ورغم أن تقرير هيئة الأمم المتحدة أو ما عرف بتقرير غولدستون أدان إسرائيل بتلك الجرائم، إلا أننا وجدنا أمريكا ودول أوروبا الغربية، استخدمت كل ثقلها ونفوذها لمنع تلك الإدانة أو إحالة التقرير إلى مجلس الأمن الدولي من أجل محاكمة قادة إسرائيل وجلبهم للمحاكم الدولية بتهم ارتكاب جرائم حرب.

إن هذه الاستباحة والخروج عن القانون الدولي والفرعنة غير المسبوقة والصلف والعنجهية ليست نتاج الدعم اللامحدود الذي تتلقاه إسرائيل من أمريكا وأوروبا الغربية فقط، بل هو نتاج حالة ضعف وانهيار عربي شامل لم يرتق ولو مرة واحدة إلى مستوى الحدث، بل في أكثر من مرة كانت دول النظام الرسمي ليس فقط في موقف المتفرج، بل أيضا الداعم والمؤيد لما تقوم به إسرائيل من جرائم وممارسات خارجة عن القانون الدولي والإنساني. وكلنا يستذكر جيداً مواقف

العديد من دول النظام الرسمي العربي إبان الحروب العدوانية التي شنتها إسرائيل على لبنان في تموز/ 2006 وقطاع غزة كانون أول/2008، كيف شكلت دعماً وغطاءً لإسرائيل في مواقفها المنتقدة للمقاومة لكي تستمر وتتمادى في عدوانها[123].

كتب المحلل السياسي الإسرائيلي آلوف بن يوم 2009/12/04 في صحيفة جيروزالم بوست أن "المجتمع الدولي بقيادة الولايات المتحدة ومصر يمنح إسرائيل الوقت لإكمال هجمتها البرية على غزة من أجل إضعاف نظام حماس إضعافا مزمنا". وأنهى الكاتب الإسرائيلي تحليله بغبطة قائلا "إن الدعم المصري غير المتوقع لإسرائيل في صراعها مع حماس كان مفاجأة سارة لإسرائيل، طبقا لدبلوماسيين إسرائيليين".

وفي صحيفة نيويورك تايمز كتب الكاتب الصهيوني ولسان المحافظين الجدد الأميركيين وليام كريستول في اليوم ذاته، مطمئنا أحباء إسرائيل في أمريكا أن خسارة إسرائيل في لبنان على أيدي حزب الله عام 2006 لن تتكرر في غزة على أيدي حماس.

والأسباب ثلاثة بحسب كريستول "فجنوب لبنان منطقة جبلية يحدها شمال لبنان والأرض السورية التي يستطيع حزب الله التزود منها بالسلاح من سوريا ذاتها ومن إيران، أما غزة فأرض منبسطة تحدها إسرائيل والبحر ومصر، فلا يوجد صديق لحماس".

وهكذا رضيتْ القيادة المصرية أن تتساوى مع المحتل الإسرائيلي الغاشم ومع أمواج البحر الصماء. في انعدام الإحساس الإنساني بمأساة غزة وأهل غزة، كما رضيتْ بأن يقوم الجيش المصري المجيد -الذي كان في الأيام الغابرة رأس الحربة في التصدي لإسرائيل- بدور المساند للجيش الإسرائيلي.[124]

فالقيادة السياسية المصرية اليوم شريك أصيل في المذبحة الدائرة في غزة، حقدا على حركة حماس، واستهتارا بالدم الفلسطيني، وإرضاء للإسرائيليين والأميركيين...... رحم الله الأيام الخوالي التي كان الجيش المصري يتحرك فيها لتحرير فلسطين، وكانت القيادة المصرية تحاصر إسرائيل بالدبلوماسية الدولية النشطة في مؤتمر باندونغ وغيره. فلا أحد يريد هذا اليوم ولا يطمح له. إن ما نريده اليوم هو فتح معابر غزة مع مصر، وهي الشريان الوحيد الذي يستطيع سكان غزة التنفس منه، وتضميد جراحهم، وشراء قوتهم، واستقبال ما يجود به الضمير العربي والإنساني من فُتات.

إن الاستمرار في إغلاق هذه المعابر جريمة حرب في القانون الدولي الذي يلزم الدول بفتح حدودها أمام ضحايا الحروب، وهو فضيحة في العرف الإنساني الذي يلزم بنصرة المظلوم، وإطعام الجائع، ومداواة الجريح، بغض النظر عن الدين

والعرق والوطن. فإذا لم يتم فتح هذه المعابر اليوم، فلتبك البواكي على مصر، لا على غزة.[125]

تعيش الأمة الإسلامية والعربية ومعهما أحرار الإنسانية، حالة بالغة من الكمد والغضب وتفتّت الأكباد واحتراق الضمائر والقلوب وتصاعد النقمة على كل صاحب سلطة يضن بها عن الاستخدام للوقوف مع أهل غزة، كفّا لانفلات أعتى جيوش المنطقة تسليحا وفتكا وتوحشا بلا قيود ولا حدود، بعد سنتين من الحصار الخانق، فكانت عملية ذبح جبانة بلا حتى تذكية، ومجزرة مفتوحة مستباحة تكومت فيها جثث القتلى والجرحى بالمئات في يوم واحد، بما لا نظير له في أعتى حروب العصر.

يغلي الغضب في القلوب والرؤوس وينفجر في الشوارع من أستراليا إلى جنوب أفريقيا نقمة على أصحاب السلطان المتربعين في مجلس الأمن والمنظمات الدولية الذين لا يحركون ساكنا لوقف المجزرة، بل زعيمتهم المشجع الأكبر، وألعن منهم حكام العرب الجاثمون على صدور 300 مليون عربي، لم تذكرهم مجزرة غزة المنقولة إلى مخادعهم ليل نهار بإعمال اتفاقية الدفاع المشترك لتوجيه إنذار إلى الكيان الصهيوني المعربد في مخيمات غزة يكوم الجثث ويدمر كل ما تبقى من مقومات الحياة، أن يكف عربدته حتى لا يتعرض لانتقام جيوش تعدادها بالملايين، واستهلك تسليحها مئات المليارات، أوليس ليوم كريه مثل هذا تُعد الجيوش!؟[126]

لم يكتفوا بالصمت الذليل إزاء مجزرة غزة الرهيبة، لم يقدموا على قطع علائق الفضيحة التي أقاموها من وراء ظهر الشعوب سرا وعلانية مع الكيان الغاصب دبلوماسيا واقتصاديا وثقافيا.

لم يقدموا على فك الحصار عن غزة وليس بينهم وبينها غير سور من الجبن والنذالة أقاموه، مشاركين نهارا جهارا في تجويع غزة في تحد سافر لشعوبهم، بلا أدنى فرق بينهم وبين الصهاينة، يتقدم ركب خزيهم في ذلك كبيرهم وريث فضيحة كامب ديفد البغيض.

لم يكلفوا أنفسهم حتى عناء المسارعة بالاجتماع ليعلنوا ولو مجرد بيان من بياناتهم الاستنكارية المعتادة، بل ظلوا يماطلون ويتحركون وكأنهم جلاميد صخر بلا إحساس ولا ضمير، حدّدوا موعدا لاجتماع وزرائهم ولكن بعد خمسة أيام من اندلاع الحريق، حتى يعطوه الوقت الكافي للإتيان على كل شيء، حتى كان وزراء خارجية أوروبا أسرع منهم تلاقيا، إذ قرروا اللقاء يوم الثلاثاء بينما وزراء العربان لم يجدوا في جدول أعمالهم فراغا قبل يوم الأربعاء.[127]

صرّح الدكتور فتحي يكن إبان الحرب الصهيونية الشرسة على قطاع غزة وقال: "إن الملحمة البطولية التي سطرتها المقاومة في غزة تعتبر انتصارًا غير مسبوق على الآلة العسكرية "الإسرائيلية" المتوحشة التي استخدمت فيها الدولة العبرية كل أسلحة الإبادة والتدمير؛ ستحدث متغيرات في الواقع الفلسطيني والعربي والدولي". وشدد قائلاً: "في الواقع الفلسطيني ستنطوي إلى غير رجعة خيارات الأمر الواقع وسياسات التنازل وازدواجية السلطة والحكم؛ مما يؤدي إلى وحدة الصف الفلسطيني ويؤسِّس لقيام دولة فلسطينية سيادية".ويقول أيضا: "وفيما يتعلق بالواقع الدولي فإن صمود وانتصار غزة على قلة العديد والعتاد، ومن قبله انتصار تموز (يوليو) في لبنان العام 2006م، سيُسقط قاعدة اعتماد هيمنة الدول العظمى على العالم بقوة السلاح والجيوش الجرارة والميزانيات العسكرية القياسية التي أصابت من الاقتصاد الأمريكي مقتلاً، وسيؤسِّس لقيام نظام دولي يحقق السلام العالمي الحقيقي ويحفظ التوازن والعدل بين الشعوب جميعًا".[128]

وهنا لا نغفل عن قراءة أبعاد المخطط الصهيوني الساعي إلى الانقسام الفلسطيني وعدم تسليح منطقة غزة بعد حصارها قصد إخضاعها للاحتلال مستفيدا من الحملة الشرسة ضد حركة حماس وطنيا وعربيا ودوليا. من هذا المنطلق، قد نفهم الهستيريا الدبلوماسية التي تقودها ليفني وزيرة الخارجية وزعيمة حزب كاديما، في العواصم الأوروبية وفي واشنطن تحت قصف الآلة العسكرية الإسرائيلية، فهي لم تكن تسعى إلى مجرد تعبئة المساندة لمبررات العدوان وأهدافه الظاهرة المعلنة؛ لأنها موجودة بالفعل. ولكنها كانت تسعى إلى حشد مساندة جديدة لباقي خطوات الاستراتيجية الإسرائيلية، ألا وهي قطع ما تبقى من أواصر ومصادر المساندة الإقليمية لخيار المقاومة الفلسطينية. وتعددت السبل الإسرائيلية، سواء من حيث الرعاية عن بعد أو قرب لمهزلة القمم العربية المتوالية، وكذلك إحراج بل إسقاط المبادرة المصرية، أو بعقد مذكرة التفاهم أو الاتفاقية بين إسرائيل والولايات المتحدة لضمان منع تهريب الأسلحة إلى غزة، التي هي في الواقع نوع من الاحتلال العسكري الناعم عبر البحار والمحيطات والأجواء المحيطة بأراضينا، بل على أراضينا ذاتها.

يبقى أن خيار المقاومة ضد المحتل إذا خضع لحسابات المصالح التقليدية التي تجريها الدول لن يكون خيار مقاومة بالأساس؛ لأن المفترض أن قوة الاحتلال هي الأقوى ماديا وعسكريا، وفي المقابل إذا خضع خيار المقاومة لحسابات القوى الإقليمية المحيطة، سواء المساندة أو المضادة، لن يكون أيضا خيارا للمقاومة؛ ولذا عار على من يتهم حماس كما اتهم حزب الله ـ بأنها أوراق لعب في يد السياسة

الإيرانية تجاه المنطقة؛ ذلك لأن إيران مصدر مساندة لخيار المقاومة، في وقت تخلت فيه النظم العربية عن هذه المساندة كما يتطلبها أصحابها وليس كما تريد أن تفرضها هذه النظم.

ومن الطبيعي أن يكون للقوى الإقليمية مثل إيران حساباتها حول كيفية تحقيق مصالحها، لذا عار شديد على من يحاول الدفاع عن تآكل دور مصر في مساندة "القضية الفلسطينية" باتهام إيران بأنها مسئولة عن الاضطراب الإقليمي وباتهام حماس أنها مسئولة عن اندلاع الحرب أو أنها غير ذات شرعية (كسلطة وليس حركة مقاومة) أعطت "بانقلابها في غزة" الفرصة لإسرائيل لتبرير عدوانها. كما أن من يعتقد أن أمن مصر ينحصر في حدودها تجنبا لمؤامرة جديدة مثل 1967 لجرها إلى حرب، أو أن أمن مصر يتحقق بإحكام الحصار على غزة؛ ذلك لأن أمن مصر تاريخيا لم يتحقق إلا في نطاق إقليمي أوسع من حدودها، فذلك هو دورها، بل مصيرها كأكبر دولة عربية، ولهذا فإن صمود غزة شعبا وفصائل مسلحة وتداعياته السابق شرحها هو نتاج حسابات حركات مقاومة ذات رؤية حضارية تريد هز دعائم أوضاع قائمة ظالمة وغير عادلة فرضتها قوى عسكرية ودبلوماسية غاشمة كأمر واقع. إن ما تحقق من صمود للمقاومة في غزة وما حازته من مساندة شعبية عربية وإسلامية وعالمية إنما هو تجديد لروح المقاومة وتنامي الإحساس بالحاجة إليها كسبيل للتخلص من الاحتلال الإسرائيلي للضفة وغزة، ومن ثم لإعلان دولة فلسطين أو للتخلص من الكيان الصهيوني. وإن المقاومة سبيل أيضا لنهوض حضاري للأمة العربية والإسلامية التي لم تتخلص بعد من قبضة الحكم الاستبدادي لحكوماتها. فالمقاومة الحضارية متعددة المستويات، وكل له وظيفته ودوره وسياقه، وما أحوج الأمة كلها لشحذ وحفز طاقات "المقاومة" كلها، ولعل هذا هو الدرس الذي قدمه صمود مقاومة غزة - وندعو الله أن يدعم هذا الصمود -للشعوب العربية والإسلامية، إن الأمة بجميع شرائحها في حاجة لمقاومة روح الانهزام واليأس والاستسلام، وذلك من خلال طرق غير تقليدية في الحسابات والتفكير والحركة. إلا أن هذه السبل غير التقليدية للتفكير الإستراتيجي تحتاج لتضافر القدرات الفكرية والسياسية والإعلامية الرافضة للأوضاع القائمة بكل قيودها وضغوطها لتصميم خطط استراتيجية للعمل الشعبي والمدني من أجل مقاومة حضارية شاملة، وفي قلبها مقاومة المشروع الصهيوني.

حصار غزة وتداعياته
السياسية

تعتبر غزة منطقة استراتيجية من حيث موقعها المحادي للأراضي المحتلة لعام 1948م وهي محاطة بسياج أمني يراقب حركة مرور الفلسطينيين العاملين ويتم ذلك من خلال المعابر المتواجدة على الجوانب. المساحة الكلية 360 كلم2 ويصل عدد السكان 1.443.814 نسمة، وهي منطقة فقيرة ونسبة البطالة فيها عالية جدا تصل حدود 40 بالمائة وتصل نسبة السكان تحت خط الفقر 70 بالمائة.

كانت بداية المقاومة الجديدة بانتفاضة الأقصى التي بدأت في 28 ستمبر 2000م إعلانا للعدو الإسرائيلي بفرض إغلاق تام على منطقة غزة، خففته إسرائيل لاحقا إلى إغلاق جزئي بقي مستمرا طوال أعوام الانتفاضة أغلق بموجبه الممر الأمني الذي يربط القطاع بالضفة الغربية تماما، وقلصت ساعات عمل معابر القطاع الستة وأيام عملها بشكل كبير، مما أدى إلى تراجع عدد المسافرين وكميات البضائع التي تمر سنويا خلال هذه المعابر، فمعبر رفح الذي كان يعبره ما يقارب ال500 ألف فلسطيني سنويا قبل الانتفاضة أصبح ما يقارب ال197 ألف فلسطيني سنويا، أما معبر بيت حانون "إيريز" فقد تقلص معدل عدد العمال الذين يعبرونه من قطاع غزة إلى الأراضي المحتلة عام 1948م من 26.500 عامل فلسطيني يوميا في منتصف عام 2000م إلى 1000 عامل فلسطيني يوميا فقط في نهاية عام 2004. وبعد فوز حركة حماس في الانتخابات التشريعية وتشكيلها للحكومة الفلسطينية بتاريخ يناير 2006م شددت دولة الاحتلال من حصارها المفروض على قطاع غزة فمنعت دخول أي عامل فلسطيني إلى الأراضي المحتلة لعام 1948م وقللت من ساعات عمل المعابر وزادت أيام إغلاقها كما خفضت عدد الشاحنات المسموح بمرورها عبر معبر المنطار وهددت بقطع الوقود عن القطاع، وأوقفت تحويل العائدات الضريبية إلى السلطة الفلسطينية عن طريق تهديد الولايات المتحدة بمقاطعة البنوك التي تتعامل مع الحكومة الفلسطينية بأي شكل كان. قامت إسرائيل ومصر بفرض حصار خانق على قطاع غزة إثر سيطرة حركة حماس الكاملة عليه عقب أحداث الحسم العسكري في حزيران 2007، يشتمل على منع أو تقنين دخول المحروقات والكهرباء والكثير من السلع، ومنع الصيد في عمق البحر، وغلق المعابر بين القطاع وإسرائيل، وغلق معبر رفح المنفذ الوحيد لأهالي القطاع إلى العالم الخارجي من جانب مصر، وعلى إثر هذا الحصار قام الآلاف من الفلسطينيين في 23 يناير 2008م باقتحام معبر رفح المصري والدخول للجانب

المصري للتزود بالمواد الغذائية من مصر بعد نفاذها من القطاع، عبر في هذا الاقتحام ما يقرب من 750 ألف فلسطيني، وقد صرح الرئيس المصري حسني مبارك للصحفيين لدى افتتاحه معرض الكتاب السنوي في القاهرة: "أمرت قوات الأمن بالسماح للفلسطينيين بالعبور لشراء حاجاتهم الأساسية والعودة إلى غزة طالما أنهم لا يحملون أسلحة أو أي محظورات".

وعلى الرغم من هذا الحصار المفروض من دولة الاحتلال والمجتمع الدولي وانخفاض المساعدات الدولية بنسبة 40 بالمائة إلا أن الحكومة تمكنت من سداد ما يقارب من 60 بالمائة من رواتب موظفيها كما صرفت مساعدات عاجلة للعمال الفلسطينيين الذين منعوا من التوجه للأراضي المحتلة عام 1948م وللصيادين الذين منعهم الاحتلال من الصيد في بحر غزة لفترات متفاوتة، لكن ذلك لم يمنع من ارتفاع نسبة البطالة في قطاع غزة إلى مستويات قياسية فاقت ال50 بالمائة وارتفاع نسبة سكان القطاع الذين يعيشون تحت خط الفقر إلى ما يقارب ال65 بالمائة.

كان للحصار عواقب سلبية على سكان القطاع تجلت في جميع المستويات، فقد خسر قطاع غزة 26 مليون دولار، وأغلقت 3.190 من مصالحه أبوابها، فيما خسر 65.800 عاملا وظائفهم تاركين 450.000 دون معيل.

كان للحصار أثر سيء على حياة الصيادين بغزة الذين يعيشون من الصيد بحيث يعتمد على موارد الصيد حوالي 40 ألف مواطن فلسطيني في قطاع غزة، ووفقاً لنقابة الصيادين في غزة، يحتاج الصيادون إلى

40000 لترا من الوقود و 40000 لترا من الغاز الطبيعي كل يوم للتمكن من تشغيل القوارب خلال فصل الصيد، ففي عام 1990 وصل معدل صيد السمك إلى أكثر من 3000 طن، أما الآن فبالكاد يصل إلى 500 طن فقط بسبب الحصار الإسرائيلي على غزة.

وفي شهر نيسان من كل سنة تبدأ هجرة الأسماك من دلتا النيل إلى المياه التركية والتي من المعروف أن صيادي السمك الفلسطينيين يعتمدون عليها، ومع ذلك تحدد "إسرائيل" مدى ستة أميال فقط من شواطئ غزة للصيد مع العلم أن معظم قطيع السمك المهاجر يتواجد عادة على بعد عشرة أميال من الشاطئ، وعادة ما يتم الاعتداء على الذين تجاوزوا الحد بثلاثة أميال أكثر من 70 صياداً اعتقلوا السنة الماضية من قبل قوات الاحتلال يونيو 2008.

كما أن هناك أثر وحشي للحصار على المياه التي يبحر عليها الصيادون، فهي تتلوث بخمسين مليون لتر من المياه العادمة كل يوم وذلك لعدم وجود خيار آخر لتصريفها[129].

وقد سبب الحصار المفروض نقصا حادا في الأدوية والمستلزمات الطبية في المستشفيات ما أجبرها على تقليص عملياتها اليومية بنسبة 66بالمائة وتقليص عمليات غسل الكلى بنسبة 33 بالمائة.

أدى توقف إمدادات الوقود لمحطة توليد الكهرباء الوحيدة في قطاع غزة إلى انقطاع التيار الكهربائي عن 200 ألف عائلة، وانقطاع المياه الصالحة للشرب عن 88 ألف عائلة أخرى، كما هدد في حال استمراره بتوقف عمل المستشفيات ومحطات تنقية المياه.

عمدت قوات الاحتلال إلى إغلاق معبر رفح بشكل نهائي في 10 يونيو 2007 مما أدى إلى احتجاز أكثر من 6000 فلسطيني على الجانب المصري منه، توفي منهم 15 شخصا حتى تاريخ 11 يوليوز 2007.

من المعطيات التي تبينها الأرقام سالفا يتبين مدى الأزمة التي يعيشها القطاع وأكثر لم يتم تبيينه من حالات خطيرة لمرضى لم يقدروا على استكمال العلاج لقلة الأدوية وانعدامها وعدم القدرة على استطبابهم بالقطاع نظرا لقلة المعدات والظروف القاسية للحصار وما كان لانقطاع

الكهرباء والماء من عواقب وخيمة على سير الحياة العادية مع ما لازمه من محارق إبادية أريد منها إبادة شعب برمته بعدما تم حصاره داخل بقعة الموت المحتوم.

دفعت الحالة المتردية لسكان القطاع منسق الشؤون الإنسانية في الأمم المتحدة ماكسويل غيلارد بوصف الحصار قائلا أنه "اعتداء على الكرامة الإنسانية." كما هدمت إسرائيل مطار غزة الدولي وهو المطار الوحيد في قطاع غزة مما زاد شدة الحصار والمعاناة.

أربعة سنواتٍ مضت على الحصار الظالم المفروض على قطاع غزة، والأهل في القطاع يتطلعون إلى مصر لتفتح البوابات، وتنقذ أهل غزة من الموت البطيئ الذي سببه الحصار، أو أن تغض الطرف عن الأنفاق التي حفرها أهل غزة وأشراف مصر بدمائهم وأرواحهم، وقد سقط تحت الأنفاق نتيجة القصف الإسرائيلي أو إنهيارها عشرات الشهداء، الذين رووا بدمائهم الزكية هذه الأنفاق، وهي الشرايين المباركة التي تحمل الغذاء والدواء وعوامل الصمود إلى أبناء غزة، ولا ننكر أن مصر قد أغمضت أعينها عن كثيرٍ من هذه الأنفاق، وإلا كيف تمكن أهل غزة من الصمود، ومن أين جاءت كل تلك المواد الغذائية

والأدوات الكهربائية إلى غزة، وقد أصموا آذانهم كثيراً أمام النداءات والاستغاثات الإسرائيلية، وصمدوا أمام الضغوط الأمريكية، وأصاخوا السمع لنداء إخوانهم، وأبناء أمتهم، وسكتوا عن عمليات الإسناد وليس التهريب التي تتم عبر الأنفاق.

واليوم فإن مصر مطالبة بأن توقف أي محاولة لخنق قطاع غزة، وأن تخفف من إجراءات الحصار بدلاً من تشديدها، إذ أن الجوع "كافر"، ولو كان الفقر رجلاً ـ كما قال الإمام علي بن أبي طلب رضي الله عنه ـ لقتلته، ولتكن مصر كأشراف بني هاشم، الذين ناصروا رسول الله صلى الله عليه وسلم، وساندوه في وقتٍ اجتمعت عليه القبائل، ولتدرك القيادة المصرية أنها ستكون المسؤولة عن خنق وحصار أهل غزة، وأنها ستتحمل المسؤولية القانونية والأخلاقية تجاه استشهاد أي فلسطيني في قطاع غزة نتيجة الجوع أو الحرمان من العلاج.
كما عليها أن تحذر ثورة الجياع، فإنهم قد يكونون في سعيهم لنيل لقمة العيش أشرس من المقاومين في سوح القتال، ولن يقف أبناء غزة عاجزين أمام أي حصار، ولن يستسلموا لأي ظلمٍ مهما بلغ، وكما استطاعوا أن يفشلوا كل محاولات النيل منهم وتطويعهم، فإنهم سيبتدعون طرقاً جديدة، ووسائل أخرى للعيش، وسيكون مداها البحر والسماء، وسيحميهم رب السماء. [130]

يظهر أن الضغوط الأمريكية الإسرائيلية تلعب دورها في بناء الجدار، غير أن انزعاج الحكومة المصرية من حكم حماس للقطاع، بما تمثله من حركية إسلامية وامتدادات إخوانية، وبإصرارها على نهج المقاومة، ورفضها حتى الآن التوقيع على ورقة المصالحة المصرية، يدفع القيادة المصرية إلى ممارسة مزيد من الضغط على حماس لإجبارها على التساوق مع الخط المصري، أو إفشال تجربتها في القطاع.

يتسبب الجدار بمزيد من المعاناة للغزيين، لكنه من غير المتوقع أن يؤثر بشكل فاعل على صناعة القرار لدى حماس، ولعله سيرتد عكسياً ليؤثر بشكل سلبي على صورة الحكومة المصرية مصرياً وفلسطينياً وعربياً وإسلامياً، وفي الأوساط العالمية المتعاطفة مع القضية الفلسطينية.

كانت صحيفة هآرتس أول من أورد بأن مصر تقوم ببناء حاجز فولاذي يمتد تحت سطح الأرض، ففي عددها الصادر بتاريخ 2009/12/11 أكدت الصحيفة أن "الجدار" سوف يقام على امتداد الحدود المصرية مع القطاع، بصورة سيصبح معها من الصعب، إن لم نقل من المستحيل، استمرار العمل بالأنفاق الواصلة بين قطاع غزة والجانب المصري من الحدود .

وفي معرض وصفها للمواصفات الفنية لهذا الجدار، أوردت هآرتس معلومات وتقارير تفيد بأنه يتكون من صفائح من "الفولاذ المعالج"، أخضعت لتجارب عدّة أظهرت قدرتها على مقاومة القطع والإذابة، ونقلت بالبحر من الولايات المتحدة إلى مصر.

ولاحقاً، وصفته كارين أبو زيد، المفوض العام لوكالة غوث وتشغيل اللاجئين الفلسطينيين – الأونروا، بأنه أكثر متانة من "خط بارليف". وأشارت إلى أن تكلفة بناء الجدار كاملة تعهدت بها واشنطن، مبدية أسفها لاشتراك الحكومة المصرية بمثل هذه السيناريوهات. [131]

هكذا نرى كيف عمد المحتل الإسرائيلي إلى استهداف منطقة غزة بحصارها القهري وعزلها بشكل بشع وفصل المنطقة عن وطن فلسطين

بإشعال الانقسام بين الفصائل الفلسطينية ضد حركة حماس التي تمركزت سلطتها بغزة، حرب سياسية وعسكرية تستهدف حركة حماس مدعمة من القوى الإمبريالية العالمية والحكومات العربية المتواطئة معها، تم هذا في صمت من الأمم الدولية والدول العربية التي بدت كلها متواطئة مع حصار غزة فالكل يطمح لاستهداف حركة حماس التي تسير المنطقة حتى صارت حماس عدوا للجميع أعداءا ومحبين. وبذلك نفهم أن الحصار وسياسته ما هي إلا تكتيكات عسكرية سياسية لإخماد المقاومة التي تمثلها حماس تمثيلا حقيقيا لا رضوخ فيه ولا مفاوضات مع المحتل من دون الشروط التي تطرحها المقاومة.

اتفق الخصوم والأعداء والأندادُ والمتربصون بفلسطين على عدوٍ واحد، ووحدوا صفوفهم لمواجهة خصمٍ مشترك، وركزوا جهودهم لهزيمة عدوهم المشترك، وقد رأوا في حركة المقاومة الإسلامية "حماس" عدواً مشتركاً لهم جميعاً، تهدد مصالحهم، وتعرض مستقبلهم للخطر، وتعرض مشاريعهم للفشل، وتتصدى بقوة لكل محاولات الاعتداء التي يتعرض لها الشعب الفلسطيني، وتقف بكبرياء أمام كل محاولات النيل منها ومن شعبها، وتعري وتفضح كل فعلٍ متآمرٍ على شعبها، ورأوا أن استمرار وجود حركة حماس يشكل خطورةً حقيقية على كل الأطراف.

فإسرائيل ترى أن حركة المقاومة الإسلامية "حماس" هي العدو الأوحد لها.

وأنها تشكل عليها بعقيدتها الدينية والقتالية خطراً كبيراً، وتدعي إسرائيل بأنها ليست ضد الشعب الفلسطيني، ولكنها ضد حركة حماس التي تهدد السلم والأمن في المنطقة، والتي لا تعترف بحق إسرائيل في الوجود، وتقول إسرائيل أنها هاجمت قطاع غزة في ديسمبر / كانون أول من العام 2008 لمواجهة حركة حماس، وأنها لم تكن ضد الشعب الفلسطيني ولم تقصد استهدافه.

وقد صرح بذلك إيهود أولمرت رئيس الحكومة الإسرائيلية السابق ووزيرة خارجيته في حينها، في تصريح "أن إسرائيل لا تخوض حرباً ضد الفلسطينيين،

وإنما تخوض حرباً ضد حركة حماس." ولا تألُ الحكومة الإسرائيلية جهداً في مواجهة حماس، وفي التأليب والتحريض عليها، وفي محاولة حصارها والتضييق عليها دولياً وإقليمياً.

فهي تدفع السلطة الفلسطينية لإعلان الحرب عليها، والتضييق على عناصرها ومؤسساتها في الضفة الغربية، وتطالبها برفع مستوى التنسيق الأمني معها لمواجهة أنشطتها وفعالياتها، وتحاول أن تقنع السلطة الفلسطينية أنهم ليسوا أعداءاً للفلسطينيين، وإنما لهم نفس الأعداء، وقد بلغ التنسيق الأمني الفلسطيني – الإسرائيلي المشترك ذروته إبان العدوان الإسرائيلي الأخير على قطاع غزة، حيث اعترف قادة الدولة العبرية على لسان أكثر من مسؤولٍ فيها أن إسرائيل هاجمت قطاع غزة بناءاً على رغبات وتوصيات السلطة الفلسطينية.

وترى السلطة الفلسطينية ومعها فريق آخر من حركة فتح، أن حركة حماس هي خصمها وعدوها، وأن عداوتهم لحركة حماس تفوق عداوتهم للاحتلال، وقال رئيس السلطة الفلسطينية محمود عباس أكثر من مرة أن السلطة الفلسطينية وإسرائيل تقفان معاً في وجه عدو مشترك، ويحرص محمود عباس على لقاء المسؤولين الإسرائيليين في أكثر من مكانٍ ومناسبة، بينما يمتنع عن لقاء قادة حركة حماس في الوطن وخارجه.

وكان قد امتنع في السنوات الماضية عن الاجتماع برئيس حكومته إسماعيل هنية، كما أعلن بعض قادة الأجهزة الأمنية الفلسطينية أن حماس هي العدو المشترك للسلطة الفلسطينية وإسرائيل، وأن حسم المعركة معها يجب أن يكون حسماً عسكرياً، وأن على إسرائيل أن تقوم بالدور الملقى على عاتقها عسكرياً، ولا يرون ما تقوم به أجهزتها الأمنية من أعمال تنسيق أمني، وتبادل المعلومات مع المحتل الإسرائيلي عياً أو خيانة، ويصفون عمليات التنسيق الأمني المشتركة بأنها أنشطة اعتيادية تقوم بها أجهزة أمن الطرفين. [132]

ويتباهى قادة أجهزة السلطة الأمنية أمام الضباط الصهاينة بأنهم لم يعودوا يترددون في اقتحام المساجد والمدارس والجامعات ورياض الأطفال والمؤسسات الحقوقية ومؤسسات المجتمع المدني، فليس هناك أماكن محرمة على الأجهزة الأمنية الفلسطينية، ولا يتورع فريق من السلطة الفلسطينية عن التحالف المعلن مع إسرائيل والولايات المتحدة الأمريكية لمواجهة حركة حماس، ولهذا سلمت السلطة الفلسطينية الجنرال الأمريكي كيث دايتون الإشراف على عملية تدريب وتأهيل الأجهزة الأمنية الفلسطينية، وسمحت لهم بالتدخل في عمليات التحقيق والتعذيب التي يتعرض لها معتقلو حركة حماس في سجون السلطة الفلسطينية.

وقد اعترفت إدارة المخابرات المركزية الأمريكية أن بعض ضباطها يشاركون في عمليات التحقيق والتعذيب التي يتعرض لها معتقلوا حركة حماس في سجون

السلطة، وهذا الأمر من شأنه أن يتيح الفرصة لضباط أمنيين إسرائيليين ليشاركوا بدورهم في أعمال التحقيق والتعذيب، وهو أمر غير مستبعد ولا مستغرب، ذلك أن كثيراً منهم يحملون الجنسيات الأمريكية، الأمر الذي يسهل عليهم القيام ببعض هذه المهام، وتحتجز إسرائيل والسلطة الفلسطينية آلاف المعتقلين الفلسطينيين، يكاد يفوق عدد السجناء الفلسطينيين في سجون السلطة الفلسطينية نسبياً عددهم في السجون الإسرائيلية، وكما تصنف الولايات المتحدة الأمريكية المعتقلين لديها بأنهم "مقاتلون أعداء"، فإن السلطة الفلسطينية تصف المعتقلين لديها بأنهم شخصياتٌ خطرة على الأمن القومي الفلسطيني.

تخطئ السلطة الفلسطينية، كما تخطئ كثيراً عندما تصنف حركة فتح حركة حماس، وقوى الشعب الفلسطيني المقاومة بأنهم أعداء، وتخطئ أكثر عندما تتحالف مع الاحتلال الإسرائيلي ضد إخوانهم ورفاقهم، وتوافق إسرائيل على توصيفهم بأنهم العدو المشترك لهم ولإسرائيل، فحماس تعتقد بأن إسرائيل هي العدو الأوحد لشعبنا الفلسطيني، وأنها لا تفرق في حربها ضد الفلسطينيين بين فتح وحماس، ولا تعرف الحدود الفاصلة بينهما، وعندما اعتدت على قطاع غزة لم تميز بين البيوت الفتحاوية وبيوت حركة حماس، بل طالت طائراتها وقذائف مدافعها كل البيوت الفلسطينية، وقتلت الفلسطيني على هويته الفلسطينية، دون أن تلتفت إلى هويته السياسة، أو انتماءه الحزبي، فحماس ليست هي العدو المشترك، بل هي عدو إسرائيل. [133]

في قراءة جادة للمفكرة نادية مصطفى بقراءة حضارية في مشاهد أربعة من الحرب على غزة تعرض فيها الصورة السياسية والاستراتيجية للعدوان الإسرائيلي على غزة وتقيمه انطلاقا مما تعانيه المقاومة من انقسام قد يعوق دون الفصل والحسم في مسألة المقاومة كحل وحيد.

تذهب نادية مصطفى إلى أن مشهد العدوان على غزة أضحى مشهدا فاصلا بالنسبة لخيار المقاومة بقيادة حماس، وبؤرته غزة، تلك المقاومة التي صُنِّفت كإرهاب وحوصرت من كل الجهات. وبالرغم من أن حماس وصلت للمشاركة في السلطة بانتخابات شعبية، فإن الجهود لم تهدأ لحرمانها من شرعيتها ومشروعيتها تحت العديد من المبررات والدوافع، ولا يحسُن فهم هذا المشهد إلا باستدعاء الذاكرة التاريخية.

إذن لا بد أن نستدعي هذه الذاكرة ونحن نحاول قراءة مشهد المقاومة في غزة على نحو يختبر لنا من جديد سنن الله الكونية في شؤون الجهاد، حربا أو سلما، فالتسويات السلمية جهاد أيضا لا تقل أهميته عن الجهاد العسكري، ولكن أيضا لها شروطها وضوابطها وحتى لا تتحول استسلاما للمعتدي أو تواطؤا أو تآمرا على أصحاب الحقوق وأصحاب الحق في المقاومة، بل الواجب في المقاومة.

يبين استدعاء الذاكرة التاريخية أن المقاومة العسكرية في غزة ليست نبتة خبيثة تسعى للانفصال بغزة للانفراد بالسلطة (كما يتهمه البعض)، ولكنها حلقة من مسلسل طويل من حلقات المقاومة الفلسطينية تعاقبت على قيادتها تيارات متنوعة، والآن يقود الحلقة المعاصرة منها (منذ أكثر من عقدين) التيار الإسلامي من حركة المقاومة الفلسطينية الوطنية، ولقد واجهت كل حلقة من هذه الحلقات داخل فلسطين وخارجها ضغوطا وقيودا دولية وعربية، بل فلسطينية أيضا، ولكن ما أن تتوقف، ولا أقول تنتهي، حلقة إلا وأفرزت حلقة جديدة وقيادة جديدة، أي وكأن "المقاومة الفلسطينية" قبل غزة ومعها تمثل تجسيدا على مستوى آخر لفكرة تجدد حلقات مقاومة الأمة برمتها أمام تعاقب التحديات الحضارية الكبرى عبر تاريخها، وهي الحلقات التي قادتها أقوام هذه الأمة (العربية، التركية، الفارسية) وبكافة صنوف الأدوات في مواجهة كافة أصناف الأعداء[134].

المشهد الثالث: مشهد مقاومة فلسطين في غزة، مشهد غزة تقاوم من أجل فلسطين، مشهد فلسطين تقاوم في غزة. تعبيرات ثلاثة قد يختلف ترتيب كلماتها ولكنها تشير إلى متلازمين ثابتين، هما فلسطين والمقاومة، كما تشير إلى متغير وهو الآن غزة؛ لأن فلسطين والمقاومة من ثوابت ذاكرة الأمة عبر قرن.
في حين تعددت وتوالت بؤر احتضان المقاومة وتجسيدها عبر المفاصل التاريخية من تطور قضية فلسطين ـ القضية المحور ـ في صراع الأمة العربية والإسلامية مع الصهيونية وإسرائيل، وهو صراع قومي وحضاري ضد مشروع عنصري استعماري ذي أبعاد دينية واضحة، وإن تعددت قضايا هذا الصراع الآن فستظل فلسطين والقدس وعاؤها في صميمه وتظل المقاومة هي روحه السارية.
حصار غزة مأساة إنسانية حقيقية يعيشها القطاع، بشيوخه ورجاله وشبابه وأطفاله ونسائه، فضلاً عن مرضاه الذين يرقدون الآن على الأسِرّة في انتظار موت محقق، بعد أن تعمّدت الحكومةُ الصهيونيةُ قطعَ الكهرباء عن القطاع، في محاولة منها لتركيع الشعب الفلسطيني، ومنع مقاومته الباسلة من الاستمرار في عملياتها الموجِعَة ضدهم، خاصةً بعد أن فشل حصارها الغاشم الممتد لأكثر من سبعة أشهر في كسرِ شوكة حركات المقاومة الفلسطينية، وفيما يلي نعرض لما خلَّفه هذا الحصار: أدى الحصار إلى وفاة ما يقرب من 80 مريضًا فلسطينيًا؛ بسبب نقص الدواء ووسائل العلاج الأخرى التي يحتاجها المرضى، فضلاً عن منع الكيان الصهيوني خروج المرضى الفلسطينيين للعلاج في الضفة الغربية والدول العربية المجاورة .

تسبَّبت العمليات الصهيونية المستمرة في استشهاد ما يقرب من 40 شهيدًا فلسطينيًّا؛ بسبب تعرضهم المستمر لغارات الجيش الصهيوني، تلك الغارات التي تُشَنُّ باستمرار ضد الشعب الفلسطيني، هذا بخلاف آلاف الجرحى الذين يرقدون الآن في غزة، في انتظار تحرُّك عربي ودولي يدفع إسرائيل إلى أن تمدّ القطاع بالكهرباء التي يحتاجها؛ منعًا لحدوث كارثة إنسانية تتعارض كليا مع المواثيق والمعاهدات الدولية.

حسب وكالة رويترز للأنباء فإن هناك 900 مريض في غزة يسعون للحصول على إذن سفر، منهم 350 مرضهم خطير!

حسب تصريحات وزارة الصحة الفلسطينية، فإن 1700 مريض قلب وفشل كلوي وطفل حديث الولادة مهدّدون بالموت؛ نتيجة توقف غرف العمليات وأجهزة التنفس الاصطناعي وغرف الرعاية المركَّزة.

أعلنت حكومة تيسير الأعمال نفاذ كميات الدواء والطعام والماء؛ نتيجة توقف محطات الكهرباء؛ مما يجعل القطاع على مشارف كارثة إنسانية وبيئية.

أدى الحصار إلى إغلاق أكثر من 3500 مؤسسة صناعية وتجارية وحرفية؛ مما أدى إلى فقدان أكثر من 65 ألف فلسطيني عملَهم، وتقدَّر الخسائر اليومية للاقتصاد الفلسطيني- بسبب إغلاق المعابر- بحوالي مليون دولار يوميًّا.

على صعيد الاستيراد من الخارج تشير المعلومات بأن 2000 مستورد فلسطيني تكبَّدوا خسائر فادحة؛ نتيجة تراكم الحاويات في الموانئ الإسرائيلية، والتي يقدَّر عددها بحوالي 2500 حاوية؛ نتيجة لرسوم أرضيات الميناء ورسوم التخزين وأجرة الحاويات، وتكلفة الحاوية الواحدة 50 دولارًا يوميًّا، وتكلفة تخزين الحاوية في مخازن ميناء أسدود 300 دولار شهريًّا.

ساهمت السياسة الإسرائيلية منذ 2007/6/12 في تضرُّر الصناعات الإنشائية ومصانع الطوب وقطاع البناء، فعلى سبيل المثال لا الحصر تعطَّل 18 ألف عامل يعملون في قطاع الصناعات الإنشائية نتيجة إغلاق المعابر.

كما أدَّت الإغلاقات المستمرة إلى تدمير قطاع صناعة الأثاث الذي يُعتبر من القطاعات الصناعية الحيوية؛ نتيجةً لتكدس كميات كبيرة من منتجات الأثاث الجاهزة للتصدير إلى الضفة الغربية وإسرائيل، والتي تقدر بحمولة 400 شاحنة تقدر قيمتها بحوالي 8 ملايين دولار، كما انخفض إنتاج الأثاث بنسبة 80% نتيجة عدم توافر المواد الخام؛ مما سيؤدي إلى فقدان أكثر من 6000 عامل عملَهم؛ نتيجةً توقف هذا القطاع الحيوي المهم عن الإنتاج.

كما تم تدمير ما تبقَّى من صناعة الخياطة؛ حيث أن استمرار الإغلاق يؤدي إلى خسارة فادحة لأصحاب المصانع في هذا القطاع تصل إلى 10 ملايين دولار، كقيمة فعلية لنحو مليون قطعة ملابس لموسم الصيف معدّة للتصدير للسوق

الإسرائيلية، وتعتمد هذه الصناعة ما نسبته 76% على الصادرات و100% على المواد الخام المستوردة.

تشير البيانات الصادرة عن الغرفة التجارية الفلسطينية أن عدد مصانع الخياطة تبلغ 600 مصنع تشغل نحو 25 ألف عامل توقفت عن العمل الكلي؛ حيث أن 90% من منتجات مصانع الخياطة للسوق الإسرائيلية وما نسبته 10% للسوق المحلية.

على صعيد قطاع الصناعات المعدنية والهندسية، تشير البيانات الصادرة على اتحاد الصناعات المعدنية والهندسية أنه تم إغلاق أكثر من 95% من الورش والمصانع التي تعمل في هذا المجال، وأصبح ما يزيد عن 7000 عامل يعملون في قطاع الصناعات المعدنية بدون عمل، كما أن المستوردين لا يستطيعون إرجاع الحاويات الموجودة داخل قطاع غزة والتي دخلت.

تبلغ الخسائر الإجمالية المتراكمة لقطاع الصناعة في غزة نحو 23 مليون دولار منذ 2007/6/12 وحتى الآن.

حسب الإحصاءات الفلسطينية والدولية الرسمية ازدادت نسب الفقر بين الأُسَر الفلسطينية؛ إذ ارتفعت نسبة السكان الفلسطينيين الذين يقعون تحت خط الفقر من 22% عشية الانتفاضة إلى أكثر من 67% على مستوى الأراضي الفلسطينية، وحاليًا تبلغ نسبة الفقر في قطاع غزة نحو 90%، بعد أن كانت 81.4% العام الماضي [135].

ولقد وصل الأمر الآن وفق مرآة غزة الكاشفة لسياسات النظام العربي الرسمي إلى حد دفع البعض لاتهام جماعة "خيار السلام الاستراتيجي" والمبادرة العربية للسلام، بقيادة مصر والسعودية، بالتواطؤ الراهن وبالتوافق والتنسيق مع مخطط إسرائيل في العدوان على غزة، وهو العدوان الذي يمثل مفصلا استراتيجيا يجسد سقوط آخر الأقنعة عن خيار السلام كخيار استراتيجي، فإن هذا العدوان تحدى الجميع، وبلا مواربة ولا دبلوماسية ماكرة، ولكن تحدى الجميع بفجاجة ملحوظة في خطابات ليفني وباراك وأولمرت.

وفي حين عجز القادة العرب أو لم يريدوا أن يدركوا ماهية هذا المفصل في تاريخ تطور إدارة الصراع مع إسرائيل ـ سواء حربا أم سلما ـ فإن مقاومة الشعب الفلسطيني هي التي ظلت الثابت الذي لم يتوقف، وإن تنوعت أشكال المقاومة وأساليبها وأطرها، ناهيك بالطبع عن تنوع روافدها، إلا أنها ظلت قائمة ومستمرة، يعلو صوتها وإنجازها أحيانا، ويخفت أحيانا أخرى، تجد من يجتمع على نصرتها أو من يتفرق حول درجة وشكل هذه النصرة.

بالطبع لا أدعي التوقف عند تاريخ تطور المقاومة الفلسطينية وخرائط روافدها وفصائلها وتعقد علاقاتها مع النظم العربية وكيفية امتداداتها إلى العالم كله إيصالا للقضية وبحثا عن سبل الدعم والمساندة، سواء للمقاومة السلمية (بالتفاوض) أو المقاومة العسكرية[136].

وفي مقالة تم كتابها في خضم الثورات العربية الربيعية كما سماها الغرب وهي ربيعية بكل المعاني والأبعاد، عنونه صاحبها فيصل القاسم، "كيف تبيع أمريكا أصدقاءها"، وقد عبر فيها بجرأة وأظهر الكاتب تهافت الحكام العرب وكيف قامت الثورات العربية الربيعية بفضح تواطنهم مع دولة أمريكا الحامية الرسمية لدولة احتلالية لأرض فلسطين بعبارات هادفة وبليغة.

كانت مواقف الحكام العرب المتواطئة مع الاحتلال الصهيوني من أسباب ما فجر هذه الثورات العربية التي لم تعد تقوى على السكوت والخنوع تحت نير الأنظمة الاستبدادية الفاسدة وقامت من ذلها وخنوعها وثارت على مواقف الحكام العرب الذين ظلوا عملاء للعدو الصهيوني وساهموا بشكل كبير في الحروب الإبادية الممارسة في حق الشعب الفلسطيني.

"أشعر أحياناً أن بعض حكام العالم في قمة الغباء، لأنهم لا يتعظون أبداً من تجارب غيرهم. ألم ير المتهافتون على التحالف مع أمريكا كيف كانت نهاية أزلام العم سام كالرئيس الباكستاني برويز مشرف، وشاه إيران محمد رضا بهلوي، والرئيس الفلبيني فرديناند ماركوس، ومانويل نورييغا رئيس بنما، وادوارد شيفارنادرزه رئيس جورجيا، وسوهارتو رئيس إندونيسيا، وبينوشيه ديكتاتور تشيلي, وباتيستا ديكتاتور كوبا، وموبوتو رئيس الكونغو، وبي ناظير بوتو رئيسة وزراء باكستان السابقة، وجان أريستيد رئيس هاييتي، وعسكر أكاييف حاكم قريغسستان وغيرهم وغيرهم؟ متى يتعلم الحاكم أن الضمانة الوحيدة هي شعبه؟

لا أدري لماذا لم يقرأ الرئيس التونسي المخلوع كتاب "كيف تبيع أمريكا أصدقاءها"؟...

استراتيجية الغدر الأمريكي عبر التاريخ" للمؤلف مجدي كامل، فبالرغم من أن أمريكا تخصصت عبر عقود طويلة في بيع حلفائها وأصدقائها، بمجرد أن تجد البديل الأفضل، أو تراهم آيلين للسقوط، إلا أن كثيرين هم الحكام الذين لا يتعظون. وتدور الأيام ليجدوا في النهاية الغدر بانتظارهم، وربما ترفض حتى استقبالهم في بلادها، ولو للعلاج، لأنها ببساطة استنفذتهم، فتحولوا فجأة من ملائكة إلى شياطين، وتشهد أغلفة مجلة "تايم" الأمريكية على هذا الغدر، فشتان

بين موضوع وصورة غلاف الحاكم عندما يكون ملاكاً في أعين واشنطن وموضوعه وصورته على الغلاف بعد أن يسقط ويدوسه شعبه.

كلنا شاهد مصير الرئيس الباكستاني برويز مشرف الذي فتح باكستان لأمريكا على مصراعيها، لقد كان نموذجاً للخادم المطيع، كما يجادل كامل، تأمره أمريكا فيطيع، طلبت منه أن يفتح بلاده على مصاريعها لرجال مخابرتها وعسكريها ففعل، لكن عندما حاصرته جموع شعبه، وشعر بتخلي الجيش عنه قرر أن يتنحى، راهن على الأمريكيين، انتظر المكفأة، كان يمني النفس بأن يحتضنوه ويوفروا له الحماية، كان يأمل في أن يجد لديهم الملاذ والمأوى بعد أن خدمهم طويلاً إبان وجوده على قمة السلطة، ولكن ما حدث هو أن كانت هناك صفعة أمريكية على وجهه، حيث لم يكن في الحقيقة بالنسبة لهم سوى سلعة للاستخدام مرة واحدة، وقد تم استخدامه، واحترق وانتهى الأمر، انتهى دوره، وألقت به واشنطن- عملياً- في سلة المهملات، فأمريكا، وهذه حقيقة واضحة حتى للعميان، لا أصدقاء لها بل عملاء فقط. ويقول وليم سوليفان آخر سفير أمريكي في إيران قبل رحيل الشاه في كتابه "أمريكا وإيران": "التفت الشاه نحوي وقال: إن هناك مؤامرة أجنبية تنشط ضدّي، وأنا لا أستغرب أن يفعل ذلك السوفييت والانجليز، لكن مما يحزنني من الأعماق أكثر من أي شيء آخر هو دور وكالة المخابرات الأمريكية".

فبعد أن كان الشاه رجل أمريكا المدلل، هرب كالجرذ ليعيش متشرداً في المنافي إلى أن مات دون أن تقدم له الولايات المتحدة أي نوع من أنواع المساعدات حتى الإنسانية منها! أما رئيس الفلبين ماركوس فقد فر وعائلته بعد إضرابات شهدتها الفلبين ضد حكمه بعد أن كان طيلة سنين حكمه خادماً مطيعاً لأسياده في واشنطن، وليس أدل على ذلك من فتح بلاده على مصراعيها لأمريكا رغم أنف شعبه.

وحدث عن خيانة أمريكا للرئيس الإندونيسي سوهارتو الذي كان حليفا قويا للولايات المتحدة، فلم يعص لها أمراً لا في السياسة ولا في الاقتصاد، ولا في الأمن الاستراتيجي، ولا في الإسراف في خدمتها في مواجهة المد الشيوعي في إندونيسيا وما حولها.

لقد كان بحق الجنرال الأمريكي في الجيش الإندونيسي ثم في حكم إندونيسيا. ثم كانت عاقبته السقوط المخزي من الحكم الذي كان سببه المباشر ثورة شعبية) ضد تدخلات البنك الدولي التي أدت إلى انهيار مروع في معيشة غالبية الشعب الإندونيسي. وعندما سقط الرجل الحليف بل قبيل أن يسقط: تفنن الإعلام الأمريكي، كما يورد مجدي كامل في كتابه، في وصمه بالدكتاتورية والجهل

والفساد وإساءة استعمال السلطة، كان هذا النفاق السياسي الهائل مجرد تسويغ لنظرية التخلي عن الحلفاء ورميهم في سلة المهملات، إذ ليس للعملاء ثمن.

أما مانويل نورييغا رئيس بنما فقد اختطفته قوة أمريكية ورحّلته إلى واشنطن، حيث أودع السجن بتهم عديدة منها الاتجار في المخدرات والاحتيال، ولم يشفع له بأنه كان عميلا مخلصا للمخابرات الأمريكية، بل كان من أقرب الأصدقاء لبوش الأب أثناء رئاسته للمخابرات الأمريكية.

ولا يمكن أن يتذكر العالم عميلا نموذجيا للأمريكيين كما يتذكر الرئيس التشيلي الجنرال أوغستو بينوشيه؛ والسبب أن الرجل كان مستعدا لكل شيء أو أي شيء، فباع نفسه، ومن قبلها وطنه. وعندما سقط في النهاية، تخلى عنه حلفاؤه في واشنطن، ورفضوا استقباله وحتى علاجه.

ويقول الرئيس الجورجي السابق شيفرنادزة: "قدمت للأمريكيين كل ما طلبوا مني بل أكثر مما طلبوه ولعبت دورا أساسيا في انهيار الاتحاد السوفيتي. وجلبت جنرالاتهم ليدربوا جيشنا، ويقودوه، ورغم كل هذا خانوني ودبروا الانقلاب ضدي. لقد كان السفير الأمريكي يجلس معي، وبعد ساعة واحدة شاهدته وسط المتظاهرين ضدي في الميدان أمام مبنى البرلمان. ولا أدري لماذا فعلوا ذلك معي". وها هو آخر مثال على تخلص أمريكا من أزلامها، لقد كان الرئيس التونسي جزءاً لا يتجزأ من الأمن القومي الأميركي، لا بل مثال الحاكم المطلوب أمريكياً وفرنسياً، لكن عندما فر من تونس تحت جنح الظلام امتدح الرئيس الأمريكي أوباما الشعب التونسي على شهامته لتخلصه من طاغية، كذلك رفض أصدقاؤه القدامى في فرنسا وإيطاليا استقباله، لا بل إن باريس طردت على الفور أقاربه من أراضيها، وظلت طائرته تحوم في الجو حتى تكرم عليه حاكم عربي فسمح له بالنزول للإقامة في بلده كسجين وليس حتى كلاجئ.

متى يعي حكام العالم أن الحاكم الذي يتآمر على شعبه لصالح الغير هو كالمنديل، يكون قبل الاستخدام في الجيب قريباً من القلب، وبعد الاستخدام في سلة المهملات؟[137]

محاولات دولية لكسر
الحصار

أنهت الحملة الأوروبية لرفع الحصار عن غزة استعداداتها لتنظيم أضخم زيارة برلمانية إلى قطاع غزة، في بدايات الشهر المقبل (تشرين ثاني/ نوفمبر)، بمشاركة نواب من مختلف دول العالم، وذلك ضمن تحركاتها الرامية لرفع الحصار المفروض على غزة منذ أكثر من ثلاث سنوات.

وقال الدكتور عرفات ماضي، رئيس الحملة، في تصريح له من بروكسيل أن الحملة تعمل على تنظيم أضخم زيارة لنواب من العالم الغربي والعربي إلى قطاع غزة في إطار كسر الحصار "من أجل الوقوف على معاناة مليون ونصف المليون إنسان فلسطين محاصرين في شريط ساحلي ضيّق في أوضاع مأساوية." وأشار إلى أن النواب، الذين جرى التواصل معهم للمشاركة في هذه الزيارة، هم من دول أوروبية مختلفة مثل بريطانيا وإيرلندا واليونان وإيطاليا وسويسرا واسكتلندا وغيرها وكذلك من دول شمال أفريقيا والعالم العربي وآسيا وأمريكا اللاتينية.

ولفت الدكتور ماضي الانتباه إلى أن النواب الذين يستعدون لزيارة غزة المحاصرة، ويقدّر عددهم بالعشرات، "سيقومون بزيارة القطاعات الصحية والتعليمية للاطلاع على آثار الحصار على مختلف نواحي الحياة هناك، وسيقومون بنشر تقارير في برلمانات دولهم عن حجم المعاناة التي يعيشها الفلسطينيون والتي سيلمسونها على أرض الواقع، بهدف الضغط على حكوماتهم ومساءلتهم عن دورهم في رفع الحصار، كما سيشكل هؤلاء النواب المتضامنون مع غزة "لوبي" على صعيد القارة الأوروبية للضغط على الحكومات الأوروبية والاتحاد الأوروبي لرفع الحصار." وأوضح أن الحملة الأوروبية تلقت تأكيدات نهائية من النواب الأوروبيين والعرب وتشجيعاً كبيراً للقيام بهذه الخطوة. خطوة تُعد الأولى من نوعها على هذا المستوى، "لأنهم يرفضون ما يمر به سكان قطاع غزة من معاناة ومأساة إنسانية". مشيراً إلى أنه قد تم الترتيب لبرنامج الزيارة وتجهيز كل الترتيبات اللوجستية لها. توقع الدكتور ماضي أن يكون الحشد، المشارك في زيارة كسر الحصار عن غزة، أكبر مما هو متوقع، وأن يشمل نواباً من مختلف الأطياف والأحزاب السياسية في البرلمان الأوروبي ومن البرلمانات المحلية في دول الاتحاد الأوروبي.

اعتبر رئيس "الحملة الأوروبية لرفع الحصار عن غزة" أن الحصار المشدد المفروض على غزة "عملية قتل منهجي بطيئة بحق سكان القطاع، وانتهاك متواصل لحقهم في الحياة، وتدمير مُبرمَج لما تبقى لهم من مقومات في الوجود، ومن فرص في العيش السويّ والمستقبل الآمن"، مشددا على ضرورة التحرك على مختلف المستويات من أجل رفع الحصار وإنقاذ المحاصرين فيه[138] .

أعلنت إسرائيل أن "أسطول الحرية" حركة عدائية "ومغامرة سياسية رخيصة"، زاعمة أن الحصار غير قائم على قطاع غزة، تماما مثلما تزعم أنها ليست دولة محتلة، وأنها مستعدة لإيصال المساعدات التي تحملها السفن إلى قطاع غزة. ولمنع "أسطول الحرية" قامت الحكومة الإسرائيلية بجهود دبلوماسية جبارة مع قبرص وتركيا وايرلندا واليونان ونجحت في إقناع قبرص التي رفضت مشاركة سفينة قبرصية في الأسطول، كما رفضت مرور السفن في المياه الإقليمية القبرصية. واستعدت إسرائيل إعلاميا لحرف الأنظار عن حصار قطاع غزة الخانق من خلال إظهار حركة "حماس" في مظهر المتوحش والعدو لحقوق الإنسان والمرتكب لجرائم حرب، عبر إقامة معرض يضم صواريخ القسام التي أطلقت على إسرائيل ونسخا من الرسائل التي أرسلها جلعاد شاليط إلى أهله، ووضع مجندات باللباس الأبيض في ميناء أسدود. واعتزمت استخدام جهاز إلكتروني خاص يحول دون نقل الصور عن عملية ردع واحتجاز السفن واعتقال ركابها حتى لا يرى العالم الوحشية التي تتعامل بها إسرائيل مع نشطاء دوليين يقومون بمهمة إنسانية. وإذا ما نفذت إسرائيل مخططاتها وتهديداتها فهي معرضة للمقاضاة أمام المحاكم الدولية والأوروبية، وحتى أمام المحاكم الإسرائيلية، فهناك شخصيات فلسطينية تحمل الجنسية الإسرائيلية تشارك في "أسطول الحرية"، وهناك نشطاء من اليسار الإسرائيلي يؤيدون الحملة الدولية لكسر الحصار عن قطاع غزة، ويمكن أن يتظاهروا في ميناء أسدود لإظهار القرصنة الإسرائيلية أمام العالم بأسره. فإسرائيل قلقة جدا من "أسطول الحرية" لأنه يمكن أن يساهم في كسر الحصار عن قطاع غزة، ويمكن أن يكون بداية النهاية لهذا الحصار، ويؤكد أن كل المحاولات الإسرائيلية وغير الإسرائيلية لعزل "حماس" وحكومتها في غزة باءت بالفشل أو لم تحقق جميع أهدافها على الأقل. فإذا كانت "حماس" لم تحظى باعتراف عربي ودولي سوى من بلدان قليلة، فإنها تحظى بتعاطف دولي واسع من الرأي العام العالمي، لأنها تظهر كممثلة لمعاناة الفلسطينيين، وكضحية للاحتلال والعدوان والحصار الإسرائيلي.
إن "أسطول الحرية" شارك بتمويله والاستعداد له آلاف الأشخاص ما يدل على وجود حركة تضامن دولية واسعة جدا مع القضية الفلسطينية.

فمشاركة شخصيات لامعة ونواب ومثقفين ورجال دين من عدة بلدان في "أسطول الحرية" يعني أن القضية الفلسطينية رغم مرور أكثر من 62 عاماً على تأسيس إسرائيل، ورغم الخلاف والانقسام السياسي والجغرافي الفلسطيني، ورغم الأخطاء والخطايا، لا تزال تحظى بتأييد، بل أصبحت تحظى بتأييد لم يتحقق من قبل، فدماء أهل غزة المسفوكة بغزارة في عملية "الرصاص المصبوب" تلاحق إسرائيل على جرائمها ضد الإنسانية.

أخذت الحملة الدولية لكسر الحصار عن قطاع غزة أشكالا مختلفة، من التظاهر والاعتصام إلى جمع المواد الإنسانية الضرورية إلى الحملات القانونية والإعلامية إلى إرسال السفن إلى قطاع غزة، فهي تعتبر جزءا لا يتجزأ من المقاومة الشعبية ضد الاحتلال الإسرائيلي.

وهي معركة تضاف إلى معارك المقاومة والمقاطعة للاحتلال، مثل مقاطعة المستوطنات والبضائع الإسرائيلية التي يوجد بديل عنها، وإلى مقاومة التطبيع، وإلى الحملة الدولية لمعاقبة إسرائيل على جرائمها ونزع الشرعية عنها، وهي مقاومة مثمرة ومضمونة النتائج، إذا وضعت ضمن استراتيجية كفاح طويلة الأمد لا تنتهي إلا بدحر الاحتلال وإنجاز الحرية والعودة والاستقلال[139].

وتم الاعتداء على أسطول الحرية من طرف الدولة الإسرائيلية بالقرصنة والقتل الجشع في حق مدنيين إنسانيين هبوا لمساندة الأطفال والنساء والشيوخ والمرضى بإمدادهم بالأدوية والأطعمة وغيره بعد سنوات من. الحصار القاتل على غزة.

وقد كانت ردة فعل على هذا الاعتداء الهمجي الذي كشف حقيقة الدولة الإسرائيلية التي طالما قدمت نفسها للرأي العالمي بأنها دولة الديموقراطية والحرية والازدهار وسط محيط موبوء بالإرهاب والتخلف والتردي الإنساني. تكشف إسرائيل حقيقتها العدوانية الحاقدة للأمم والتي كانت بدايتها الأولى ضد شعب فلسطين وشعب غزة في خرقها لكل القوانين الدولية والأممية فهي أصبحت فوق القوانين وتشكل خطرا على المنطقة وجعلتها قابلة للانفجار في أي لحظة من حماقة زعمائها المتطرفين بل تشكل خطرا على الإنسانية جمعاء للتطرف الذي تسير به سياسيتها وتبنيها لأفكار تحتقر الأمم وتستبيح دماءهم وأموالهم وأعراضهم.

وفي إطار عترستها وتهجمها على أسطول الحرية حيث قام بقتل مباشر لعدد من الناشطين المؤيدين لقضية إنسانية هي حصار مدنيين بشكل قهري وقاموا بجرح ما يقرب المائة في عملية إرهابية استعملت فيها القوة ضد مدنيين يحملون رسالة السلم ويريدون تقديم خدمة إنسانية لشعب يعاني من الحصار لمدة سنوات من دون تدخل رسمي للأمم المتحدة وحقوق الإنسان.

157

هاجمت قوات الاحتلال الإسرائيلي أسطول الحرية، والذي كان في طريقه إلى قطاع غزة، حاملاً على متن سفنه مساعدات إنسانية وتموينية لسكان القطاع المحاصرين منذ أكثر من ثلاث سنوات، وأطلقت النار على المدنيين داخل السفن، ما أدى إلى استشهاد وجرح العشرات منهم، في رسالة واضحة للعالم أجمع أنه لا حق للمساعدة الإنسانية، التي كفلها القانون الدولي والإنساني، وأن إسرائيل وحدها هي التي تحدد مصير الشعب الفلسطيني في الأرض الفلسطينية المحتلة.

صدرت مواقف تعبر عن ردود فعل من الجانب الفلسطيني نورد بعضا منها، فالزهار القيادي في حركة حماس أكد في حديث خاص لـ "الانتقاد"، أن "ما قام به الصهاينة ضد "أسطول الحرية" هو جريمة مركبة ومزدوجة حيث يعتدي جيش مسلّح على مدنيين عزل وفي المياه الدولية"، وأضاف الزهار أن "الحادثة جرت في منطقة لا يمكن لأي مساعدة عاجلة أو طبية أن تهرع لنجدة المصابين فيها، والجرحى لا يملكون أي مساعدة سوى ما سمحت به البحرية الصهيونية."

وشدد القيادي الزهار على أن "الردود الدولية الصادرة من الدول الغربية، لا سيما الولايات المتحدة، هي ردود لم تخرج عن السياسة العامة لهذه الدول الداعمة للكيان الصهيوني"، وشرح الزهار أن "الموقف الأوروبي لم يخرج عن استدعاء السفراء الصهاينة في البلدان الأوروبية، دون العمل على ضغط حقيقي أو واقعي ضد إسرائيل، إضافة إلى أن الولايات المتحدة وأوروبا شريكتان في الحصار على قطاع غزة."

ورأى الزهار أن "المشهد بحاجة إلى إعادة تقييم جديدة، خاصة أن منظمي سفن المساعدات مصممون على كسر الحصار عن غزة، وعازمون على الحضور بقوة رغم التحديات الهائلة والاعتداءات الإسرائيلية"، وأشار الزهار إلى أن "الخاسر الأكبر في هذه المعركة هو الجانب الإسرائيلي، نظراً للمجزرة الفضيحة أمام الرأي العام الدولي[140]." وأبدى القيادي في حركة حماس محمود الزهار مللاً من "دعوة الشعوب العربية إلى تحريك الشارع"، معتبرا أن "الفلسطينيين لا يعولون كثيراً على الشعوب العربية وتحريكها بسبب التفريغ المنظم لهذه الشعوب من مضامينها الفكرية الحقيقية"، مستدلاً بتجربة العدوان على قطاع غزة، التي "لم تستطع أن تهز الوجدان الشعبي العربي من أجل الضغط على حكوماته وحكومات العالم لوقف الحرب على غزة."

وأوضح الزهار أن الشعب الفلسطيني يتكل على رب العالمين في معركته ضد الاحتلال الصهيوني، ويعتمد على نفسه عبر المقاومة والتصدي لأي عدوان على طريق التحرير، واستعادة الحقوق الثابتة والتاريخية في وطنه وعلى أرضه[141]."

من جهته، اعتبر المفكر والكاتب العربي الفلسطيني الدكتور عزمي بشارة، في حديث خاص لـ "الانتقاد"، أنه "على العرب أن يحسنوا التصرف، لا سيما المنظومة العربية الرسمية"، وأضاف بشارة أن "ردة الفعل الدولية الأوروبية والأميركية لم تخرج عن السياق الطبيعي والمعتاد من هذه الدول"، مشيرا الى أنه "ليس المهم ما يصدر عن الإتحاد الأوروبي أو واشنطن بل ما يستطيع أن يقوم به العرب أنفسهم، ففي حال لم يتصرفوا كما هو مطلوب في هذه الحالة فإن كل الأطراف الباقية لن تستطيع أن تفعل شيئاً لهم."

وصرح المفكر الفلسطيني عزمي بشارة حول التداعيات الإستراتيجية للمجزرة على الكيان الصهيوني بعبارات مليئة بالمرارة والحنق قائلا: "لا تداعيات تذكر فهي ليست المجزرة الأولى التي تتم على يد الجيش الإسرائيلي، وحتى لو أصدر مجلس الأمن بيان إدانة، فإن "إسرائيل" لن تعبأ به"، ورأى بشارة "أننا نبالغ في كل مرة برؤيتنا لردود الفعل الغربية على أساس البناء عليها والواقع هو خلاف ذلك، وينبع من حسن التصرف العربي في معرفة كيفية التعامل مع هذه المجزرة الجديدة."

وفي المقابل، اعتبر بشارة أن "للدور التركي جانب مؤثر لا بأس به"، ورأى أن "العلاقات التركية الإسرائيلية متجهة نحو مزيد من التصعيد والتوتر، وهي لم تعد قابلة للعودة نحو الوراء، وعلى المنظومة العربية الرسمية الاستفادة بطريقة حكيمة وواعية من هذا التحول التركي الإيجابي نحو قضايا العرب في المنطقة."

ووضح المفكر العربي عزمي بشارة بخصوص فلسطينيي العام 1948، أن "حالة من الغضب تعتري أوساط المواطنين هناك، من سلوك الحكومة الإسرائيلية، خصوصاً أن البعض من عرب الداخل شاركوا بشكل رمزي في عداد طاقم "أسطول الحرية" للمساعدة في كسر الحصار عن قطاع غزة، وعلى رأسهم الشيخ رائد صلاح ورفاقه"، وكشف بشارة عن خشية "قوات الأمن الإسرائيلية من قيام أعمال احتجاج وهي تتعامل مع مطالب عرب الداخل الاجتماعية والأساسية باعتبارهم حالات أمنية، ومن منطلقات أمنية[142] ."

وأدلى المفكر عزمي بشارة بتصريحاته لقناة الجزيرة التي اتسمت بأهميتها وخطورة طروحاتها مستهدفا جمهور العرب وحكوماتهم الصامتة عن قضية خطيرة تتمثل في حصار شعب برمته بشكل مبهم لا تظهر بوضوح آفاقه في ظل الشروط الرباعية التي يطرحها العدو. وأعلن د.بشارة بأنه لا يؤمن بالمقولة الإسرائيلية "بأن الأمور خرجت عن السيطرة بالنسبة للجيش الإسرائيلي"، فالمعروف عن سياسة الأمن من خلال شخص وزير الأمن إيهود باراك المغطرسة إصدار الأوامر بإيقاف الأسطول بأي ثمن والجيش ينفذ الأوامر.

والرسالة التي يحملها أسطول الحرية خطوة حقيقية لكسر الحصار نظرا للقيمة المحملة في الأسطول، فإسرائيل تتوقع أنه لو نجحت هذه الخطوة لفتح الطريق أمام غزة باحتياجاتها وهذا يتنافى مع استراتيجية إسرائيل بحصار غزة والعمل على موتها البطيء.

إنها خطوة حقيقية لكسر الحصار بما فيها من نشطاء إنسانيون عرضوا نفسهم للخطر ومنهم من استشهد ومنهم من جرح وتم اعتقالهم وإذلالهم من طرف الجند والتحقيق معهم وسجنهم قبل إطلاق سراحهم، إنسانيون أرادوا فك حصار تحت الصمت الدولي وعربي، حصار لم تعرف الإنسانية له نظيرا فهو سجن لشعب برمته وقطعه عن الخارج من جميع الوجهات بتآمر عربي ودولي وأممي، وتم كسر الأسطول لهذا الصمت فلم تتقبله إسرائيل؛ لأنه يزعزع سياستها العسكرية الإبادية.

هناك لحظة تاريخية سجلها أسطول الحرية يلزم التشبث بها والعض عليها فهي لحظة لونت بدماء شرفاء ليست لديهم مصلحة مباشرة بل فقط إنسانيون جاؤوا من أجل القيم الإنسانية التي يؤمنون بها لكسر الحصار على غزة، إنهم جاؤوا وأربكوا اللعبة السياسية التي تمت بشرم الشيخ ومؤتمر أوسلو وكيف أصبحت إغراءات وشروطا موضوعة على السلطة الفلسطينية الرباعية، والرد الإسرائيلي على الأساطيل المقبلة اعتبارا من مقولة أن الجريمة تؤدي إلى ردع سيفشل؛ إذ أن الجريمة تؤدي إلى غضب والغضب يؤدي إلى ديناميكية منافية لما حسبوا له وأعدوا له وسيكون مزيدا من المحاولات القادمة لكسر الحصار.

كان رد فعل الدول استدعاء السفراء من طرف إسبانيا واليونان وتركيا وهذا لا يعني انقطاع العلاقات الدبلوماسية مع إسرائيل فهذه مواقف تعبيرية غضبية، لكن موقف أوروبا السياسي مأيد للحصار، فالمشكلة الآن ليس التنديد بالهجوم لكن مراجعة موقفهم من الحصار، حصار شعب مسجون مقطوع عن المنطقة والعالم وحبسه حتى الموت والإبادة فهذه هي الجريمة الكبرى التي يلزم معالجتها.

تحسيس الإعلام الأوروبي لقضية الهجوم على أسطول الحرية لا تخدم القضية الفلسطينية، لأن إسرائيل لا يهمها أن تشوه صورتها في العالم ولا يهمها أن تنعت بالغطرسة وباختراقها للقوانين وارتكابها لجريمة تخرق القانون الدولي والبنود الدولية فهي قادرة على أن تقوم بحملة إعلامية عالمية لتنظف صورتها فهي تتحكم بالإعلام.

يلزم أن يصوب الاهتمام على قضية الحصار الغير الواضحة واحتلال دولة فلسطين، نحن يلزم أن نركز على قضية الاحتلال والحصار فالحصار ليس حصارا على أهل غزة بل فلسطين بكاملها محتلة والشعب الفلسطيني بالضفة محتل ومحاصر، والقدس تهود فهذا معناه أن هذا نضال وطني واحد وأحد مفترقاته هو

ما حدث اليوم من كسر لهذا الحصار من طرف إنسانيين خطوا خطوة تاريخية لكسر الصمت الذي يحيط بقضية الاحتلال والحصار في ظل الصمت الدولي والعربي.

إن قضية غزة قضية العرب كلهم والمطلوب هو الانتقال من قضية حقوق مواطنين عرضوا أنفسهم للخطر إلى قضية جوهرية هي الحصار على غزة، فما هو الحصار على غزة؟

الحصار على غزة لفرض شروط سياسية على الشعب الفلسطيني، فالموقف يبقى غير واضح حين يذهب للقول من خلال استنتاجاته من الحدث بضرورة قبول الشعب الفلسطيني لشروط الحصار يتضمن ضمنيا موقفا مؤيدا للحصار، بينما نرى الموقف الإسرائيلي واضحا ليس عليه أي لبس إذ قام الإعلام الإسرائيلي لمدة أسبوع بعزمه إيقاف الأسطول والتعرض له وعدم السماح له بعبور البحار نحو غزة تحضيرا للمجزرة بوضوح.

الغطرسة الإسرائيلية وعقدة التفوق التي جندها اتجاه شعوب المنطقة دفعتهم للتعرض للسفن المحملة بالمساعدات الإنسانية؛ لأنها تعرف أن ذلك يعني مد المساعدات لغزة لإعادة بنائها فما تحمله السفن قيمته الملايين وهو يقهر العلو الإسرائيلي. يذهب عزمي بشارة إلى أن التعرض الإسرائيلي ليس من حق إسرائيل ممارسته في البحار فهي ليست بحارها ولكنها لا يمكن أن تمرر كسر الحصار بدون التعرض له.

إن العدد الكبير من الشهداء والجرحى الذين سقطوا في الهجوم لهو دليل قاطع على استخدام قوات الاحتلال الإسرائيلي القوة المفرطة، والهجوم العشوائي، ضد مجموعة من المتضامنين الدوليين المدنيين، الذين لم يشكلوا أي خطر عسكري على أمن دولة الاحتلال، بهدف التأثير على موقف المجتمع الدولي، وخاصة المدني، تجاه الحصار، وللنيل من عزيمة كل من يريد تقديم المساعدة الإنسانية للشعب الفلسطيني، دون الرجوع إليه.

إن الهجوم الإسرائيلي على أسطول المساعدات الإنسانية قد تعارض مع مبدأ مهم في القانون الدولي الإنساني، وهو الحق في المساعدة الإنسانية، حيث نصت المادتان (55) و(62) من اتفاقية جنيف الرابعة على ضرورة سماح سلطة الاحتلال للمساعدات الطبية والإغاثة بالوصول إلى الأراضي المحتلة، بل وأكدت على أن من واجب سلطات الاحتلال أن تبذل قصارى جهدها لتزويد السكان المدنيين الخاضعين لاحتلالها بالمواد الغذائية والإمدادات الطبية، وهذا ينطبق على قطاع غزة بوصفة أرضا محتلة.

وبحسب تعريف محكمة العدل الدولية فإن المساعدة الإنسانية تتمثل في توفير المواد الأساسية للإنسان مثل الغذاء والملابس والأدوية والمأوى وغيرها من المواد الإنسانية، ومن أهم مميزات المساعدة الإنسانية أنها تكون طارئة وتهدف إلى تخفيف المعاناة البشرية.

كما ويضيف البعض أن حماية الأشخاص غير المشاركين في العمليات العسكرية "المدنيين، اللاجئين، النازحين، الخ..." أو الذين توقفوا عن المشاركة "الجرحى والمرضى وأسرى الحرب" تقع من ضمن نشاطات المساعدة الإنسانية، وأكد ميثاق الأمم المتحدة على مبدأ التعاون الدولي في المسائل ذات الصبغة الإنسانية وعلى تعزيز احترام حقوق الإنسان، كما أشار الإعلان العالمي لحقوق الإنسان، بطريقة غبر مباشرة، إلى الحق في المساعدة الإنسانية عندما تحدثوا عن الحق في الحياة والحق في الغذاء والتمتع بمستوى معيشي لائق والحق في المأوى، ويرى أنصار الحق في المساعدة الإنسانية أنها امتداد طبيعي للحق في الحياة. إن الطبيعة القانونية للحق في المساعدة الإنسانية موجودة في اتفاقيات جنيف الأربعة لعام 1949، وبروتوكوليها الإضافيين لعام 1977، والتي أكدت على ثلاثة حقوق مرتبطة بالحق في المساعدة الإنسانية، وهي الحق في المعونة الغذائية، والحق في تلقي الإمدادات الطبية، والحق في الملبس. وقد أصبحت بمثابة قاعدة عرفية، فالعنصر المادي لهذه القاعدة العرفية متوفر في ممارسات الدول والمنظمات الدولية، والمنظمات الدولية غير الحكومية، والعنصر المعنوي متوفر عبر النصوص القانونية المتمثلة في قرارات الأمم المتحدة مثل:

قرار الجمعية العامة رقم 131/43، القاضي بحرية الوصول إلى الضحايا، وأن على الدولة تقديم المساعدة للمنظمات الدولية وغير الدولية في تنفيذ تقديم المساعدة الإنسانية، كما قضى القرار أن ترك الضحايا بلا مساعدة إنسانية لهو خطر على الحياة الإنسانية، وإهانة للكرامة الإنسانية.

قرار الجمعية العامة رقم 100/45 القاضي إلى إنشاء ممرات إنسانية سريعة. قرار مجلس الأمن 688 في حرب الخليج الذي أكد على حق الوصول إلى الضحايا، وأصر القرار على ضرورة أن يسمح العراق للمنظمات الإنسانية الدولية للوصول إلى من يحتاجها.

إن الفعل الإسرائيلي بحق أسطول الحرية هو جريمة حرب جديدة ترتكبها قوات الاحتلال الإسرائيلي بحق من آمنوا أن حق الإنسان يسمو فوق حق الدول، وأن الكرامة الإنسانية، ومساعدة الإنسان لأخيه الإنسان، ورفع المعاناة، والتضامن الدولي هي مبادئ تقتضيها الفطرة البشرية.

فقد ورد مبدأ التضامن الدولي في إعلان هلسينكي عام 1992، وإعلان طهران 1968، وفي قرار الجمعية العامة رقم 2037 عام 1965، والذي أكد على ضرورة تربية الشباب في روح من التضامن الدولي.

وعليه يجب أن تتحمل سلطات الاحتلال الإسرائيلي مسؤوليتها تجاه ما حدث، وأن تقوم برفع الحصار الفروض عن قطاع غزة فوراً، وتزويده بما يلزم من إمدادات طبية، وغذائية وغيرها من متطلبات الحياة، كما نص عليها القانون الدولي الإنساني. وعلى الدول الأطراف في اتفاقيات جنيف الأربعة لعام 1949، ومنظمة الأمم المتحدة، ممثلة بمجلس الأمن والجمعية العامة، واللجنة الدولية للصليب الأحمر، أن تقوم بإجراء تدخل جماعي سريع لإنهاء الحصار والمعاناة الإنسانية المتفاقمة في القطاع، وهذا يتطلب ضغطا دوليا من قبل المجتمع المدني بكافة أطيافه، والاستمرار في إرسال أساطيل الحرية، حتى تحقيق الهدف المنشود وإنهاء الحصار [143].

لا شك أن القرصنة الإسرائيلية لم تكن عملاً انفعالياً بلا مدلولات أو استهدافات، فنتنياهو الباحث عن مكانٍ له في تاريخ (مملكة إسرائيل)، و معه رديفه "العمالي" باراك الطامح الدائم نحو استعادة كرسي رئاسة الحكومة ليس لديهما الاستعداد للمجازفة بمغامرة تقودهما الى الفشل، ما يصح في السالفين يصح كذلك بأشكنازي الذي لا يبدو أنه يسير نحو التقاعد، بالعكس من ذلك، فإنه وعلى منهج أسلافه يبحث عن مقعد دائم أو بروفايل ثابت في الحياة السياسية الإسرائيلية.

كذلك الأمر بالنسبة لإدارة أوباما، التي يصعب الاقتناع أنها لم تكن في صورة ما سيحدث، خاصة أن هذا العمل العسكري في المياه الدولية، وفي مواجهة مدنيين عزل من السلاح، لذلك فإن نتنياهو ومعه باراك واشكنازي كانا بحاجة الى نوع من الخط الأخضر الواضح والصريح أو المفهوم ضمناً. ماذا يعني ذلك ؟ بالتأكيد إن لذلك مدلولاته التي لا تخفى على أحد، كما أن لذلك نتائجه التي قد لا تخدم حكماً الاستهدافات التي وضعت عملية القرصنة في اطارها:

المدلول الأول: أن حصار غزة إنما تفرضه أمريكا وتحفظ استمراريته، وأنه ممنوع على أي أحد المس به، طالما أنه يخدم الهدف المتمثل في ضرب المقاومة واستمرار الإنقسام الفلسطيني.

المدلول الثاني: ربطا بالأول فإن الإنقسام الفلسطيني الفلسطيني يجب أن يظل محكوماً بخطط راعيه الدولي والإقليمي، وممنوع على الحالة الفلسطينية أن تستعيد الوحدة الوطنية.

المدلول الثالث: خرق الحصار بهذه الطريقة يعني تحرير ساحل غزة من التبعية لدولة (اسرائيل)، وبالتالي تجسيد فكرة دولة مستقلة وذات سيادة، وهو أمر خارج الأجندة الإسرائيلية و لن ترضى به، مهما كان الثمن المدفوع في رفضه.

المدلول الرابع: أن أمن "إسرائيل" هو فوق كل اعتبار، لا يمكن السماح بالمساس به، وهي لذلك قد تقوم بضربات استباقية، كأن تضرب في المياه الدولية وقبل الوصول الى المياه الإقليمية، وهي هنا لا تعتبر سابقة، إذ أنها تكمن في صلب العقيدة الأمنية الإسرائيلية، وربما من هنا يمكن استيعاب وفهم الموقف الأمريكي المنادي بضرورة استيعاب حاجة "إسرائيل للأمن."

المدلول الخامس: أن الموقف التركي قد تجاوز الحد المسموح به، وعلى الأتراك أن يفهموا، أن اعتراضهم يجب أن يبقى في إطار الحالة العرضية، وممنوع عليه أن يتحول إلى حالة يمكن البناء عليها في تكوين الاتجاهات والمواقف[144].

وكان أغلب القتلى المستشهدين في أسطول الحرية من تركيا التي كانت المساهمة الأولى في العمل على كسر حصار غزة المميت الذي استمر لسنوات في صمت من الأمم المتحدة المتواطئة والرأي العربي. واتخذت دولة تركيا في شخص رئيسها أردوغان بوقف العلاقات الرسمية مع إسرائيل بغلق السفارة الإسرائيلية ومنع الإسرائيليين من أي زيارة سياحية.

وشيع عشرات الآلاف في مدينة أسطنبول الجمعة تسعة من الشهداء الأتراك ممن كانوا على متن أسطول الحرية وسط حالة غير مسبوقة من الغضب والانفعال.

كما طالب الحكومة الإسرائيلية بالاعتذار للشعب التركي ودعا إلى تشكيل لجنة تحقيق دولية في القضية وطالب الحكومة الإسرائيلية بتعويضات للمتضررين في الحادثة.

وتابع الوزير التركي -في مؤتمر صحافي عقده في أنقرة بعد زيارة للولايات المتحدة خصصت لبحث الأزمة الدبلوماسية الناجمة عن الهجوم- قائلا أن مستقبل العلاقات التركية الإسرائيلية يعتمد على موقف اسرائيل.

وكانت تركيا استدعت سفيرها لدى إسرائيل في أعقاب هجوم قوات كوماندوز إسرائيلية يوم الاثنين على سفن المساعدات التي كانت متوجهة إلى القطاع.

وأوردت وكالة الأنباء الفرنسية تصريحات لأوغلو، وردت خلال المؤتمر الصحافي، قال فيها "عبرت عن تصميمنا المطلق حول المسألة التالية: إن لم يفرج عن مواطنينا في غضون أربع وعشرين ساعة، بعبارة أخرى قبل هذا المساء، فسنعيد النظر كليا في علاقاتنا مع إسرائيل."

أكد رئيس الوزراء التركي رجب طيب أردوغان يوم الثلاثاء (19-7) أنه يستعد لزيارة غزة بعد زيارته لجمهورية مصر في وقت لاحق هذا الشهر. ونقلت وسائل إعلام تركية تصريحا عن أردوغان قوله للصحافيين قبل مغادرته إلى الشطر الشمالي من قبرص أنه "إذا كانت الظروف مناسبة، سأفكّر بزيارة غزة"، مشيرًا إلى أن وزارة الخارجية التركية تعمل على الموضوع حاليًا، وأن خطته لزيارة غزة ستوضع وفقًا لنتائج تحضيرات الوزارة. على صعيد آخر، أعلن مسؤولون

إسرائيليون أن 124 شخصا من رعايا دول لا تقيم علاقات دبلوماسية مع إسرائيل قد وصلوا إلى الأردن بعد ترحيلهم، وأعلنت إسرائيل بأنها ستحتفظ في سجونها بـ50 شخصا من بين نحو 700، لاستجوابهم بشأن أعمال العنف التي تقول أن جنودها تعرضوا لها على متن السفينة التركية. وأعلن مكتب رئيس الوزراء الإسرائيلي بنيامين نتنياهو بأن إسرائيل سترحل جميع الرعايا الأجانب الذين اعتقلتهم الإثنين على متن "أسطول الحرية."

في غضون ذلك، حثت الأمم المتحدة كافة الأطراف على توخي الحذر بينما تستعد مجموعة أخرى من الناشطين لكسر الحصار الذي تفرضه إسرائيل على قطاع غزة بتسيير قافلة جديدة لإيصال المعونات الى القطاع. وجاءت بعض تصريحات الناشطين بأسطول الحرية في عبارات مريرة تبعث على التقزز وتساءل مدى ديموقراطية الدولة الإسرائيلية: "لقد أهاننا الإسرائيليون جميعا، رجالا ونساء وأطفالا، فقد عوملنا بغطرسة ووحشية، ولكننا تمكنا من إيصال رسالتنا الى العالم أجمع بأن حصار غزة ظالم ويجب رفعه فورا."
وأعلنت ماري أوكابي الناطقة باسم المنظمة الدولية بأن الأمم المتحدة تعلم بأن سفينة واحدة على الأقل تبحر الآن صوب قطاع غزة وهي محملة بالمؤن والناشطين، وذلك بعد يوم واحد من الهجوم الذي شنته القوات الإسرائيلية على "قافلة الحرية" وقتلها تسعة ناشطين على الأقل.
بينما يدعي الإسرائيليون بأن جنودهم قتلوا الناشطين "دفاعا عن النفس" بعد أن تعرضوا "لهجوم شرس" من جانب الناشطين.
من جهة أخرى، دعا الرئيس الروسي ديمتري ميدفيدف الى إجراء تحقيق بالغ الدقة لحادثة الهجوم الإسرائيلي على "أسطول الحرية" وذلك في تصريح أدلى به في مدينة روستوف على الدون حيث جرت قمة "روسيا والاتحاد الاوروبي."
ووصف ميدفيديف مقتل الناس جراء استيلاء العسكريين الإسرائيليين على "قافلة السلام" المتوجهة الى قطاع غزة بأنه "أمر لا مبرر له ولا يمكن التعويض عنه."
وأعلن رئيس الاتحاد الأوروبي هيرمان فان رومباي بأن الاتحاد يطالب بإجراء تحقيق مفصل في الحادث، وبضمان حرية تنقل الناس والبضائع من القطاع وإليه.
على صعيد آخر نُشر يوم الثلاثاء بيان مشترك لوزير الخارجية الروسي سيرجي لافروف ونائبة رئيس الاتحاد الأوروبي كاترين إيشتون، جاء فيه أن "روسيا الاتحادية والاتحاد الأوروبي يعبران عن أسفهما لسقوط قتلى أثناء العملية العسكرية الإسرائيلية بحق الأسطول المتوجه الى قطاع غزة، ويطالبان بإجراء تحقيق شامل."

وقد أثارت روايات شهود عيان كانوا على متن سفن أسطول المساعدات عندما هوجم من قبل قوات الكوماندوز الإسرائيلية التشكك في الرواية الإسرائيلية عن هذه الأحداث التي خلفت مقتل 10 أشخاص على الأقل،

فقد أكدت النائبة في الكنيست الإسرائيلي حنين زعبي من عرب إسرائيل والتي كانت ضمن المشاركين في حملة أسطول الحرية أن إطلاق النار على ركاب السفينة بدأ قبل عملية إنزال كوماندوز البحرية الإسرائيلية على السفينة، وقبل أن يحصل أي احتكاك بين الجنود وبين ركاب السفينة.

كما أكدت أيضا أن إثنين من الجرحى قد نزفوا حتى الموت نتيجة عدم تلقي المساعدة الطبية لهما، رغم المطالبة المستمرة من قبل النائبة زعبي بإسعافهما.

وأضافت "أنه كان من المتوقع أن يتم وقف الأسطول، ولكن ليس بهذه الكثافة العسكرية وبهذه المعدات وهذا الهجوم الفظيع على 600 مشارك في الحملة، وهم مدنيون وبرلمانيون وناشطو سلام تعاملت معهم إسرائيل ووصفتهم سلفا، ومنذ انطلاق الأسطول، بأنهم "إرهابيون" وذلك لتبرير العدوان عليهم."

وأوضحت زعبي أن الهجوم على السفينة وقع في المياه الدولية، على بعد 130 ميلا، قرابة الساعة الرابعة والربع فجرا حيث طلب من الركاب ارتداء سترات النجاة، وعدم التواجد على سطح السفينة، إلا أن عملية الإنزال بدأت بشكل خاطف وسريع، وخلال أقل من 10 دقائق كان هناك 3 قتلى وعشرات الجرحى.

وقالت زعبي "أنها لم تر أي راكب يحمل عصا، أو آلة حادة وأن الهجوم الإسرائيلي أعطى انطباعا بأن شيئا كبيرا سيحدث."

وأضافت أنه تمت السيطرة على غرفة القيادة بعد ساعة ونصف، وتم إدخال جميع الركاب إلى قاعات كبيرة وقاموا بتقييد الجميع، ما عدا النساء وكبار السن، وقاموا بإجراء تفتيش جسدي على الناس واستخدموا الكلاب في عملية التفتيش، ولكنهم لم يعثروا على أية قطعة سلاح.

أما نورمان بيخ المواطن الألماني المعني بالقضية الفلسطينية، فقال أنه لم يعاين سوى عصيا خشبية لُوِح بها عندما نزل الجنود على السفينة[145].

وتتعرض الحكومة التركية لضغوط كبيرة مصدرها أوساط سياسية وشعبية لإلغاء الاتفاقات العسكرية المعقودة مع الكيان الإسرائيلي، لكن المؤسسة العسكرية التركية تعارض هذا الأمر تمامًا.

وفي إطار التصعيد التركي نفسه، طرح السفير التركي في واشنطن "نامق طن" خلال مؤتمر صحفي شرطين، الأول: على الحكومة الإسرائيلية أن تعتذر علانية عن الجريمة التي ارتكبتها بحق الناشطين الأتراك المبحرين على متن "أسطول الحرية"، والثاني: قبولها بتحقيق مستقل حول هذه العملية الإسرائيلية وإنهاء الحصار على غزة.[146]

يتوصل المفكر فهمي هويدي إلى خلاصة فيما يتعلق بالهجوم الشرس على أسطول الحرية من طرف المحتل الإسرائيلي وفي تحليله للواقع الفلسطيني والعربي والدولي ومساره التاريخي بأن كل الشواهد كانت

تدل على أن التاريخ ماضٍ فى اتجاه معين ومسبوق النظر، وأن العالم العربى بدا وكأنه مرشح للافتراس وقابل للفتك والانقضاض، ولكن الظهور التركى المفاجئ قلب الطاولة، وأربك الحسابات والسيناريوهات المرشحة، فالاتحاد السوفييتى انهار، والعرب أصبحوا بلا صديق والولايات المتحدة متورطة فى أفغانستان والعراق وفى أزماتها الداخلية. وإيران محاصرة ومصنفة أمريكيا فى "معسكر الشر".

ومصر انكفأت على ذاتها وخرجت من المشهد العربى، إضافة إلى أن النظام العربى انهار والدول العربية أصبحت معسكرين متنافرين ما بين الاعتدال والممانعة. أما القضية الفلسطينية فقد تراجعت أولويتها وتعاملت معها أغلب الأنظمة باعتبارها عبئا تريد الخلاص منه والتحلل من تبعاته، فضلا عن أن السلطة الفلسطينية باتت عاجزة عن الفعل والحركة، وأصبح اعتمادها على الولايات المتحدة الأمريكية وإسرائيل أكثر من تعويلها على الشعب الفلسطينى والتأييد العربى، لم يقف الأمر عند حدود التغيير فى الخرائط السياسية، ولكنه شمل أيضا بعض القيم السائدة، فالمقاومة صارت مستهجنة من قبل بعض الأنظمة وإرهابا عند أنظمة أخرى. [147]

برزت التجربة الإسلامية التركية لكونها ذات وقع تاريخي قطعي مقارنة مع التجربة الإسلامية العربية التي لا تزال تتخبط في عملها الدعوي ولم ترقى بعد للوصول للعمل السياسي بشكل ممنهج وديموقراطي لأسباب عدة ومنها عدم خبرتها السياسية وقلة تجربتها مع تركيزها على هم الوصول للحكم السياسي مغيبة جميع الشروط الموضوعية التي تقتضي استقطاب الشعب وتكوينه وتربيته فترة من الزمن قبل الخوض في تجربة سياسية قد تكون ناجحة.

وقد قام الكثير من المفكرين الإسلاميين والعاملين في الدعوة الإسلامية بمحاولات عديدة من أجل مقاربة التجربة العربية كانت أحيانا على شكل "الرؤى البديلة للعالم العربى والإسلامى"، مما يؤكد الوضعية الحالية للعمل الإسلامي. وتوصل هذا التنظير إلى أن التجربة العربية قد وصلت إلى الباب المسدود ويلزم إعادة النظر في ميكانزمات العمل وآلياته وكيفية التنظير للعمل الإسلامي وإخضاعه للديمقراطية وحرية قبول الرأي المخالف الأمر الذي لم تتوصل إليه كثير من الحركات الإسلامية بل كانت سببا في الانقسامات الداخلية للحركة. انطلاقا من هذا

المنظور العربي الإسلامي المتخلف عن مسايرة الأحداث التاريخية التي تعرفها الأمة يعتبر فهمي هويدي مبادرة تركيا متميزة جدا وتحمل دلالات تاريخية وسياسية وديمقراطية. فالديمقراطية هى التى مكنت حزب العدالة من تطوير وإنضاج مشروعه وبرنامجه السياسى، وهى التى جاءت به إلى البلديات أولا ثم إلى البرلمان ورئاسة الحكومة بعد ذلك، وهى التى فرضت على قيادة الحزب ممثلة فى عبدالله جول رئيس الجمهورية ورجب طيب أردوغان رئيس الوزراء أن يعبرا عن مشاعر الناس وغضبهم، خصوصا إزاء الموضوع الفلسطينى، الذى أصبح أردوغان من أفضل المتحدثين عنه، ومن ثم فإن الديمقراطية حين أخذت على محمل الجد (لا تقارن من فضلك) كانت عنصرا فاعلا فى إفساد المخططات والسيناريوهات المرسومة فى الخارج، وجعلت المجتمع مساهما فى صنع التاريخ وليس متفرجا عليه.[148]

فى هذه الأجواء ظهر حزب العدالة على المسرح، وشكلت قيادته الحكومة فى عام 2003 بأغلبية مشهودة، فخطفت الأبصار، خصوصا حينما أدرك الجميع عزم القيادة الجديدة على القيام بدور فاعل فى المنطقة، ثم حين تبنت موقفا نزيها إزاء القضية الفلسطينية، وهو ما كان له صداه ورنينه القوي فى الفضاء والحيرة المخيمين، عززت من أهمية ذلك الدور أربعة عوامل، الأول أن الحكومة جاءت مستندة على أغلبية شعبية قوية، لم تكن مألوفة فى الساحة التركية، الأمر الذى شجعها على أن تتحرك باطمئنان وثقة معتمدة على ذلك التفويض الشعبى الواسع. الأمر الثانى أن النموذج الذى قدمه حزب العدالة بخلفيته الإسلامية لقى قبولا من الناس؛ ذلك أنه لم يخاطب الجماهير بلغة الوعظ والإرشاد، لكنه بنى مشروعه ورصيده على السعى الدؤوب لنفع الناس وتلبية احتياجاتهم، ولذلك كان تركيزه على الإنجاز الاقتصادى ضمن أولوياته. الأمر الثالث أن الحزب بأداءه أسقط معادلة التعارض بين الإسلام والديمقراطية، حيث خاض الانتخابات البلدية أولا والتشريعية ثانيا منطلقا من التسليم بقواعد اللعبة الديمقراطية ومبادئها. الأمر الرابع أن حكومة حزب العدالة اتجهت إلى المحيط العربى والإسلامى، دون أن تفرط فى حرصها على الانضمام إلى الاتحاد الأوروبى، صحيح أنها بدأت بمجالات التعاون الاقتصادى، وسعت إلى إلغاء تأشيرات الدخول مع أربع دول عربية هى سوريا ولبنان والأردن وليبيا، لكنها ما لبثت أن أصبحت حاضرة بقوة فى مختلف عناصر المشهد السياسى.[149]

جاءت ردود فعل عديدة على إثر الاعتداء الإسرائيلي الدموي ضد أسطول الحرية إذ أعلنت مفوضة الأمم المتحدة السامية لحقوق الإنسان نافي بيلاي السبت أن الحصار الذي تفرضه "إسرائيل" على قطاع غزة غير قانوني ويجب رفعه.

وكررت بيلاي في تصريح نشرته وكالة رويترز الدعوات بالتحقيق في المجزرة التي ارتكبتها "إسرائيل" بحق سفن أسطول الحرية فجر الاثنين الماضي، وأدت إلى استشهاد وجرح العشرات من المتضامنين.

وأضافت "القانون الإنساني الدولي يحظر تجويع المدنيين كوسيلة حرب..

كما يحظر فرض عقوبة جماعية على المدنيين".ونوهت مفوضة الأمم المتحدة السامية لحقوق الإنسان إلى أنها ذكرت بشكل دائم للدول الأعضاء أن الحصار غير قانوني ويجب رفعه. وتابعت أنه "حتى إذا ثبت أن الحصار قانوني وفقًا للقانون الدولي فإن العملية العسكرية الإسرائيلية ضد قافلة سفن مساعدات غزة يجب تحليلها من منظور التزام إسرائيل بالسماح بوصول المساعدات الإنسانية لغزة".[150]

أكدت سلطة المعابر في حكومة حماس المقالة في قطاع غزة أن مصر أعادت بشكل مفاجيء فتح معبر رفح في كلا الاتجاهين وحتى إشعار آخر، ويعتبر معبر رفح المعبر الوحيد الى قطاع غزة الذي لا يخضع للسيطرة الإسرائيلية بشكل كامل.

تعتبر إعادة فتح المعبر بشكل دائم ضربة قوية لجهود إسرائيل وحلفائها الغربيين لشل حركة حماس وإرخاء قبضتها على القطاع.

وجاء في بيان أصدرته وزارة داخلية سلطة حماس المقالة: "يفتح معبر رفح يوميا من التاسعة صباحا وحتى السابعة مساء".

وقال غازي حماد، أحد مسؤولي حركة حماس: "إن الوضع في معبر رفح عاد الى ما كان عليه قبل يونيو/حزيران 2006" في إشارة الى الفترة التي أسر فيها مقاتلو الحركة وحلفاؤهم الجندي الإسرائيلي جلعاد شاليط.

نقلت وكالة رويترز عن مصدر أمني مصري تصريحه التالي: "قررت مصر فتح حدودها مع قطاع غزة يوم الثلاثاء للسماح بعبور المعونات الطبية والانسانية، وسيبقى المعبر مفتوحا حتى اشعار آخر".

وقال المصدر المصري أن القاهرة ستسمح لقوافل الإغاثة بالعبور الى قطاع غزة، ولكن يتعين نقل البضائع الثقيلة كالإسمنت والحديد عن طريق اسرائيل[151].

نظم مئات من ناشطي السلام الإسرائيليين مسيرة في تل أبيب تزامنا مع ذكرى مرور عام على الحرب التي شنتها إسرائيل على قطاع غزة، وكان شعار المسيرة "حرروا غزة"، وقد رفعه الناشطون خلال مسيرتهم مساء السبت في تل أبيب،

تزامنا مع الذكرى الأولى لتلك الحرب، واحتجاجا على الحصار المفروض على قطاع غزة .

وأعلن يوري افنيري الناشط الإسرائيلي: "نتظاهر اليوم احتجاجا على استمرار الحرب. دعونا من الأوهام، الحصار استمرار للحرب، الحصار إرهاب، الحصار جريمة، بل وجريمة حرب بشعة."

أما إينا ميخائيلي، وهي ناشطة إسرائيلية، فقد قالت: "نحن هنا لنذكر بأن الحرب لم تنته بعد، هناك أزمة إنسانية في غزة ، أكثر من ألف وأربعمائة فلسطيني قتلوا، وإسرائيل لا تحاسب المسؤولين عن هذه الجرائم." وضافت: "جئنا لنعبر عن تضامننا مع شعب غزة، وندعوا المجتمع الدولي للتحرك لمحاسبة المسؤولين عن إزهاق تلك الأرواح واستمرار الحصار الذي جعل من غزة أكبر سجن في العالم." كما استقبلت غزة عددا من اليهود من أتباع طائفة "ناطوري كارتا" الذين جاؤوا الى القطاع لترديد الصلوات وإشعال الشموع احتجاجا على السياسات الإسرائيلية تجاه القطاع[152] .

لكن ما هي آفاق السياسة الاستبدادية المتعالية على القوانين التي تمارسها دولة إسرائيل في حق شعب وما يعقب ذلك من خلل استراتيجي بالمنطقة وما يتبع ذلك من عدم اسقرار بالمنطقة وبالعالم العربي والدولي؟

قد تستطيع أمريكا ومعها ربيبتها إسرائيل إدامة حالة الحصار، وتالياً التحكم في الوضع الفلسطيني من خلال استمرار حالة النزف القائم في الجسم الفلسطيني وإبقاء الوضع على ما هو عليه من انقسام فتحاوي حمساوي، وستقدر على دفع أوروبا لإعادة إنتاج مواقف مائعة ذات وجهين، ترضي الطرفين، وستجبر النظام الرسمي العربي على رمي طوق النجاة لنتنياهو وحكومته وذلك للخروج من مأزقه،

لكن الأكيد هنا هو أن القدرة على التحكم بسياسة "السير على حافة الهاوية" قد خطت خطوة كبيرة باتجاه النهاية، خاصة وأن هذه الجريمة وتلك القرصنة، قد جاءت لتحقق درجة أعلى من الاحتقان، ليس فقط على المستوى الفلسطيني، بل وأكثر من ذلك، على المستويين العربي والأممي، وعليه فإن ما بعد الاحتقان سيكون الانفجار، وهو ما سيصيب أمريكا وتوابعها حكماً بالضرر[153] .

الخلاصة من العرض الذي سلف هو أن تتخذ الشعوب العربية المسلمة الحدث التاريخي للهجمة على أسطول الحرية مأخذ الجد والقيام كأمة متحررة بالضغط على حكوماتها حتى تتحرك وتنتقل من حالة الصمت المتواطئ مع الكيان الإسرائيلي إلى عنصر فعال لخدمة قضية الحصار والاحتلال.

لقد حان الوقت لتتحرك الشعوب الراكدة وتنتقل إلى الفعل في التاريخ عساها تقدر على تغيير مساره، فإن كانت مبادرة أسطول الحرية قد زعزعت حسابات إسرائيل وكسرت الصمت العربي والدولي المتواطئ على حصار غزة فإنه بمقدور الشعوب أن تفعل فعلها التاريخي بالتحرك الفعال والإيجابي. ويلزم التضحية بالنفس والدم والمال لدعم قضية هي محك القضايا العربية الإسلامية، ويلزم التهيئ لمستقبل غد الإسلام الذي ينبئ بإرهاصات قومات على الطريق، لكن التكوين يرجع فعله للشعوب والأمم فهذه هي السنن الكونية التي هي جهد ومدافعة وتضحية ونضال وجهاد ومضي في درب الصمود لا رجوع بعده.

هل تكتفي الشعوب العربية المسلمة بالمسيرات الشعبية والمظاهرات التضامنية بالشوارع أم يلزم تعميق فعل تلك الشعوب لتصبح أكثر فاعلية من خلال العمل الجمعوي والنقابي والحزبي والسياسي بالضغط على الحكومات بإيقاف التطبيع مع الدولة الإسرائيلية وإبداء موقف الرفض من سلوكها الاعتدائي من حصار غزة والاحتلال والحرب الإبادية التي تشنها في حق شعب محاصر ومحتل ومرحل ولا أمل له في العودة.

لا ننقص هنا من فعل المظاهرات والمسيرات الشعبية العربية المسلمة ولكنها لا تكفي في اتخاذ القرارات السياسية التي يمكن أن تضع حلا لإنهاء الحصار المميت على شعب غزة وعلى كل الشعب الفلسطيني، الذي يعاني من الاحتلال لما يزيد عن نصف قرن ولا آفاق واضحة لحل قضيته التي تتحكم فيها حكومات إمبريالية غربية على رأسها الولايات المتحدة وحكومات عربية ترتبط مصالحها بالولايات المتحدة وإسرائيل. وإن عدم تأثير تلك الجماهير في حكوماتها ليس له مدلول غير أن تلك الحكومات لا تمثلها التمثيل الحق بل هي حكومات استبدادية فوقية غير ديمقراطية ولا شرعية لأن الشعب لم يخترها بمحض حريته بل فرضت عليه فرضا فهي لا تتجاوب وتلك الجماهير الشعبية.

تظاهر آلاف المغاربة يوم الأحد احتجاجا على الهجوم الإسرائيلي على قافلة التضامن الإنسانية نحو غزة هاتفين "الموت لإسرائيل" ومشيدين "بالشهداء" الأتراك، وأعلن عبد الواحد المتوكل الأمين العام للدائرة السياسية لجماعة العدل والاحسان الإسلامية لرويترز "الفعل الإسرائيلي كان إجراميا بكل المقاييس، كان لا بد من الخروج للشوارع لإدانة هذا الإجرام". وأضاف إن"الأتراك استحقوا التحية والمساندة من العرب والمسلمين لما يقومون به كشعب وكحكومة عبر مواقف شجاعة لمساندة الشعب الفلسطيني".

في هذا الصدد أعلنت الأستاذة مريم يافوت مسؤولة القطاع النسائي لجماعة العدل والإحسان، موقف الحكومات العربية المسلمة المتخاذلة قائلة:

"النظم السياسية العربية عودتنا أن لا تتجاوز سقف التنديد والشجب وفي أحسن الأحوال تسمح لشعوبها بالاحتجاج، وهي المستسلمة للضغوط العالمية والمرتهنة لمصالحها الضيقة على حساب الشعوب، ولأنهم اختاروا أن يصطفوا مع الاستكبار العالمي والصهيونية لا مع الشعوب فذاك هو سقفهم. وبالمناسبة نحيي الموقف التركي الشجاع رغم أنه يتعرض لنفس الضغوط ورغم أن حزب العدالة والتنمية الإسلامي وجد في تركيا إرثا ثقيلا من العلاقات مع الكيان الإسرائيلي إلا أنه انحاز للشعب الفلسطيني ولموقف الشعوب العربية والإسلامية والعالمية[154]. "

مسيرات عربية إسلامية قد نظمت في بلدان عربية متعددة أذكر هنا المسيرة الشعبية التي نظمت في يوم الأحد 6 يونيو 2010 بمدينة الرباط والتي شارك فيها مئات الآلاف من المغاربة، نظمتها هيآت سياسية ونقابية وجمعوية تلبية لنداء نصرة غزة ودعما لمطب رفع الحصار الظالم عنها، وتلبية لنداء المؤتمرات الثلاث ومجموعة العمل الوطنية لمساندة العراق وفلسطين والجمعية المغربية لمساندة الكفاح الفلسطيني، والهيئة المغربية لنصرة قضايا الأمة التابعة لجماعة العدل والإحسان.

كان في مقدمتهم المغاربة المشاركون في أسطول الحرية الدكتور عبد القادر عمارة عضو الأمانة العامة لحزب العدالة والتنمية، والأستاذ عبد الصمد فتحي عضو الأمانة العامة لدائرة السياسية ومنسق الهيئة المغربية لنصرة قضايا الأمة، والمهندس لطفي حساني عضو الهيئة العربية الدولية لإعمار غزة، والأستاذ حسن الجابري، عضو لجنة العلاقات الخارجية للعدل والإحسان وبعض الأخوات.

أكد الأستاذ محمد حمداوي، ممثل المؤتمر القومي الإسلامي بالساحة المغربية وعضو مجلس إرشاد الجماعة، على أن "عملية أسطول الحرية عملية تاريخية، أبانت أن بإمكان عمليات شعبية مدنية أن تفعل ما لم تفعله الأنظمة الرسمية الحاكمة بخصوص حصار غزة" ، وأضاف بأن "حصار غزة كاد أن ينسي فجاء أسطول الحرية ليرجع هذا الحصار إلى واجهة الأحداث وأحرج الكيان الصهيوني بشكل غير مسبوق حيث تعرض لإدانة دولية قوية، وكسرت هذه القافلة عنجهية الكيان الإسرائيلي، وهذا يبين أن قوة الإرادة لا يمكن أن يواجهها أي شيء مهما كان المحتل مدججا بالأسلحة."

ومن جهته شدد الأستاذ محمد بنجلون الأندلسي، منسق الجمعية المغربية لمساندة الكفاح الفلسطيني، على أن "العناد الإسرائيلي لا يمكنه أن يخضع إلا بوجود مقاومة وعناد ذوي الحق وأعتقد أن أسطول الحرية استطاع أن يجمع العديد من الأصوات الحرة في العالم لتقول بصوت واحد كفى لهذا الحصار اللاإنساني لشعب أعزل المسجون جماعيا أمام أنظار العالم كله" . واعتبر أن "أسطول الحرية أكد للكيان الإسرائيلي بأن ليس له بعد اليوم أن يفعل ما يريد" ، وقدم "للعرب والمسلمين درسا واضحا هو أن قضية غزة أصبحت تثير المشاعر الإنسانية فلا يتخلفوا عن الدعم حتى لا يفوتهم الركب."

أما الأستاذ خالد السفياني، منسق مجموعة العمل الوطنية لمساندة العراق وفلسطين، فدعا إلى "استمرار الضغط واتساع دائرة القوافل الإنسانية الخارقة للحصار واتخاذ المواقف السياسية القوية" ، أكد بأن "الواجب الآن على الأنظمة العربية أن تؤمن بأن الخيار الوحيد الضاغط على الكيان الصهيوني هو خيار المقاومة وبالتالي لا معنى للحديث مجددا عن خيار السلام، ولا مجال للتمسك بالمبادرة العربية التي يجب سحبها، ولا مجال مطلقا لاستمرار العلاقة مع الكيان الصهيوني من طرف الأنظمة التي تربط هذه العلاقة في شقها السياسي أو الاقتصادي أو الدبلوماسي أو الثقافي.

وبالمناسبة سيكون من العار أن يحضر صهاينة في مهرجان الموسيقى الروحية بفاس وقد طالبنا بإلغاء حضورهم" ، واسترسل راصدا الإمكانيات المتاحة للأمة بقوله "وسيكون من العار الاستمرار في تزويد الكيان الصهيوني بمواد عربية وإسلامية، وسيكون العار أن يبقى معبر رفح مغلقا أو فتحه لأجل يجب أن يكون فتحا شاملا ودائما، ويجب أن نتابع القيادات الصهيونية عن جرائمها أو غيرها من الجرائم، وبالتالي هناك قرارات عربية في يد الأمة العربية والإسلامية يمكنها أن تؤدي إلا نتائج ملموسة ".

ورأى الأستاذ محمد حمداوي، رئيس حركة التوحيد والإصلاح، بدوره بأن هذه المسيرة الوطنية:

"تحيي القضية من جديد بزخم وحماس أقوى، فالكل يعلم أنه بعد الحرب على غزة وما حققته المقاومة من انتصار شعبي أريد للقضية الفلسطينية أن تدخل متاهات المفاوضات الرسمية وغير الرسمية والمباشرة وغير المباشرة، ولكن مع الأحداث الأخيرة وببركة دماء الشهداء التي أريقت مع أسطول الحرية تم إحياء القضية من جديد، وما تجاوب الشعب المغربي وشعوب العالم إلا دليل على أن هذه القضية لن تموت ولن تتوقف إلا برفع الحصار عن غزة وتحرير فلسطين[155] .

وتتوالى المسيرات والمظاهرات في الدول العربية من غربها إلى شرقها وفي قلب فلسطين المحتلة وفي المخيمات، وفي أوروبا وفي غيرها من الدول الغربية، تهتز

الشعوب لحدث تعرض أسطول الحرية للاعتداء الهمجي من طرف إسرائيل، وكان ضحايا الحرب والمحرقة في قطاع غزة من آلاف الموتى والجرحى الذين لم يتلقوا العلاج للحصار المضروب عليهم ولم يتحرك العالم لذلك!

لا نتشاءم بل نتفاءل خيرا بهذه الهزات الشعبية الجماهيرية التي تساند قضايا الأمة وتغير الرأي العام بفعلها وتفاعلها الحي، ويبقى تقييم هذه التظاهرات بعيد المدى ولا نخضعه للنظرة الآنية التي لن تثمر في حينها، التغيير يتطلب عقودا من العمل والفعل والتفاعل تتحسس فيها الجماهير الغربية بقضايا الأمة التي غيبها وموهها الإعلام الصانع للفكرة وللحقيقة المشوهة.
وسيأتي اليوم الذي تنهض فيه الشعوب وتغير حكوماتها الإمبريالية لتصنع حكما ديمقراطيا حقيقيا يقام فيه العدل وتحترم فيه حقوق المواطن والإنسان، ستتغير معالم حضارية تطغى الآن وتحل محلها قيم توافق العصر الآتي، عصر العلم والمعرفة وقبل ذلك الحرية والعدل وحقوق الإنسان وستنتهي الحروب الإبادية التي تتحكم في العصر الإمبريالي الحالي وستبدأ مرحلة حضارية جديدة في جميع المستويات القيمية والإديولوجية والسياسية والاقتصادية وستأفل دول وتصعد دول أخرى تصبح الفاعلة عالميا.

آفاق وطموحات لتقعيد
التهدئة

في مقالته القيمة "غزة لا تقبل بمعادلات جديدة" يذهب الدكتور يوسف رزقة إلى طرح أسئلة محورية تهم كيفية معادلة التهدئة التي تبدو مستحيلة من جانب المحتل الإسرائيلي الذي يسعى بكل الوسائل لفرض هيمنته وإرادته بهدف إبادة شعب غزة المحاصر، قضية محورية يدور حولها وضع الأمن والاستقرار بمنطقة حساسة جدا في قلب الشرق الأوسط، ويزداد الوضع تأزما خصوصا بعد نجاح الثورات العربية التي كانت نتائجها إيجابية جدا تمخضت عن بناء دول ديمقراطية بعد الإطاحة بالدكتاتوريات التي ظلت مهيمنة في البلاد العربية.

وكان سؤاله المحوري داعيا ليحثنا على التفكير والنظر ومقاربة وضعية وصلت للمأزق التاريخي وهي حصار غزة وشعب غزة الذي لا ذنب له إلا أنه اختار بكل ديمقراطية أن تمثله قوة سياسية ينبذها المحتل ولا يعترف بها بل يريد بكل الوسائل اقتلاعها من جذورها.

لنقف لحظة عند سؤاله الجوهري الذي طرحه بالشكل التالي، "هل سقطت التهدئة أم نحن أمام جولة محدودة من التصعيد العسكري؟! لقد صمدت التهدئة غير المعلنة منذ حرب الرصاص المصبوب وحتى الآن. جوهر التهدئة من حيث الترجمة السياسية والميدانية يقوم على معادلة الهدوء مقابل الهدوء دون التزامات أخرى. القراءة الإسرائيلية للمعادلة تقول: "إنها ممتدة في الزمن، وإنها شاملة، وإن حكومة حماس هي المسئولة". والقراءة الفلسطينية للمعادلة تقول: "إنها ليست دائمة ومن حق المقاومة أن تعمل على إزالة الاحتلال. معادلة الهدوء في مقابل الهدوء معادلة إسرائيلية فرضتها تل أبيب على غزة بالقوة في حرب الرصاص المصبوب ورفضت حكومة تل أبيب التوقيع على ورقة التفاهمات التي أدتها القاهرة مع غزة. والترجمة العسكرية للمعادلة تعني "تحقيق الهدوء من خلال الردع"، والاشتراط الضمني هو "الدوام والشمول." من خلال مفهوم (الردع) العسكري يمكن تفسير شراسة العدوان الإسرائيلي الأخير على غزة واغتيال قادة لجان المقاومة الشعبية. صيغة (الردع العسكري) ليست مضمونة النتائج؛ لأن الردع لا يمنع المقاومة

كمشروع وكحق وطني للفلسطيني، وقد فشل الردع في الحقبة الاستعمارية في كافة البلاد التي خضعت للاستعمار، وهو فاشل هنا بإذن الله[156].

لكن أين يكمن الخلل وما الذي يمنع دون تحقيق تسوية عادلة خلال ستين عاما من الاحتلال الإجرامي الإبادي لشعب يطمح لحقه في الحياة وبناء دولة مستقلة ومستقرة؟ نطرح العبارة بهذه الصيغة؛ لأن الوضع الجيو سياسي لمنطقة الشرق الأوسط والعربي عامة تغير جذريا بعد الثورات الربيعية التي قامت بها الشعوب العربية وتحملت تبعاتها الدموية والتصفوية، وحطمت بذلك الأنظمة الفاسدة التي ظلت تجثم على صدورها لمدة طويلة.

تغير الوضع الآن في العالم العربي والديمقراطيات في طريقها إلى التطبيق من طرف شعوب تطمح بقوة لتحررها من قبضة الديكتاتوريات والحكم العشائري والملكي المتوارث، ومن هنا يصعب تقبل القوة المفرطة التي تسعى دولة إسرائيل إلى فرضها على من تحتل أرضه بدعاوى لايقبلها عقل سليم ولا يقبل التحاور مع خصم صار في موقع قوة بعد أن كان في موقع ضعف. ولنقرأ عبارة ولنتفهم ما يقصده المؤلف صاحب النظر الثاقب والبعيد المدى والذي يسعى بكل قوة التواصل مع عدو محتل لا يعرف غير القوة كلغة للحوار.

"تل أبيب التي تؤمن بالقوة، وإذا فشلت بمزيد من القوة، ولا مجال في التعامل مع الفلسطيني من خلال خيارات أخرى، قررت أن تستفيد من الوضع الذي تشكل بعد عملية (أم الرشراش/ إيلات)، وبعد الاطلاع على تداعيات الثورات العربية لتفرض على الفلسطيني معادلة جديدة تقوم على مزيد من القوة والردع، وتجزئة معادلة الهدوء في مقابل الهدوء واستباق المتغيرات الإقليمية، والذهاب إلى معادلة الحفاظ على الهدوء الشامل، واغتيالٍ مُرَكِّزٍ لعناصر خطرة على التهدئة. والترجمة العملية لهذه المعادلة الإسرائيلية: بقاء الميدان في غزة تحت النار، وتقبل المجتمع الفلسطيني للاغتيالات تحت مسمى رجلٍ خطر. ولا أدري كيف يمكن الجمع بين متناقضين الهدوء والاغتيال؟! و(إسرائيل) ليست اللاعب الوحيد، وليست المقرِّر الوحيد، حتى ولو كانت هي الأقوى عسكريًا؟! ولو كانت كذلك لرفع الشعب الفلسطيني الراية البيضاء منذ سنين.

المعادلة الجديدة للتهدئة معادلة خطيرة، وهي وَصْفَةٌ جديدة لمزيد من سفك الدماء، والقول بها أو التعايش معها فلسطينيًا فيه إغراء، أو مزيد من الإغراء لاستخدام القوة والقوة المفرطة ضد غزة، إن التدقيق في المصطلحات يكشف عن شركٍ

إسرائيلي لتفتيت المقاومة، وإفساد حالة التوافق الداخلي بينهما، الأمر الذي يستوجب من المقاومة ردًا من خلال تطوير آليات التوافق والتشاور على نحو يضمن مواجهة مشتركة لمجمل هذه المعادلات، ولمجمل سياسة الردع [157]. ولكن لغة القوة والتجبر والتسلط والاستكبار لن تنفع في الحاضر ولا في المستقبل القريب الذي تبنى فيه دول جديدة، ونقصد هنا سقوط الطاغوت المصري العميل الأول لإسرائيل ونجاح الثورة المصرية التي أربكت حسابات السياسيين والمستقبليين، ولنقرأ في هذا الصدد عبارات من كاتب عميق النظر وبعيد الفهم للثورات الربيعية وأبعاد نتائجها على السياسات المحلية والدولية والعالمية.

ظهر مأزق إسرائيل الاستراتيجي بوضوح بعد حرب تموز/2006، وتعزز وضوحه في الحرب على غزة، 2009/2008. فشلت إسرائيل في جنوب لبنان على الرغم من أن الحرب استمرت ثلاثة وثلاثين يوما، ولم تحقق أهدافها السياسية في غزة على الرغم من استمرار الحرب مدة ثلاثة وعشرين يوما.
جيش إسرائيل لم يعد قادرا على حسم المعارك، ولم يعد قادرا على تنفيذ التهديد الذي يطلقه قادة الصهاينة السياسيين ضد هذه الجهة أو تلك. لقد وجدت إسرائيل نفسها أمام مأزق استراتيجي كبير بحيث أنها لم تعد تهيمن تماما على المنطقة، ولا تستطيع أن تشن حربا في أي وقت تشاء، ولم تعد هي بمنآى عن صواريخ الطرف الآخر.
لقد تصدعت نظريتها الأمنية التقليدية، وأصبح لزاما عليها أن تطورها بطريقة تتناسب مع الأوضاع المستجدة، لكنها تدرك أيضا أن الطرف المقابل ليس غافلا، وهو يعمل ليل نهار على تطوير قدراته العسكرية وتكتيكاته، ويطور رؤاه الأمنية والعسكرية والاستراتيجية[158].

"حين هتف "التونسيون" بعد سقوط بن علي بتحرير فلسطين لم يصدق الكثيرون بأن هذه الشعوب العربية التي خرجت لإسقاط أنظمتها السياسية تستطيع أن تخرج أيضاً لاستكمال استقلالها الثاني وإسقاط المعاهدات التي فرضت عليها وربما تحرير أراضيها المغتصبة.

التقطت تركيا «الرسالة» فقررت طرد السفير الإسرائيلي وتعليق الاتفاقيات العسكرية والاقتصادية بين البلدين لكن تل أبيب ─على ما يبدو─ أخطأت في فهم الرسالة كما أخطأت قبل ذلك في فهم الواقع العربي والإسلامي الذي بدأ يتشكل بعد أن استعادت الشعوب "قرارها" وانتصرت لكرامتها وانتبهت لحقوقها المنهوبة.

وبأسرع مما نتوقع وصلت أصداء الرسالة «التركية» إلى القاهرة فزحفت الجماهير نحو «السفارة» الإسرائيلية، وحدث ما حدث، لكن "إسرائيل" هذه المرة انتبهت إلى «المشهد» باعتباره أكبر «تسونامي سياسي يضرب تل أبيب» كما قال كبير المحللين في صحيفة «معاريف» إذ تحققت أسوأ أحلام "إسرائيل" بشأن الربيع العربي وبدت معاهدة السلام مع مصر عملياً على وشك الانهيار.

لم تتحدث "إسرائيل" هذه المرة عن «الكرامة» كما فعلت سابقاً حين رفضت الاعتذار للأتراك وللمصريين أيضاً، وإنما تحدث «نتنياهو» عن السلام مع مصر وأهمية التمسك به وعن العمل مع الحكومة المصرية لإعادة السفير إلى القاهرة، وهذه ـبالطبعـ لغة مفهومة في سياق «المصالح» الإسرائيلية التي أصبحت مهددة بفعل هذه الصحوات العربية الإسلامية التي فاجأت الجميع لكنها ـأيضاًـ تكشف حجم «المأزق» الذي تواجهه تل أبيب في ظل «تغيرات» إقليمية ستقلب ـبالتأكيدـ موازين السياسة وخاصة فيما يتعلق بملف القضية الفلسطينية وعلاقة "إسرائيل" بجوارها العربي والإسلامي.

لا أعتقد أن رسالتي طرد السفير من أنقرة واجتياح السفارة في القاهرة كانتا مجرد «صدمة» لتل أبيب فقط، فكثيرون في عالمنا العربي والإسلامي «دعك من أمريكا والغرب عموماً» ستزعجهم بالتأكيد هذه «المفاجأة» كما أن كثيرين سوف يستلهمون ما حدث، وبوسعنا أن نفتح أعيننا على هذه الحقائق الجديدة لكي نتعامل معها ونستفيد من دروسها وأهمها أننا أمام لحظة تاريخية تبدو فيها "إسرائيل" في «أضعف» حالاتها، وأمام استحقاقات تاريخية أيضاً تحتاج إلى قرارات تتناسب مع تطلعات الشعوب التي تريد أن تباشر عصر «استقلالها» من جديد وأمام مرحلة لم تسقط فيها الأنظمة السياسية فقط وإنما سقطت فيها «أفكار» عديدة منها فكرة «الفصل بين الكرامة والمصلحة» وفكرة «تجنب الصدام مع إسرائيل» وفكرة «الانحياز لحكمة النخب ضد جرأة الشعوب».....

هذه الأفكار وغيرها سقطت في تركيا حين انتصرت الديمقراطية على حكم العسكر وسقطت في مصر حين استعاد الشعب شرعية قراره بالثورة، ولا يجوز أن نتوقع بأن شعوبنا الأخرى في معزل عن هذا المشهد أو أن «حكوماتنا» محصنة ضد هذه العدوى «الشعبية» التي تخترق الحدود بلا استئذان.لا شك بأن الربيع العربي سيفاجئنا «بأحلام» لم نتوقعها وسيفاجئ غيرنا "بكوابيس" لم تخطر على بالهم لكن المهم أن تظل عيوننا مفتوحة على المشهد لكي لا نتردد في دفع استحقاقاته فتترك حينئذ لشعوبنا أن تأخذ حقوقها بيدها وهو ما سيحدث في يوم ما، قولوا: إن شاء الله [159].

178

أضاف شعب مصر بثورته بعدا استراتيجيا جديدا للقوى العربية والإسلامية التي تواجه إسرائيل. تعبر الثورة المصرية بحد ذاتها عن إرادة عربية مصرية حرة، وهي تصر على الحرية والاستقلال ليس لمصر فقط وإنما لكل الأقطار العربية . ويكفي أنها خلعت أكثر نظام عربي ملتزم بالأمن والمصالح الإسرائيلية، لكن شعب مصر لم يتوقف فيما يتعلق بإسرئيل عند حد التحرر من التزامات مصر تجاه إسرائيل، وإنما يصر على خلع إسرائيل من أرض الكنانة، واستعادة سيناء لتصبح جزءا لا يتجزأ من السيادة المصرية الكاملة. ما قام به شعب مصر في الأيام الأخيرة من السيطرة على سفارة الصهاينة في مصر يعبر عن هذه الإرادة المصرية الصلبة التي لا تهون ولا تذل، وقد صدق شعب مصر موقفه من الصلح مع إسرائيل وإقامة علاقات اعتيادية معها. شكك كثيرون عبر ثلاثين عاما بإرادة شعب مصر، وبموقفه من إسرائيل، لكن الشعب أتاهم بالخبر اليقين. تدرك إسرائيل أن المسألة ليست فقط سيطرة على سفارة وطرد سفير، وإنما تتعلق بتغيير جذري في السياسة المصرية تجاهها وتجاه أعمال المقاومة والعلاقات مع الدول الغربية عموما.

أي أن المسألة ستمتد إلى إعادة بناء الجيش المصري، والإصرار على دخول سيناء عسكريا وحتى الحدود الافتراضية بين مصر وفلسطين، وإعادة تقييم العلاقات الإقليمية والدولية. وتدرك إسرائيل أن جبهة مغلقة، بل حليفة قد أغلقت، وأنها ستتحول تدريجيا إلى جبهة مفتوحة ضدها سواء من خلال أعمال مقاومة سرية تنطلق من سيناء، أو دعم المقاومة الفلسطينية في غزة، أو في مواجهة مباشرة مع الجيش المصري. لقد كانت إسرائيل في ورطة استراتيجية، والآن هي في ورطة تتعمق بالمزيد.

شعب مصر سيغير الكثير من العلاقات القائمة الآن في المنطقة العربية الإسلامية؛ فعلى الأقل ستؤثر مصر في مواقف العديد من الدول العربية تجاه إسرائيل والتطبيع معها، وسيتم التركيز على البناء العسكري جنبا إلى جنب مع الجهود الدبلوماسية، وستتغير تحالفات على مستوى منطقة الخليج وإيران، ومهما كانت التغيرات التي ستحدث فإن إسرائيل هي الخاسر الأول. ربما هناك بعض أصوات عميلة سورية تنادي بالاعتراف بإسرائيل، وهي أصوات معزولة لا يوجد لها امتداد في الشارع السوري.

لكن الحراك في المنطقة يشير بوضوح أن إرادة الشعوب العربية التي تناهض إسرائيل هي التي ستسود. من المفروض والمطلوب أن يستفيد الفلسطينيون من هذا

الوضع العربي الجديد، ومن المأزق الصهيوني المتعمق. واضح أن الميزان العسكري أو الاستراتيجي في المنطقة قد تغير وتبدل، وأن الميزان الذي لم يعد قائما. تفاوض السلطة الفلسطينية الآن وتتحرك ضمن ميزان استراتيجي قد دُفن، ولم يعد قائما، ومن المفروض أن تدرك الميزان الجديد وتتحرك ضمنه لأنه عبارة عن حقيقة موضوعية قائمة، المفاوضات التي تخوضها السلطة الفلسطينية هي إفراز لميزان قوى قد اهترأ وأصبح في ذمة التاريخ، وإذا كان لها أن تحقق إنجازا فإن الاستفادة من الميزان الجديد يعبر عن حكمة سياسية واستراتيجية، أي أن الخروج من الدوامة التفاوضية القائمة حاليا والولوج إلى داخل التفاعلات الاستراتيجية الإقليمية سيشكل مكسبا كبيرا للفلسطينيين[160].

في الاتجاه المعاكس نجد عنادا متطرفا لدى المحتل الإسرائيلي الذي لا يلبث يبرر إرهابيته ويحاول اتهام الفلسطينيين بعمليات لم تنفذ أصلا ولم تتبناها الكتائب الفلسطينية كما حصل في عملية "إيلات". لنقرأ عبر هذا المقال القيم ما يذهب له الدكتور **فايز رشيد** في مقاربته القيمة التي تحاول تسليط الضوء على واقعة تاريخية استغلتها إسرائيل سياسيا وأيديولوجيا لتعطي لنفسها الشرعية في قتال شعب محاصر حتى تبيده على آخره أو تضطره للهجرة نحو الأردن التي تعتبرها إسرائيل ملجأً للفلسطينيين منكرة عليهم حقهم الشرعي في الأرض وبناء دولة مستقلة تعتبرها إسرائيل تهديدا على أمنها بالرغم من العتاد العسكري المدججة به أراضيها والتي بواسطته تقدر مهاجمة الدول العربية المجاورة والبعيدة جميعها. "من زاوية ثانية، لم تُعلن أيّ من الفصائل الفلسطينية مسؤوليتها عن عملية إيلات، وهو ما يؤشر إلى إمكان القيام بها من جهات مقاومة غير فلسطينية، بدليل أن ثلاث عمليات قبلها أدت إلى وقف ضخ الغاز المصري إلى "إسرائيل" بعد تفجير الأنابيب.

وهذا ما يشير بعودة أطراف مصرية إلى خوض عمليات مقاومة ضد المحتل الصهيوني الذي لم ولا ولن يشكل خطراً على الفلسطينيين وحدهم فحسب، وإنما على الشعوب العربية في دولها رغم توقيع اتفاقيات ما يسمى بالسلام مع "إسرائيل"، في كامب ديفيد وأوسلو واتفاقية وادي عربة. هدد ليبرمان بقصف السد العالي، و كشفت مصر شبكات تجسس "إسرائيلية" حتى في عهدي السادات ومبارك، و"الإسرائيليون" صدّروا آفة القطن إلى مصر ووجهوا ضربة إلى المنتوج المصري الأول، وحاولوا تخريب النسيج الوطني للشعب المصري، وصدّروا المخدرات وشبكات الدعارة إليه، وحتى اللحظة فإن أكثر ما تخشاه

"إسرائيل" كما يُعبر عن ذلك كثيرون من القادة السياسيين والعسكريين للعدو، هو القدرات العسكرية المتنامية للجيش المصري.

تقدم 42-نائباً "إسرائيلياً" إلى الكنيست مؤخراً، بمشروع قرار لإقراره، يقضي باعتبار الأردن الوطنَ البديلَ للفلسطينيين، كما قامت ورغم اتفاقية وادي عربة بمحاولة اغتيال خالد مشعل في عمان. ما تزال "إسرائيل" تحتل هضبة الجولان العربية السورية، وسبق أن ضمتها بقرار من الكنيست، وهي ما تزال تحتل مزارع شبعا اللبنانية، وسبق أن قامت بعدوان على لبنان في عام 1982 أدى إلى احتلالها للجنوب اللبناني الذي تمكنت المقاومة الوطنية اللبنانية من تحريره عام 2000. وقامت بحرب عدوانية أخرى على لبنان عام 2006، كما ضربت مواقع في سوريا، وقامت بتدمير المفاعل النووي العراقي، واعتدت على سيادة تونس بقتلها للقائد الفلسطيني(أبو جهاد) على أرضه، وتآمرت على السودان من أجل انفصال الجنوب عنه، وقامت بإسقاط طائرة مدنية ليبية، هذا عدا حروبها ضد مصر عام 1956 في مشاركتها بالعدوان الثلاثي، وحرب عام 1967 التي شنتها على ثلاث دول عربية، هذه هي "إسرائيل" وهذا هو تاريخها، وهذا هو حاضرها. إن إحدى سمات وجود الدولة الصهيونية هو اقتراف العدوان على العرب، بالتالي لا يمكن لهذه الدولة إلا التآمر، فهي ترى أن الدولة الفلسطينية المستقلة، نقيض لوجودها، كما قطعت الطريق على حل الدولة الديمقراطية الواحدة أو الدولة الثنائية القومية بطرحها "يهودية دولة إسرائيل." لم تنحرف بوصلة جماهيرنا العربية تجاه الصراع مع المحتل الصهيوني ولا تجاه إدراك أخطاره ولا ما تمثله دولته. الذي حصل أنه أريد تغييب دور هذه الجماهير في عملية الصراع. سيعيد الربيع العربي دور الجماهير العربية في عملية الصراع بوتائر أشد عزيمة من ذي قبل، وعملية إيلات هي خطوة أخرى على هذا الطريق، فالقضية تعود تدريجياً إلى مربعها الأول تماماً كما عملية الصراع، والشعار سيجري هذه المرة عن إزالة "إسرائيل."[161]

الاستيطان وآفاق المفاوضات

يذهب ياسر الزعاترة في مقال له بعنوان "مهزلة التفاوض أم استمرار الاستيطان أم..؟! إلى طرح مساءلات عديدة أسوقها من كلامه الآتي:

هل نجانب الحقيقة إذا قلنا أن هؤلاء الذين باعونا الكلام الكبير ولا يزالون حول ضرورة تجميد الاستيطان من أجل إنجاح عملية السلام إنما يسخرون من شعبهم العظيم، فيما هم يسخرون من أنفسهم في واقع الحال، لأن جماهير شعبنا المسيسة والواعية لا تمر عليها مثل هذه الألاعيب، وهي تعرف الطابق من ساسه لراسه كما يقال.

إنهم يظنون أن شعبهم بلا ذاكرة، وأنه نسي أن تصعيد الاستيطان كان يتزامن دائماً مع المفاوضات، وأن صحوتهم هذه لم تأت إلا نتيجة سيرهم وراء أوباما حين اعتقد أن بوسعه فرض شرط وقف الاستيطان على نتنياهو ثم اكتشف عجزه عن ذلك، فهذه حقيقة يعرفها كل متابعي الشأن الفلسطيني. وإن من يتابع ويتتبع حقيقة الشأن الفلسطيني يعرف جيدا أن تصعيد الاستيطان يتزامن دوما مع المفاوضات، وبقي مشروع أوباما مستعصيا بل مستحيلا حين اعتقد أن بوسعه شرط وقف الاستيطان على نتنياهو واكتشف عجزه في حصول مفاوضات حقيقية في ظل الاستيطان الذي اكتسح كل مناطق فلسطين وجعل إمكانية قيام دولة فلسطينية مستقلة بشرط عودة اللاجئين مستعصية بل مستحيلة في ظل التعنت الإسرائيلي.وفي هذا السياق يذهب المحلل السياسي الإسرائيلي المعروف "ألوف بن" في صحيفة "هآرتس": "هذه هي "مفارقة المستوطنات": فهي تتسع في علاقة مباشرة مع تقدم المسيرة السياسية. عندما لا يكون هناك سلام، لا يكون بناء أيضاً، وعندما يكون تفاؤل واتصالات واحتفالات، تطل أيضاً مئات المنازل الجديدة على التلال في الضفة الغربية، من يريد أن يوقف المستوطنات، ينبغي له أن يوقف المفاوضات، ومن يريد أن يملأ الأرض بالمستوطنين يجب أن يشجع المفاوضين[162]".

الاستيطان يمثل عمق الاستعمار الصهيوني فهو وسيلته لاحتلال المزيد من الأراضي بشكل يجعله يبدو مسألة عمرانية تتم في رضى الجهتين الإسرائيلية والفلسطينية، والحقيقة أن الاستيطان نهج استعماري يتم تحت نير الحروب الهوجاء التي شنتها وتشنها الدولة الإسرائيلية، كما أنه أخطر تكتيك لاستغفال الرأي العالمي الذي لا يقبل نهائيا بتحقق دولة فلسطينية مستقلة بتحديد موضوعي

لحدودها الجغرافية التي رفضت إسرائيل الاعتراف بها. لنقرأ عبر ثنايا هذه المقالة بالعبارة والأرقام كيف تتجذر قضية الاستيطان وكيف أنها تتصدر باقي القضايا وتمثل مطامع المستعمر الإسرائيلي الذي يتماطل في حسم المفاوضات ويؤخرها حتى يحقق أكبر قدر من المستوطنات ويحتل المزيد من الأراضي الفلسطينية ولو بالتهجير ولو بالتلاعب بالقوانين فهو يتجاوز كل القوانين:

"....مع تصاعد الاحتجاجات الشعبية في إسرائيل حول ارتفاع اسعار الشقق السكنية، ومع الانشغال العربي في الشأن الداخلي بسبب ربيع الثورات العربية المتعثر، وجدت حكومة إسرائيل أن تلك الاحتجاجات وذلك الانشغال يوفران لها حلاً مناسباً يساعدها على تنفيذ برنامجها الذي قامت على أساسه ألا وهو تكثيف الاستيطان في القدس الشرقية بغرض تهويدها وتحويلها الى "جيتو"يهودي، حيث جرت في هذا الشهر مصادقة على إقامة (930) وحدة استيطانية جديدة في مستوطنة أبو غنيم"هارهاحوما" و(1600) وحدة استيطانية جديدة في شعفاط من أجل توسيع مستوطنة "رمات شلومو" ويجري العمل للمصادقة على اقامة (700) وحدة استيطانية في مستوطنة"جفعات همتوس" المقامة على أراضي بيت صفافا وبيت جالا و(2000) وحدة استيطانية في "بسجات زئيف" التلة الفرنسية والمقامة على أراضي لفتا[163].

وهذه الهجمة الاستيطانية على مدينة القدس والتي سبقتها عشرات الهجمات الأخرى من خلال إقامة أحياء استيطانية في قلب الأحياء العربية كما هو الحال في مستوطنة "معاليه هزيتيم" المزروعة في قلب سلوان ومستوطنة "نوف تسيون" المزروعة في قلب حي جبل المكبر وكذلك الأحياء الاستيطانية التي يخطط لإقامتها في قلب الشيخ جراح ووادي حلوة في سلوان والطور والعيساوية ومنطقة غزيل وغيرها. وكل هذا الخرق والخروج السافر على القانون الدولي لا تعتبره أوروبا الغربية وأمريكا خطوات أحادية الجانب، بل هو عقبات على طريق السلام. أما توجه السلطة الفلسطينية الى هيئة الأمم المتحدة للاعتراف بالدولة الفلسطينية على حدود الرابع من حزيران بعد ما يقارب عشرين عاما من المفاوضات العبثية في تحقيق دولة فلسطينية مستقلة، وعدت بها ثلاث إدارات أمريكية متعاقبة، فهذه خطوات أحادية الجانب مضرة بالعملية السلمية وتستدعي معاقبة السلطة الفلسطينية وفرض الحصار عليها وقطع المساعدات المالية عنها!

وهنا يحضرني المأثور الشعبي "إذا لم تستح فافعل ما شئت" يقدمون كل الدعم لإسرائيل ويوفرون لها المظلة السياسية والحماية في المؤسسات الدولية من أية قرارات أو عقوبات دولية تترتب عليها جراء خروجها السافر على القانون الدولي وحقوق الانسان، ولم يتخذوا أو يلوحوا بأي إجراء أو عقوبة دولية ضدها

183

لقاء تهديدها للسلم العالمي وخرقها للقانون الدولي، ويريدون من الفلسطينيين أن يستجيبوا لكل شروطها وإملاءاتها، ويوافقوا على كل ما تقوم به من إجراءات وممارسات لتكريس الأمر الواقع. وكذلك التي تلتهم أرضهم وتلغي أية إمكانية لإقامة دولتهم القابلة للحياة على وحد وصفهم، وسينالون العقاب والعذاب اذا ما تجرؤا ورفضوا شروط اسرائيل وإملاءاتها. بالعربي الفصيح كل هذا الضجيج والحديث عن مبادرات ومؤتمرات إقليمية ودولية من قبل أوروبا الغربية وأمريكا لحل القضية الفلسطينية أو إعادة المفاوضات الى مسارها تستهدف أولاً الاستمرار في إدارة الأزمة، وثانياً منح إسرائيل الوقت الكافي لتنفيذ وتطبيق خططها وبرامجها ومشروعها السياسي بفرض السلام الاقتصادي على الفلسطينيين، مشروع نتنياهو تحسين الشروط والظروف الاقتصادية للفلسطينيين تحت الاحتلال وبصندوق دعم عربي ودولي، وهذا المشروع توافق عليه أمريكا وأوروبا الغربية.

ولكن في إطار تقاسم وتوزيع الأدوار يختلفون في هذه الجزئية أو التفصيلية، ولكنهم يتفقون على الهدف العام ، وأيضاً تأتي تلك الدعوة للمبادرات والمؤتمرات في هذا الظرف بالذات من أجل ثني السلطة الفلسطينية عن -وقطع الطريق عليها في- التوجه لهيئة الأمم المتحدة، وما سيتركه هذا التوجه من تأثيرات وتداعيات تعري المواقف الأمريكية والأوروبية الغربية، أو ربما تتجه الأمور نحو تداعيات تخرج عن إطار الإيقاعات الأمريكية، في ظل أوضاع عربية غير مستقرة فيها الكثير من التغيرات والمفاجئات غير السارة لأمريكيا وأوروبا الغربية.

والمسألة في القدس غير مقتصرة على تسونامي الاستيطان بغرض التهويد والتطهير العرقي للعرب المقدسيين، بل تشرع وتقوم إسرائيل بسن وتشريع العديد من القوانين والقرارات المهودة للمدينة، والتي تجعل عودة أي طرف فلسطيني للمفاوضات العبثية في ظلها بمثابة انتحار سياسي، فمن يشرع قوانين وقرارات تضفي الشرعية على وضع غير شرعي وأراض محتلة وفق القانون الدولي لا يريد لا سلاماً ولا مفاوضات.

حيث ما يسمى بقانون الولاء والذي يطلب من المحتلين الولاء للدولة التي تحتلهم، هذا القانون القراقوشي الذي على أساسه جرى طرد وترحيل نواب القدس ووزيرها السابق عن مدينتهم، حيث اعتقل النائب أبو طير ومن ثم أبعد الى رام الله، أما النواب أحمد عطون ومحمد طوطح والوزير السابق خالد أبو عرفه، فمضى على اعتصامهم في مقر الصليب الأحمر في القدس أكثر من 410 أيام على خلفية رفضهم لهذا القرار، وكذلك هناك قانون اعتبار القدس أولوية وطنية في التطوير قانون"التهويد" وقانون الاستفتاء، منع أي انسحاب من مدينة القدس إلا بعد موافقة 61 عضو كنيست عليه.

ومن ثم يجري طرحه على الجمهور الإسرائيلي للمصادقة او الرفض، وبما يعني استحالة الانسحاب من القدس، وكذلك قانون اعتبار القدس عاصمة ليست "اسرائيل" فحسب بل لكل يهود العالم،وهناك العديد من القوانين الأخرى من طراز قانون صهينة التعليم وقانون عبرنة الشوارع والأحياء العربية، وغيرها من القوانين العنصرية التي يجري تشريعها وإقرارها من قبل الكنيست والحكومة الإسرائيلية، والمندرجة في إطار الأسرلة والتهويد.

إن استمرار العدوان الصهيوني، والمتمثل في الاستيطان وممارسة سياسة التطهير العرقي، يفرض على واشنطن و"الرباعية"والاتحاد الأوروبي والعواصم صاحبة القرار أن تتحرك فوراً لحماية السلم العالمي، وحماية مصالحها، وحماية المنطقة كاملة من الارتهان للاحتلال والإرهاب والقرصنة. لقد أثبتت الأحداث بشكل واضح وجلي، أنه منذ مؤتمر مدريد 1991 وما قبله وما تبعه من مؤتمرات وحتى اللحظة الراهنة، أن الانحياز الأمريكي والتواطؤ الأوروبي الغربي مع المحتل الصهيوني هو السبب الرئيس في رفضة الانصياع لقرارات الشرعية الدولية، واصراره على رفض الانسحاب من الاراض الفلسطينية والعربية المحتلة والاعتراف بالدولة الفلسطينية المستقلة.

أنه لم يعد مقبولاً من المجتمع الدولي استمرار التعامل مع اسرائيل في خرقها وخروجها السافر على القانون الدولي بقفازات من حرير، ورفع العصا الغليظة في وجه الفلسطينيين المحتلة أرضهم،والمناضلين وفق ما كفلته لهم الشرعية الدولية من حقوق في هذا الجانب من أجل التحرر والانعتاق من الاحتلال. وفي ظل تسونامي الاستيطان في القدس، فإنه بات من الملح والضروري اسلاميا وعربيا وفلسطينياً، ضرورة التحرك بشكل عملي ويرتقي الى مستوى الحدث وبعيداً عن لغة الندب والشجب والاستنكار والاستجداء على ابواب البيت الابيض والمؤسسات الدولية، فالعالم لا يحترم الضعفاء، وأمريكا وأوروبا الغربية لن يتغيروا ما لم نتغير نحن العرب والمسلمين، ويشعروا أن مصالحهم في المنطقة عرضة لمخاطر جدية وحقيقية[164].

في مقالته المقاربة لمجريات الثورات العربية الربيعية وتحول وجهة المجتمع المدني عامة والشباب خاصة، يضع الكاتب يده على نقاط هذا التحول الكبير في اهتمامات وهموم الشباب الذي جعل القدس محور تفكيره ومحط اهتماماته ومركز أهدافه التي تقضي بعتقها من التهويد الذي تتعرض له. تحول كبير في اهتمام العالمين العربي والإسلامي في الحقبة الأخيرة من الزمن، وفي أولويات الشباب العربي والإسلامي على مستوى المعمورة، من شباب يبحث عن الضياع إلى شباب يطمح للعزة والكرامة والكبرياء، ومن شباب تطغى على مخيلاته الاهتمامات الدنيا إلى شباب يطمح للسيادة والاستقلال والحرية والديمقراطية، من

شباب يقيم ليله في الملاهي إلى شباب لا يكل ولا يمل مهمته التواصل لصنع ثورة.[165]

هذا الشباب الذي بات يحمل هم القدس يتم استنهاضه لتكون أولى قضاياه إزالة الظلم ووقف الاحتلال وإرساء قواعد المستقبل والتوجه للقضايا المصيرية الكبرى كقضية القدس والقضايا الأخرى.

في ذكرى "يوم القدس العالمي" الذي يؤكد كل من يشارك فيه من الشباب والشيوخ والنساء والأطفال... عربًا وعجمًا وعلى مستوى العواصم والشعوب، يؤكد فيه الجميع على أن القدس في قلب كل المسلمين عامة والفلسطينيين خاصة، وهي أغلى من الروح لأنها في قلب القرآن الخالد وآية من آياته التي يقوم بها المسلمون في مشارق الأرض ومغاربها في صلاتهم قلب الليل وفلق الصبح، وأن القدس مهبط الأنبياء وأرض الرسالات والأديان ومركز الحضارات وفي قلب الأرض الطيبة التي باركها الله، وهي أرض المحشر والمنشر، وأرض الإسراء والمعراج، وأولى القبلتين وثالث الحرمين الشريفين، وقد نزلت فيها الآيات القرآنية وتم ذكرها في الأحاديث النبوية.

في يوم القدس العالمي تستنهض الهمم باتجاه القدس، وتحذر من الأخطار المحدقة به من اليهود الصهاينة، ويقرع ناقوس الخطر باتجاه كل حبة رمل من محيطه، حيث هدم البيوت وتكثيف الاستيطان، وسجن المدينة بالجدار، واستهداف المقدسيين على كل المستويات " الأمنية والأخلاقية والاقتصادية والجانب السياسي" والحفريات، والتهجير للفلسطينيين مقابل سياسة الجذب للمستوطنين، وسحب هويات المقدسيين ومحاولات إبعاد الشخصيات الدينية والوطنية عن القدس، والقيام بتجريف عدد من مقابر المسلمين والمتاحف والبيوت والمحلات التجارية والحدائق والعمل على تغيير معالم البلدة القديمة والمدينة المقدسة بكاملها، في مسعى لتفريغ المقدسيين الأحياء والأموات منها من أجل تنفيذ سياسة الاحتلال الرامية لتهويد القدس، والعمل على هدم معظم الأبنية والآثار الإسلامية التي تحيط بالمسجد الأقصى وشق الطرق داخل مقابر المسلمين وتجريف المقابر الإسلامية المحيطة به كمقبرة الرحمة واليوسفية ومأمن الله التي تضم قبور بعض الصحابة والتابعين، ومحاولة وضع حجر الأساس لما يسمى بالهيكل الثالث المزعوم كمخطط يهدف إلى الاستيلاء على الأماكن المقدسة في المدينة[166].

مع حلول الذكرى السنوية العاشرة لاندلاع انتفاضة الأقصى، كيف يمكن لنا فهم هذا التراجع على مستوى الروح الجماعية الثورية، ثم على مستوى التعاطي السياسي والميداني والإعلامي مع تعاظم تهديدات المستوطنين الصهاينة، وارتفاع وتيرة إجرامهم قولاً وفعلاً، والمرور مرّ الكرام على ما يتم تسجيله بشكل شبه يومي من أحداث قتل أو اعتداء داخل مدن الضفة!

على مستوى ظاهرة الاستيطان فها نحن نكتشف من جديد أن الاستيطان ليس ظاهرة سطو غير شرعية على أراضي (الدولة الفلسطينية) وحسب، ولا حتى مجرد بؤر للتوتر يستحيل التعايش معها، بل هي في جوهرها ظاهرة تؤصّل للمشروع الصهيوني برمته في فلسطين، وتترجم فصول فكره القائم على اغتصاب الأرض وترهيب أهلها، والإبقاء على حالة تأجيج مشاعر الحقد والكراهية تجاه الفلسطيني، والتأكيد على أن النهج الدموي هو السبيل الأمثل للتعاطي معه مسالماً كان أم مواجهاً!

تتصاعد هذه العقيدة الدموية التي عادت إلى واجهة المشهد الفلسطيني مجدداً بوتيرة يوماً إثر آخر، كانت في مراحل ومحطات سابقة تتحجم وترتكس تحت وقع ضربات المقاومة الموجعة، وخصوصاً تلك الموجهة لجنود الاحتلال ومستوطنيه داخل مناطق الضفة خلال السنوات الأولى لانتفاضة الأقصى، والتي أحدثت توازناً في الرعب، بل سجلت تفوقاً للمقاومة في معادلته، وصار المستوطن بموجبه يتهيّب سلوك الشوارع المحاذية للمدن الفلسطينية، بل يعاني من الخوف والفزع حتى خلال سيره في الطرق الالتفافية ما بين مستوطنات الضفة ومناطق الـ 48.

أما اليوم، وتحديداً منذ أن تجلى مشروع التنسيق الأمني بين السلطة والاحتلال عن حالة تجريم فلسطينية رسمية لأي فعل مقاوم موجّه للاحتلال أو للمستوطنين حتى لو كان بالحجر، قد بدأت معادلة توازن الرعب تختلّ وترجح الكفة لصالح الاحتلال، الذي لم يعد يبالي بإطلاق مشاعر وأيدي مستوطنيه لتنشئ تدريبات علنية على مواجهة الفلسطينيين وقتلهم، وهو مؤشر على أن المستوطنين سيكونون جزءاً من المواجهة في حال اندلاع انتفاضة جديدة أو حتى هبة مؤقتة.

ولقد وعى الاحتلال هذه المعادلة، واطمأن إلى أن السلطة ليست بواردة السماح تحت أي ظرف بعودة عجلة المقاومة للدوران، والدليل الأحدث اختبار نوايا الأجهزة الأمنية عملياً خلال مسيرات (استحقاق أيلول)، والتي اجتهدت فيها هذه الأجهزة لمنع تسجيل أية حالة احتكاك مع الاحتلال، ولو بمستوى إشعال إطار في مناطق التماس، ورافق ذلك حملة اعتقالات لعدد من أنصار حماس من فئة الشباب تحديداً، معللة ذلك بالاعتقال الاحترازي خشية إفسادهم سلمية التحركات الداعمة لعباس.

لقد نجحت السلطة بمستواها السياسي وأجهزتها الأمنية في تكبيل الإرادة الشعبية المناوئة للاحتلال، وفي إفساد الوعي من خلال تجييرها كل المنابر الإعلامية والتعبوية التي تهيمن عليها لتضخّ أوهاماً متنوعة حول خطورة الاشتباك مع الاحتلال، وأهمية التحركات السلمية في نطاق المدن فقط، ثم بعد كلّ هذا تدعي أنها تحضّ على المقاومة الشعبية وتنادي بها، رغم أن حراكها متراجع بمئات

الخطوات عن مفهوم المقاومة الشعبية الحقيقية والتي تستوعب الاشتباك مع الاحتلال بالحجارة كما يحدث في قلنديا ونعلين وبلعين وغيرها، لكن ما يهمّ السلطة هنا ألا تنتقل تجربة هذه البؤر المحصورة إلى مناطق أخرى، وألا تتحول لحالة عامة تمتد إلى نطاقات أرحب، وهي في سبيل ذلك لا تتردد في اتخاذ أي إجراء أمني من شأنه تحجيم أي تحرك مناهض للاحتلال.

المشهد هكذا لا يبدو متوازناً على الإطلاق، حتى لو عزلناه عن كل الظروف السياسية الأخرى والتي أصلاً يسجل فيها الاحتلال تفوقاً سافراً على شريكه الفلسطيني في عملية التسوية، ولعله لم يسبق أن كانت الحالة الفلسطينية بمثل هذا التواضع السلبي على صعيد الاستعداد النفسي للمواجهة، ففي عرف سلطة التنسيق الأمني.. حتى لو فرضت عليك المواجهة يجب أن تظلّ متمسكاً بسلمية خياراتك، ويجب ألا تتحول عن قبلة استعطاف العالم ولعب دور الضحية، لأن البديل سيكون وبالاً على سلطة تتنفس من رئة خنوعها وتنازلها عن حقها في المقاومة، ولو بالحجارة[167]!

في يوم القدس العالمي يؤكد الملايين بأن القدس ستبقى مهجة قلوبنا وروح أرواحنا، وسنبذل الغالي والنفيس حتى حريتها وتحريرها وسيبقى هذا اليوم ينغص ويؤرق مضاجع الاحتلال حيث التأكيد على أن القدس وطن كل المسلمين وبلد آمن لكل الأديان تحت رايته، وأن تحرير القدس حتمية قرآنية وأن النصر صبر ساعة وليس على الله بعزيز[168].

ومع ما يشهده العالم العربي الإسلامي من ثورات ربيعية هزت كيان الأنظمة الديكتاتورية واجترها من جذورها برز الأمل الذي تهلل في إمكانية استقلال والاعتراف بدولة فلسطين. هذا الاعتراف الذي يلزم النضال والجهاد من أجله حتى يتحقق قانونيا ويعترف بدولة فلسطين في الأمم المتحدة، ويبقى أن الهم الأكبر الذي طرح مع نجاح الثورات العربية الربيعية هو حق عودة اللاجئين المتواجدين في الأردن ولبنان وسوريا.

لنقرأ عبر هذه المقالة القيمة ما يسوقه لنا كاتبها من مقاربة جادة لموضوع خطير لا يوجد له الحل بدون الاعتراف بكيان فلسطيني كدولة قادرة على احتضان لاجئيها وحمايتهم من أي تدخل عدواني من المحتل الإسرائيلي المدجج بأعتى الأسلحة الفتاكة والمدمرة.

"فقد شكلت مسيرات العودة الحاشدة التي اتجهت إلى حدود فلسطين المحتلة سنة 1948 أو ما صار يُعرف بـ"إسرائيل" علامة فارقة في التعامل الفلسطيني مع ملف حق عودة اللاجئين الفلسطينيين إلى أرضهم.

مسيرات العودة نقطة تحول:

الجموع التي خرجت في وقت واحد في لبنان وسوريا والأردن والضفة الغربية وقطاع غزة، والشهداء الذين ارتقوا وهم يحاولون اختراق السياج الحدودي، عبروا عملياً عن ثلاثة مؤشرات مهمة[169]:

الأول: تحويل قضية حق العودة من قضية نظرية إلى برنامج عملي، والانتقال من التحدث عنه بطريقة عاطفية أو قانونية إلى سلاح يفرض نفسه على الأرض، وربما أعطى ذلك رسالة طمأنة للدول المضيفة القلقة من موضوع التوطين، أن اللاجئ الفلسطيني متمسك بأرضه، وأن بقاءه مرهون فقط بإمكانية عودته.

الثاني: انتقال قضية العودة إلى الجيل الثالث من اللاجئين، بشكل قوي وحيوي، يؤكد على أن هذه القضية لم ينسها أصحابها، بل إنهم باتوا أكثر استعداداً للموت في سبيلها، وفي استخدام وسائل وأدوات جديدة مؤثرة، وإن كانت مُكلّفة، لم يستخدمها حتى آباؤهم وأجدادهم. كانت الأعداد الكبيرة المشاركة من فئة الشباب العمرية رسالة قوية وحاسمة، فقد مثلت الأغلبية الواسعة للمشاركين، وقدَّمت كل الشهداء والجرحى تقريباً. لم يحصل ما تمناه قادة الكيان الصهيوني أن "الكبار سيموتون، وأن الصغار سينسون"، وبقدر ما أنعشت هذه الرسالة آمال المعنيين بحق العودة، بقدر ما أصابت الجانب الإسرائيلي بالقلق والإحباط.

الثالث: أن مركز الثقل في العمل الوطني الفلسطيني تحوَّل منذ سنة 1987 (منذ بدء الانتفاضة المباركة) إلى الداخل الفلسطيني، واستمر كذلك حتى الآن؛ بعد أن كان متركزاً بشكل أكبر خارج فلسطين، غير أن المسيرات الأخيرة تعطي مؤشرات جديدة على إمكانية عودة الحيوية لدور فلسطينيي الخارج، في تبني برامج والقيام بأعمال كانت في نطاق ما هو محظور ومستبعد طوال الأعوام الخمسة والعشرين الماضية.

ولعل ما يعين على ذلك، حالة التحول التي يشهدها العالم العربي، والتي قد تفتح آفاقاً إما لتوفير فضاءات استراتيجية مؤيدة للمقاومة أو مؤيدة لتفعيل برامج حق العودة؛ كما قد ترتخي قبضات الأنظمة على الحدود مع الكيان الإسرائيلي (راغبة أو راغمة) بسبب سياساتها الجديدة أو بسبب مشاكلها الداخلية.

إذن بدأ حق العودة يطرح بحدة من اللاجئين وبات هما لكل عربي ومسلم يراوده ويحثه للزحف إلى دولة فلسطين حتى يخلصها من احتلال إجرامي لم تعرف الإنسانية له مثيلا، العودة وتحرير الأراضي المقدسة التي دنسها المحتل وخربها وجعلها أشلاء حرب لا يعرف نهايتها.

فحق العودة له دلالات عميقة ومعان إنسانية نبيلة يشرحها الدكتور **محسن صالح** في كلامه القيم هذا، "فأن يعيش الإنسان في بيته وعلى أرضه وبحرية وكرامة، هو إحدى البديهيات والمسلمات التي يُجمع عليها البشر على كافة أديانهم وأجناسهم، كما تجمع عليها الشرائع والقوانين الدولية. وهو حق تتم ممارسته

بشكل طبيعي لا يقبل النقاش في كل مكان في الكرة الأرضية. ويشكل حرمان الفلسطينيين من حقهم في العودة إلى بيوتهم وأرضهم الوضع الشاذ الوحيد في العالم.

ومشكلة اللاجئين الفلسطينيين هي الأقدم من ناحية قضايا اللاجئين التي لم تُحل حتى الآن، فهي تعود إلى سنة 1948. وفي الوقت الذي يستطيع فيه الروانديون والأرمن والأفغان والبوسنيون العودة إلى منازلهم، فليس بإمكان اللاجئ الفلسطيني العودة بعد مرور نحو 63 عاماً على تشريده. [170]

وقضية اللاجئين الفلسطينيين هي الأكبر من ناحية عدد اللاجئين قياساً بمجموع الشعب؛ إذ يقيم خارج فلسطين التاريخية نحو خمسة ملايين و750 ألف لاجئ، كما يقيم في الضفة الغربية وقطاع غزة نحو مليون و800 ألف لاجئ من فلسطينيي 1948، أي نحو سبعة ملايين و550 ألفاً من أصل 11 مليوناً و 100 ألف هم مجموع الشعب الفلسطيني في مطلع سنة 2011، أي أن أكثر من ثلثي الشعب الفلسطيني هم من اللاجئين. ومأساة اللاجئين من جهة ثالثة هي الأكثر، من بين كل القضايا، التي حصدت قرارات دولية من الأمم المتحدة تؤيد حقهم في العودة. فمنذ صدور قرار رقم 194 وحتى الآن، تم تأكيد هذا القرار بقرارات متجددة وبأشكال مختلفة أكثر من 120 مرة. وهو حق العودة لفلسطين المحتلة سنة 1948، وليس متعلقاً بالضفة والقطاع فقط.

هذا الحق بكل ما فيه من قوة وبساطة ووضوح وإجماع هو حق مُعطَّل بسبب غطرسة القوة التي يمارسها الإسرائيليون، وبسبب الدعم الأميركي والغربي للموقف الإسرائيلي، ولأنه يتم التعامل معهم كدولة فوق القانون. لم تهتز شعرة لدى الإدارة الأميركية عندما نفذت

العصابات الصهيونية 34 مذبحة وقامت بتهجير أكثر من 800 ألف فلسطيني (من أصل مليون و390 ألف فلسطيني) سنة 1948 قسراً من أرضهم، ولم تنشغل أمريكا وحلفاؤها طوال الفترة الماضية بتطبيق أي من شعاراتها وقيمها المرتبطة بحقوق اللاجئين، ولم تكن معنية بحل مشكلة اللاجئين الفلسطينيين، بقدر ما كانت معنية بحل مشكلة الإسرائيليين في مواجهة استحقاق حق العودة[171].

يتحدث المنطق الإسرائيلي عن أن تطبيق حق العودة سيعني نهاية المشروع الصهيوني وفقدان "إسرائيل" صفتها اليهودية، وأنه لا معنى لتنفيذ مشروع تسوية سلمية إذا أصرّ الفلسطينيون على هذا الحق، ولكن هل كان هناك أي منطق عندما كان يأتي مهاجرون يهود من أشتات الأرض تحت حماية البنادق البريطانية، ليقيموا في فلسطين غصباً عن أهلها وليتضاعف عددهم 13 مرة (من 50 ألفاً سنة 1918 إلى 650 ألفاً سنة 1948)؟! وهل كان هناك منطق في

اقتلاع شعب فلسطين وتهجيره من أرضه التي عاش فيها أكثر من 4500 عام، ليحصل اليهود على غالبية مزورة ممهورة بدماء وأشلاء الفلسطينيين؟! وهل المنطق أن يحرم الفلسطينيون من مجرد حق العودة (كأي مدنيين يعودون لمساكنهم بعد انتهاء الحرب) لمجرد أن المشروع الصهيوني فشل في توفير أغلبية يهودية، هذا إذا سلمنا جدلاً "بحق" هؤلاء اليهود في الهجرة والإقامة في فلسطين؟!

السياج وما بعد السياج: لم تتميز المسيرات التي حدثت في 2011/5/15 فقط بمشاركة شبابية واسعة، وإنما بمشاركة كافة الفئات العمرية، وبمشاركة اللاجئين في عدد من الأقطار والأماكن في وقت واحد، وباتساع نسبة المشاركة، وربما كان أبرز ما فيها هو ما لم يخطط له منظموها، وهو اختراق السياج الحدودي، ورفع العلم الفلسطيني عليه. في لبنان تجاوز عدد المشاركين ثلاثين ألفاً، ووفق تقديرات بعض منظمي المسيرة فإن العدد وصل إلى نحو 55 ألفاً، بينما لم يستطع الآلاف القدوم لعدم توفر وسائل المواصلات. والمعنويات كانت عالية قبل المسيرة وأثناءها وبعدها، بالرغم من أن معظم المشاركين ساروا على أقدامهم من خمسة إلى 16 كيلومتراً وبينهم أطفال ونساء وشيوخ.

تُرى؟ هل انكسر بُعبع الحدود؟ وتعرَّت "القدسية" المزورة للأسيجة التي تحيط بفلسطين؟ وهل وضع الفلسطينيون يدهم على سلاح كانوا يخشون استخدامه لسنوات طويلة، ربما لسبب قسوة الأنظمة العربية (المتباكية على حق العودة والمرعوبة من التوطين)، إلى جانب السلوك المنتظر من الإسرائيليين. كسر الفلسطينيون السياج، وانكسر جدار الخوف الذي بنته "إسرائيل" كما بنته الأنظمة العربية، وتحقق انتصار معنوي. ولكن بقي السؤال قائماً فهل كان الأمر مجرد موقف؟ أم أنه سيتحول إلى برنامج عمل؟ إنه سؤال ما بعد السياج. فهل يمكن تحقيق تعبئة جماهيرية واسعة، تستخدم "سلاح الجموع" تخترق الحدود وترفض الخروج تنفيذاً لحق طبيعي في العودة يلقى الدعم الشعبي والقانوني العالمي؟ وتضع موضوع اللاجئين سياسياً وإعلامياً على نار ساخنة؟

وإلى أي مدى ستوغل "إسرائيل" في دماء الفلسطينيين المُصرِّين على العودة؟ وهل يمكن الاستفادة من تجربة مبعدي مرج الزهور الـ 415 الذين أبعدتهم "إسرائيل" أواخر 1992، ولكنهم بصمودهم وثباتهم وإصرارهم على البقاء على الحدود، كسبوا المعركة السياسية والمعركة الإعلامية، كما كسبوا معركة حقهم في العودة إلى فلسطين فعادوا بعد نحو سنة من إبعادهم؟!

ليس الأمر مجرد تفكير رغائبي وأحلام يقظة، ولكن من حق اللاجئين، الذين تمّ تضييع وتجاهل قضيتهم لأكثر من ستين عاماً، أن يفكروا من خارج "الصندوق"، وأن يخرجوا عن الإطار التقليدي للمبادرات والمواقف التي هي أقرب للمُسكِّنات، منها إلى حلول فعالة جادة. قلق إسرائيلي: الجانب الإسرائيلي عبَّر عن قلقه وارتباكه من مواجهة مسيرات مشابهة لتلك التي حدثت يوم 15/5/2011. واعترف بالأثمان الباهظة التي يمكن أن يدفعها إذا ما أصرَّ على استخدام قوة السلاح في منع جموع الفلسطينيين من كسر السياج الحدودي؛ وهي أثمان تحمل تبعات سياسية وإعلامية وقانونية كبيرة. والفلسطيني الذي يصرّ على العودة وبيده صك ملكية أرضه (الكوشان) ومفتاح بيته، يعيد طبيعة الصراع مع المشروع الصهيوني إلى جوهره. ويكشف أن الأمر ليس مجرد اختلاف على حدود 1967، وأن القضية تكمن في ذلك الإنسان الذي جرى اقتلاعه وتهجيره وتهميشه وحرمانه من أبسط حقوقه، فضلاً عن أنها تكشف عن الوجه القبيح لكيان غاصب قائم على شقاء الفلسطينيين وآلامهم، ولذلك، لم يبتعد موشيه يعلون، وزير الشؤون الإستراتيجية في الحكومة الإسرائيلية، كثيراً عن الحقيقة عندما قال أن أحداث النكبة في داخل "إسرائيل" وعلى حدودها تثبت أن الصراع ليس على حجم "إسرائيل"، وإنما على وجودها. كما أن القائد العسكري الإسرائيلي للمنطقة الشمالية قال أن ما حدث هو مقدمة لأحداث مستقبلية، وأن المهلة المتبقية لاستخلاص العبر قصيرة جداً.

احتمالات مستقبلية: يظهر أن الفلسطينيين أمام ثلاثة احتمالات للتعامل مع الحدث:

1- الاكتفاء بما جرى في 2011/5/15 واعتباره نقطة مضيئة، وموقفاً جريئاً، يضاف إلى مواقف وتاريخ الشعب الفلسطيني في الصمود والنضال.

2- التأسيس لعملية تسخين سياسي منهجي واعٍ، يلتقطها الشباب الفلسطيني والفصائل الفلسطينية لابتكار وسائل ضغط سياسية وإعلامية وقانونية جديدة في مجال حق العودة.

3- تجاوز حدود "المعقول" أو "المعتاد" حتى الآن، والاندفاع باتجاه عملية تجييش شعبي في مناطق اللجوء، وخارج الحسابات التقليدية، لتسعى جموع اللاجئين لفرض واقع جديد من خلال كسر السياج أو على الحدود، بحيث تصبح القضية محط أنظار العالم، ولا يمكن تجاوزها، وهو أمر مرتبط أولاً بارتخاء القبضة الأمنية العربية على الحدود، قبل غيره من الأمور.

قضية القدس وشبح التهويد

في إطار المشروع الصهيوني بتهويد القدس والإسراع في تحقيق ذلك للإعلان عنها كعاصمة لدولة إسرائيل المزعومة، وقد تطلب الوصول للهدف تهجير ساكنة القدس الأصليين بكل الوسائل المشروعة والغير المشروعة، واعتبر المراقبون والمتابعون لشؤون مدينة القدس أنّ دولة الاحتلال تنظر إلى عام 2010 على أنّه عام حسم مصير القدس كعاصمةٍ يهوديّة السكان والدين والثقافة، في ترجمةٍ مباشرةٍ لمقولة الدولة اليهوديّة الصافية التي يتبناها المحتلّ.

تعتبر العوامل التي دفعت بقضيّة القدس إلى صدارة أولويّات الاحتلال متنوعة: منها ما هو سياسيّ يتعلّق بانعدام الرؤية المستقبليّة والتنافس بين الأحزاب المختلفة، ومنها ما يتعلّق بطبيعة الدولة ونظرة المجتمع لها وثقته بقدرتها على الاستمرار بعد فشلها في حربيّ لبنان وغزّة، وفشلها في حسم مصير المدينة بعد مرور 43 عامًا على احتلالها: ومنها أسبابٌ دينيّة متعلّقة بتغيّر نظرة المتدينين اليهود إلى المسجد الأقصى الذي يزعمون أنّه "جبل المعبد"، وتغيّر نظرة المجتمع اليهوديّ بكامله إلى أهميّة بناء "المعبد الثالث "ودوره في حياة الشعب اليهوديّ واستمراره.

وقد انعكست هذه التطوّرات على الأرض على شكل هجمةٍ تهويديّة غير مسبوقةٍ على مدينة القدس وصلت ذروتها خلال عام 2009 الذي كان أكثر عامٍ شهد تطوراتٍ في قضية القدس كماً ونوعاً، طالت كلّ شيءٍ في المدينة بدءًا بمقدّساتها وسكانها وأرضها وحتى هويّتها الثقافيّة وطرازها المعماريّ.

التصعيد الصهيوني الأخير في القدس والمسجد الأقصى مرتبط بحالة اليأس التي وصلها الصهاينة بعد فشلهم في حرب لبنان وفي حربهم على غزة بشكل خاص، الأمر الذي يجعلهم يستعجلون الخطوات في اتجاه القدس، لإدراكهم لأهميتها وخطورتها في معركتهم ضد المسلمين، لا سيما مع اعتبارهم للصمت الرسمي العربي والإسلامي وضعف التفاعل الشعبي فرصة قد لا تتكرر لتنفيذ مخططاتهم وتحقيق أحلامهم المزعومة.

ولتحقيق هذه الغايات يتحرك اليهود وفق خطط مدروسة في كل الاتجاهات والمجالات، وتكمن في محاصرة للمدينة بالمستوطنات وبالجدار، وتضييق الخناق على السكان بسحب الهوية، وفرض الضرائب، وهدم للبيوت؛ لتفريغ الأحياء

الفلسطينيّة المحيطة بالمسجد الأقصى، و تكرار الاقتحامات والحفلات اليهودية حتى داخل الأقصى، وافتتاح الكنس وحفر للأنفاق من حوله وأسفل منه.

وما المتطرف اليهودي الذي تم القبض عليه فجر الأحد 1430/11/13هـ 2009/11/1م وهو يحاول التسلل للمسجد الأقصى ومعه أسلحة إلا دليل واضح على المؤامرة التي يرسمها اليهود اليوم، وهي استنساخ لما وقع في المسجد الإبراهيمي في الخليل سنة 1994م مجزرة ثم تدخل للجيش، وإقامة مناطق عازلة تحت ذريعة حفظ الأمن، سرعان ما تصبح مصلى لليهود ويتم تقسيم المسجد172.

يجب مواجهة هذه الأطماع الصهيونية بقوة وبكل الوسائل الممكنة، كما يجب أن ندرك أن حصار قطاع غزة جزء من المعركة ضد مدينة القدس، وأن إضعاف المقاومة تمهيد للاحتلال ليمارس جرائمه وعنجهيته بلا رادع. والواجب علينا ألا نتجاهل القوة الموجودة لدى المسلمين والعرب سواء على المستوى الرسمي أو المستوى الشعبي، كما أن أوراق الضغط على الاحتلال وحلفائه كثيرة، وسكان مدينة القدس بحاجة ماسة لتدفق الأموال العربية والإسلامية للمحافظة على ما تبقى منها، بل واستعادة ما يمكن استعادته عبر المؤسسات والجمعيات الأهلية العاملة في داخل فلسطين، وعبر دعم المشاريع المتنوعة التي تتولاها تلك المؤسسات والجمعيات.

أما من يحاول تجاهل ما يجري ويتقاعس عن نصرة مسرى رسول الله صلى الله عليه وسلم فعليه أن يعلم أن أطماع اليهود تمتد ولا تقف عند حدود فلسطين، وأن فسادهم سيلحقه، ونار حربهم ستطاله، قال تعالى: {كُلَّمَا أَوْقَدُوا نَاراً لِلْحَرْبِ أَطْفَأَهَا اللَّهُ وَيَسْعَوْنَ فِي الْأَرْضِ فَسَاداً وَاللَّهُ لا يُحِبُّ الْمُفْسِدِينَ.

وعلينا جميعاً ألا ننسى وصية رسولنا صلى الله عليه وسلم عندما سألته ميمونة - رضي الله عنها- فقالت: يا رسول الله! أفتنا في بيت المقدس؟ فقال -صلى الله عليه وسلم-: "أرض المحشر والمنشر"، وفي رواية أبي داود: "ائتوه فصلوا فيه - وكانت البلاد إذ ذاك حربًا- فإن لم تأتوه وتصلوا فيه، فابعثوا بزيت يُسرج في قناديله"، رجاله ثقات وقواه النووي في المجموع، إنها وصية نبوية كريمة بعمارته والعناية به، وها هي ذي أجيال المسلمين تبعث بالزيت لقناديله، بل وتبعث بالدماء للذود عنه وصونه من انتهاكات الصليبيين واليهود من بعدهم، فلعلنا نبعث بالكلمات والمال وبكل ما نقدر عليه لنصرة أهلنا المجاهدين والمرابطين في فلسطين الحبيبة وحول أكناف مسرى رسولنا -عليه الصلاة والسلام-، وهي أمانة سوف نسأل عنها أمام رب العالمين.173

وفي مقال مصطفى يوسف اللداوي الذي عهدناه دوما يكتب حول قضايا فلسطين يكتب حول قضية القدس العويصة المستعصية بلسان حاله وكل تعبيره مرارة

وسخط وتفجر ترجع بنا للأحداث التي مرت منذ قريب قبل عشر سنوات وانتفاضة الأقصى التي عاشها الكل وشارك فيها الكل بالمظاهرات وقوفا جنبا لجنب مع أهم قضية تعرفها مقدسات الأمة عبر تاريخها الحضاري، وقد سقت عباراته المكتوبة من المقال لعل القارئ يطلع عن قرب أكبر على أهم قضية مطروحة للحسم فيها سياسيا وعسكريا وتاريخيا وحضاريا وإنسانيا.

سنواتٌ عشر مضت على انتفاضة الأقصى، وآلاف الشهداء خلالها قد سقطوا، وعشرات آلافٍ آخرين جرحوا وأصيبوا، واعتقلوا وسجنوا، وآلاف البيوت قد تهدمت، ومئات المعامل والمصانع قد دمرت، وآلاف الدونمات قد صودرت، وآلاف أشجار الزيتون قد اقتلعت، وتوسعت المستوطنات الإسرائيلية، وتضاعفت أعداد المستوطنين فيها، وازدادت الشوارع الأمنية والطرق الالتفافية، وأُغلقت الجامعات والمعاهد، وتعطلت الدراسة، وتفرق التلاميذ والطلاب، وقد عاث شارون ومن قد جاء بعده في كل أرض فلسطين فساداً وخراباً، وقتلاً واعتقالاً، وتمزيقاً وتشتيتاً، وطرداً وإبعاداً، ومصادرةً وحرماناً، ووجهوا للقادة العرب إهاناتٍ عديدة، فاستهانوا بعزمهم، وسخروا من نواياهم، وردوا على مبادراتهم قتلاً وترويعاً، وواجهوا اعتدالهم تشدداً أكثر وتطرفاً أعنف.

وجاؤوا بحكوماتٍ لا تؤمن بغير العنف، ولا تسلك غير سبيل القوة، ولا تعرف طريقاً للحوار أو المفاوضاتِ إلا إذا قبل الفلسطينيون بالتنازل، وأبدوا نيتهم المسبقة بالتفريط بالحقوق، والتخلي عن الثوابت، وجاء مناصروهم الدوليون، بوش الأمريكي، وبلير البريطاني، وغيرهم من النادمين الألمان والفرنسيين العائدين، ليشدوا على أيديهم، ويؤيدوا مساعيهم، ويمدوهم بكل سلاحٍ قادر على وأد الانتفاضة، وإسكات المقاومة، وإضعاف الصف الفلسطيني وتشتيت جمعه، وتمزيق وحدته، ودفع قيادته نحو تنازلٍ أكبر، وتفريطٍ أخطر، بعد أن أغروهم بمعسول الوعود، وجميل الكلام، بدولةٍ وعلمٍ ووطن، خلال عامٍ لا يأتي، ومستقبلٍ لا يتغير.

فصدقوا وعودهم، فانقلبوا على إخوانهم، وناصبوهم العداء، وزجوا بهم في السجون والمعتقلات، وعرضوهم لألوانٍ شتى وصنوفٍ عديدة من الإهانة والتعذيب، في الوقت الذي لم يتوقف فيه الاحتلال عن القتل، وتوسيع السجون والمستوطنات، وزيادة أعداد المعتقلين والمستوطنين، في جدليةٍ لا تنتهي، ومعركة لا تتوقف، فالإسرائيليون ماضون في أحلامهم ومخططاتهم، بأن القدس الموحدة عاصمتهم الأبدية، والفلسطينيون ماضون في يقينهم بأن القدس لهم، والأقصى مسجدهم، وفلسطين كلها أرضهم ووطنهم[174].

بينما عمل "الإسرائيليون" منذ عقود على طمس الهوية الأساسية لعموم فلسطين ومدينة القدس المحتلة على وجه الخصوص، وذلك من خلال تنفيذهم لسياسات

195

ومخططات استيطانية وديمغرافية واقتصادية، وقــد اتبعــت "اســرائيل" ســلسلة قوانين وأنظمــة لتجســيد الاســتيطان في القدس وتأبيده. ومن هذه القوانين والأنظمة الصهيونية:

قوانين مصادرة الأراضي: استخدمت "إسرائيل" هذه القوانين للمصادرة بدعوى إقامة المستوطنات عليها، وبموجب قانون الأراضي لسنة /1953/ ومن خلال وزارة المالية وتحت غطاء للمصلحة العامة، تمت مصادرة 24 كم2، وما يعادل 35٪ من مساحة القدس الشرقية، فأنشأت 15 مستعمرة وقامت ببناء 47 ألف وحدة سكنية، وكان قانون المصادرة للمصلحة العامة من أهم القوانين التي استخدمتها "إسرائيل" في الاستيلاء على الأراضي الفلسطينية التي كانت تعتبر المجال الحيوي للتطور العمراني الفلسطيني.

قوانين التنظيم والبناء : استخدمتها "إسرائيل" للحد من النمو العمراني والسيطرة على النمو السكاني عن طريق التنظيم والتخطيط، فبدأت ومنذ الأيام الأولى للاحتلال بإغلاق مناطق حول البلدة القديمة بإعلانها مناطق خضراء يمنع البناء عليها، ما جعل 40٪ من مساحة القدس الشرقية مناطق خضراء يمنع البناء الفلسطيني عليها، ولكنها تعتبر مناطق احتياط استراتيجي لبناء المستوطنات، كما حدث في جبل أبو غنيم منطقة (الرأس في قرية شعفاط) عندما تم تحويلها من مناطق خضراء إلى مناطق بناء استيطاني (هارحوماه، ريخس شعفاط).

كذلك تم تحديد مستوى البناء، فبالنسبة للفلسطيني لا يسمح له بالبناء بأكثر من 75٪ من مساحة الأرض وهو الحد الأقصى، بينما يسمح لليهود بالبناء بنسبة تصل إلى 300٪ من مساحة الأرض، كما تم وضع العراقيل الكبيرة أمام رخص البناء والتكاليف الباهظة التي تصل إلى 30 ألف دولار للرخصة الواحدة، بالإضافة إلى الفترة التي يأخذها إصدار الرخصة ما دفع السكان إلى البناء دون ترخيص أو الهجرة باتجاه المناطق المحاذية لبلدية القدس حيث أسعار الأراضي وسهولة الحصول على رخصة أسهل وأقل تكلفة مما هو موجود داخل حدود البلدية.

قانون الغائبين: مصادرة الأراضي بموجب قانون أملاك الغائبين لسنة /1950/، استخدمت "إسرائيل" هذا القانون الذي يسن من أجل تهويد المدينة، وهذا القانون ينص على أن كل شخص كان خارج "إسرائيل" أثناء عملية الإحصاء التي أجرتها "إسرائيل" عام 1967، فإن أملاكه تنتقل إلى القيّم على أملاك الغائبين، ويحق للقيّم البيع والتأجير، وهذا ما حصل في العقارات التي تم الاستيلاء عليها من قبل الجمعيات الاستيطانية بالبلدة القديمة.

الأسرلة: استكمالاً للمشروع "الإسرائيلي" في القدس يعمل "الإسرائيليون" على "أسرلة" الأقلية التي بقيت في المدينة من الفلسطينيين والتي لا تزيد عن 27٪.

وتسعى "إسرائيل" لربط القطاعات الصحية والتعليمية والتجارية والصناعية والخدماتية بـ"إسرائيل" وتحويل ضم المدينة من ضم الأرض إلى ضم الأقلية المحددة لسكان القدس، وتقوم البلدية بما يلزم من إجراءات جنباً إلى جنب مع باقي المؤسسات "الإسرائيلية" لأسرلة من تبقى من المواطنين الفلسطينيين في القدس الشرقية، وذلك من خلال تطور الخدمات المقدمة للأقلية التي تريد أسرلتها. لذلك عملت على رفع مستوى استيعاب المدارس "الإسرائيلية" الحكومية لتقضي على المدارس العربية الحكومية والخاصة، حيث يدرس الآن 27 ألف طالب عربي في المدارس "الإسرائيلية" في القدس، بينما يدرس 18 ألفاً في المدارس العربية الخاصة والحكومية، إضافة إلى محاصرة مشروع الصحة الفلسطيني في القدس.

5 مصادرة الهويات: تنظر "إسرائيل" إلى المواطنين الفلسطينيين في القدس على أنهم مواطنون أردنيون يعيشون في "إسرائيل"، وذلك طبقاً للقوانين التي فرضتها على المدينة، حيث أعلنت في الأيام الأولى للاحتلال سنة 1967 منع التجول وأجرت إحصاء للفلسطينيين هناك في 1967/6/26، واعتبرت أن جداول هذا الإحصاء هي الحكم على الأساس لإعطاء بطاقة الإقامة للفلسطينيين في القدس، ومن يوجد من المقدسيين لأسباب خارج القدس، سواء أكان ذلك خارج فلسطين أم خارج المدينة (لا يحق له العودة عليها) وطبقت على الفلسطينيين قانون الإقامة لسنة 1952 وتعديلاته لسنة 1974 بما فيها الأمر رقم 11 لأنظمة الدخول والذي يقضي بشروط وتعليمات خاصة متعلقة بالإقامة لكل من يدخل إلى "إسرائيل"، وبذلك اعتبرت جميع الفلسطينيين المقيمين في القدس قد دخلوا بطريقة غير شرعية في الخامس من حزيران، ثم سمح لهم بالإقامة كلفتة إنسانية من "إسرائيل". وبذلك فهم ليسوا مواطنين وإنما أجانب يقيمون إقامة دائمة داخل "إسرائيل"، هذا هو الوضع القانوني للفلسطينيين في القدس. وبموجب الأمر رقم 11 من تعليمات وأنظمة الدخول إلى "إسرائيل" فكل من يغير مكان الإقامة يفقد حق العودة إلى القدس.

وتغيير مكان الإقامة ليس إلى خارج فلسطين(إسرائيل) فقط وإنما خارج حدود البلدية، وبالتالي يتم سحب حق الإقامة وإخراجه خارج البلاد، كل ذلك من أجل إعادة التوازن الديمغرافي لصالح "الإسرائيليين" وجعل السكان العرب أقلية في المدينة. بلغ عدد المستوطنات التي أقيمت على أراضي محافظة القدس (حسب التحديد الإداري الفلسطيني) 43 مستوطنة تقوم على مساحة من الأراضي تزيد عن 46 ألف دونم.175

أساطيل الحرية وفك الحصار

أساطيل الحرية تتهيأ للحاق بمسيرة الأسطول الأول الذي كسر الحصار على غزة، لتعتقها من الاحتلال والموت البطيء والتآمر الإمبريالي الذي يذهب ضحيته شعب بكامله يقتل ويأسر ويستأصل ويهجر للمخيمات وينفى بعيدا عن موطنه. لكن هل تقدر تلك الأساطيل أن تحرر شعبا يعيش تحت لهيب الحرب الإبادية، لعلها إرهاصات وبدايات لإشراق صبح الحرية التي عانقتها شعوب عربية مسلمة لتخلص نفسها من أسر استبداد الحكومات التي تخضعها لإرادتها القمعية.

ولكن هل تحررت فعلا تلك الشعوب وتخلصت من قبضة الحكم الجبري أم ليس بعد؟ فلا يزال يلزم وقت لتكونها وتكوينها للحدث التاريخي تصنعه بفك الحصار المضروب عليها، حينذاك تقدر فك الحصار المضروب على غزة وفلسطين والعراق وكل الدول العربية الإسلامية. الحدث يتكون وهو في طريق التهيأ والتكوين، والتاريخ يصبح هنا عاملا فاعلا لأنه هو الذي يحرك تلك الشعوب لتكون وتفعل وتصبح فاعلة في التاريخ، لعلها جدلية التاريخ التي تفعل في شعوب العالم الثالث لتصيرها فاعلة بعد أن كانت لقرون مفعول بها.

وبذلك لزم إبراز أن قضية فلسطين ما زالت قائمة في وجدان وعقول الشعوب العربية والإسلامية وكذلك شعوب العالم، وكيف أنها في حاجة دائمة للاستدعاء والاستحضار واستحفاز مساندتها، سواء الإنسانية أو السياسية، وكيف أن تآكل مساندة النظم العربية المستسلمة أمام ضغوط المشروع الصهيوني يقابله، بل يدينه تيار من المساندة الشعبية والمدنية، فإن مشهد استمرار المظاهرات الشعبية واجتماعات وبيانات الجماعات الحقوقية المدنية يحتاج إلى رصد منظم ومتراكم ليبرز حجم هذه المساندة وأبعادها، وكيف أعادت الشعوب، ورغم أنف جميع النظم (معتدلة أو ممانعة، عربية أو غربية)، إلى الصدارة قضية فلسطين وقضية المقاومة من أجلها، عسكريا أو سلميا. والسؤال هو، كيف يجب استثمار هذا الزخم الجديد من أجل دعم المساندة الشعبية والمدنية لقضية فلسطين ولخيار المقاومة من أجل تسوية سياسية عادلة وليس تسوية في ظل شروط الاستسلام لإسرائيل؟ وكيف يجب استثمار هذا الزخم الجديد لجعل خروج شعوب الأمة من أجل فلسطين

والمقاومة في غزة خروجا لاستنهاض الأمة ومقاومتها ضد كل صور الاستبداد والفساد والعدوان والتدخل الخارجي؟

لا بد من عمل تحسيسي على جميع المستويات الإعلامية والخطابية والمساهمات الندوية وعبر الكتابة من خلال المقال والكتاب بكشف عنصرية المشروع الصهيوني باعتباره يستهدف تصفية الشعب الفلسطيني واستئصاله، وبيان الخلفية الضمنية بكشف التوجهات التي تدعو لخيار "الدولة اليهودية" بمفردها على أرض فلسطين. هذا الخيار الذي ينطلق من مقولة تاريخية مغلوطة، فإذا كانت مقولة "فلسطين أرض بلا شعب" تمثل أساسا من أسس المشروع الاستيطاني الصهيوني، وإذا كان مسلسل مذابح وحروب الآلة العسكرية الإسرائيلية قد أثبت هذا مرارا وتكرارا، ابتداء من دير ياسين إلى صبرا وشاتيلا وغيرها. قدم مشهد الحرب العدوانية على غزة عملة ذات وجهين: تأكيد هذا الوجه العنصري الصهيوني من ناحية، وتأكيد استمرار إيمان وتلاحم وصمود أهل غزة وأهل فلسطين جميعهم من ناحية أخرى؛ ذلك لأن المقاومة ليست حماس والفصائل الأخرى فقط. لقد تم كشف نقائص وخلفيات خيار "التسوية السلمية"، أي السلام كخيار استراتيجي التي رفعها النظام العربي الرسمي متحالفا مع القوى الغربية التي تتزايد مساندتها لإسرائيل وتتآكل مساندتها للقضية الفلسطينية.

تحول هذا الخيار إلى مظلة تابعت إسرائيل تحتها ـ ولما يزيد عن ثلاثة عقود ـ تدعيم استيطانها وتهويد فلسطين كلها وتهديد الأمن القومي العربي، بل أمن الجوار الحضاري للعرب، وذلك في وقت تآكلت فيه قدرات وإرادات "النظم العربية"، وظلت صامدة، بل تنامت بؤر للمعارضة السياسية والمقاومة الحضارية عبر أرجاء الأمة، إلا أنها لم تحقق بدورها اختراقا نوعيا لإحداث تغيير حضاري شامل، وبعد أن بدا أن العرب في إجمالهم، وخاصة منذ ما يسمى المبادرة العربية للسلام 2002، مازالوا يسبحون في أوهام تيار "السلام."

وفي حين أن انتفاضة الأقصى التي اندلعت عام 2000 كانت استجابة لما بدا ظاهرا من فشل خيار أوسلو في تحقيق أهداف الشعب الفلسطيني، فإن العدوان على غزة يمثل مفصلا استراتيجيا كشف وأكد أن خيار التسوية السلمية، على النحو الذي جرى عليه العرب، ليس إلا أوهاما تفرضها اختلالات ميزان القوة لصالح إسرائيل، كما يفرضها انعدام الرؤية الحضارية والإرادة الحضارية لدى النظم العربية، على نحو هدد الأمن القومي والحضاري. ومن ثم فإن العدوان على غزة دفع للصدارة من جديد خيار المقاومة الحضارية الشاملة، وليس فقط خيار

المقاومة العسكرية ضد المحتل، فتلك الأخيرة ـ التي أضحت تتمحور فقط على أرض فلسطين والعراق يصعب تفعيلها بدون عمق إقليمي وحضاري يمدها بمصادر الدعم والمساندة.

إذن كشف المشروع الصهيوني للعالمين باعتباره اليوم دعوة لبناء دولة اليهود بالأرض الموعودة وحماية مشردين نالت من بعض أجدادهم النازية، ولكنه مشروع لن يقف عند بناء الدولة في حدود التعايش مع شعب يراد إبادته واستئصاله بدون رحمة وتحت أنظار الرأي العالمي والدولي والعربي؛ فدولة إسرائيل لن تقف توسعاتها الاحتلالية هناك بل ستتجاوز فلسطين وستظهر كل خلفيات المشروع الصهيوني في المستقبل وهو ريادة العالم، وذلك سيدفع بالعالم نحو نهايته المحتومة لأنه مشروع عنصري يبدي عنصريته اتجاه الأمم كلها باعتبار اليهود هم الشعب المختار من دون العالمين ولا مجال للتعايش مع مثل هذه الأيديولوجية التي تتخذ شرعيتها السياسية من النص المحرف.

ولإن كانت القوى الكبرى تدعم إسرائيل اليوم لتلاقي المصالح الإمبريالية، فإنها ستحصد نتيجة ذلك تهديدا يتوعدهم بتجاوز قوتهم والاستعلاء عليهم من طرف القوة العسكرية ـ السياسية الصهيونية اللامحدودة واللامشروطة والتي لا تخضعها القوانين الدولية ولا الأممية. ومن قلب الأخبار والأحداث ومن قلب وعد الآخرة نقرأ البشارات ونذكر بالانتصارات القادمة قريبا بإذن الله، نقرؤها من موقع الانتفاضة الثالثة التي تؤذن بقرب الوعد والاستعداد له، فأبشروا يا أهل فلسطين بالعودة القريبة لبلادكم ولمنازلكم ولمدنكم وقراكم، وأرضكم التي تبكي ليلا ونهارا وتتحسر السماء وتتفطر على فراقكم، لقد اشتاقت السماء والشمس والقمر لوجوهكم الصافية ولأرواحكم الطاهرة، فكونوا عند الوعد وعند الميعاد. نقرأ الخبر للتسلية فقط فموعود الله قادم لا شك فيه.

تواجه قيادة الاحتلال الصهيوني حملة دعاوى قضائية في عدة دول، وذلك على خلفية الهجوم الدموي على أسطول الحرية العام الماضي، وذلك وفق ما أفادت به القناة الصهيونية العاشرة. وذكرت القناة أن 3 نشطاء شاركوا في أسطول الحرية قدموا 3 دعاوى في إسبانيا ضد رئيس وزراء الاحتلال الإسرائيلي بنيامين نتنياهو، ووزير الحرب إيهود براك ووزير الخارجية أفيغدور ليبرمان، والوزراء: ميريدور ويعالون وبيغين، وقائد سلاح البحرية إليعيزر مروم.

وتشمل الدعاوى تهم تنفيذ جرائم ضد الإنسانية والحبس والطرد والتعذيب والقيام بجرائم حرب ضد مدنيين. وأكدت القناة أن القضاء الإسباني عيّن قاضياً محققاً توجه لـ(فلسطين المحتلة) ولم يقرر بعد فتح تحقيق في التهم الموجهة للمسؤولين الصهيونيين. في بلجيكا قدمت ٤ ناشطات في أسطول الحرية دعوى ضد باراك ورئيس هيئة أركان الجيش الصهيوني السابق، غابي أشكنازي، وعدة مسؤولين، وشملت الدعوى تهم الحبس والاختطاف، وحولت النيابة البلجيكية الدعوى إلى (فلسطين المحتلة) للحصول على ردها. وفي فرنسا، قدمت قبل عام دعوى جنائية ضد باراك وعدة مسؤولين شملت تهم: الاختطاف واستخدام العنف وحرف مسار سفينة وسرقة مستندات، لكن النيابة الفرنسية قررت رفض الدعوى. وفي اليونان، قدم نشطاء في أسطول الحرية دعوى جنائية ضد باراك وأشكنازي وعدة مسؤولين، بشبهة خرق المعاهدات الدولية والقرصنة والسطو والحبس والتهديد والتعذيب. وفي تركيا، يجري على ما يبدو تحقيق في تهم القتل والقرصنة والاختطاف ضد نتنياهو وباراك وأشكنازي. وفي جنوب أفريقيا، قدمت ناشطة شكوى ضد مسؤولين الصهيونيين بشبهات التعذيب والقتل والمس بمواطنين وتنفيذ أعمال غير إنسانية. ونقلت القناة العاشرة عن مصادر في وزارة القضاء قولها: "إن هناك خشية من تقديم دعوى في بريطانيا قد تتسبب في اعتقال عدة مسؤولين صهيونيين في حال وصولهم إلى الأراضي البريطانية". وقالت وزارة القضاء أنها شكلت طاقماً خاصاً لمواجهة حملة الدعاوى الدولية[176].

ونشرت وكالات في موقع الانتفاضة الفلسطينية الثالثة هذا التقرير المفصل للأحداث الإجرامية التي تمت من قبل المحتل خلال عقود من الزمن في حق الشعب الفلسطيني بصفة عامة وشعب غزة المحاصر والمراد له الموت والإبادة. وهذا هو التقرير.[177]

أفاد تقرير صادر عن مؤسسة حقوقية فلسطينية بأن قوات الاحتلال الصهيوني قتلت على مدى الأعوام الأحد عشر المنصرمة (منذ انتفاضة الأقصى في أيلول/ سبتمبر (2000، 4773 فلسطينيًا، من بينهم 1074 طفلاً، و223 امرأة. وأكد مركز "الميزان" لحقوق الإنسان، في تقرير صحفي له اليوم الأربعاء (28-9)، بمناسبة ذكرى مرور أحد عشر عامًا على اندلاع انتفاضة الأقصى، التي اندلعت إثر زيارة استفزازية قام بها زعيم المعارضة الصهيونية في حينه، آرائيل شارون، إلى المسجد الأقصى بمدينة القدس المحتلة تحت حراسة مشددة من الشرطة الصهيونية، وما تلا ذلك من إطلاق كثيف للنيران تجاه المصلين وقتل وجرح عدد كبير منهم. ويبين ذلك أن قوات الاحتلال بذلك "تواصل ارتكاب جرائم الحرب،

والجرائم ضد الإنسانية، وتنتهك قواعد القانون الدولي الإنساني، ومبادئ حقوق الإنسان، بشكل منظم." وتبين أن حصيلة الضحايا والخسائر الماديّة التي لحقت بالسكان المدنيين وممتلكاتهم في قطاع غزة جراء تلك الانتهاكات، مواصلة ارتفاعها المطّرد خلال هذه الأعوام، حيث دمرت 19022 منزلا سكنيًا، من بينها 4694 منزلا دمرت بشكل كلي، وجرّفت 40779 دونمًا من الأراضي الزراعية، ودمرت 1028 منشأة عامة، من بينها المدارس ودور العبادة والمؤسسات المختلفة، كما دمرت 1308 منشآت تجارية، و542 منشأة صناعية، فيما دمرت 1239 مركبة. ويلفت التقرير النظر إلى أن الأوضاع الإنسانية وحالة حقوق الإنسان تواصل تدهورها وتردّيها جراء تواصل الحصار الصهيوني لقطاع غزة "الذي يمسّ بأوجه حياة الفلسطينيين كافة، لاسيما استمرار وفاة المرضى بسبب نقص القدرات العلاجية ومنعهم من الوصول إلى المستشفيات خارج قطاع غزة."

ويشير المركز إلى أن هذه الذكرى "تأتي في وقت تصعّد فيه سلطات الاحتلال حملتها المحمومة في القدس لتهويد المدينة وتهجير سكانها الأصليين عنها قسرًا، بما في ذلك نواب المدينة المنتخبون وقيادات سياسية فيها، وتواصل عمليات البناء والتوسع الاستيطاني وبناء جدار الفصل العنصري في الضفة الغربية المحتلة تحت أنظار المجتمع الدولي الذي لم يتخذ أي خطوات لحماية المدنيين الفلسطينيين وممتلكاتهم، ودون سعي منه لتطبيق قرارات الأمم المتحدة القاضية بعدم شرعية بناء الجدار والاستيطان." وقال البيان أن قوات الاحتلال تواصل انتهاكاتها المنظمة لقواعد القانون الدولي، ولاسيما اقتطاعها مساحات واسعة من أراضي القطاع تصل إلى ما نسبته 17 في المائة من إجمالي مساحته وإلى حوالي 35 في المائة من إجمالي الأراضي المخصصة للزراعة فيه، من خلال فرضها لما بات يعرف بالمناطق مقيدة الوصول، وهو انتهاك يمس بمصادر عيش مئات الأسر الفلسطينية بالإضافة إلى أثره الواضح على الاقتصاد الفلسطيني وعلى السلة الغذائية لقطاع غزة، هذا بالإضافة لوقوع ضحايا قتلى ومصابين من بين المزارعين والسكان الذين يقتربون من أراضيهم." ويضيف بأن قوات الاحتلال لا تزال تواصل محاصرة الصيادين وتمنعهم من الوصول إلى مناطق الصيد في عرض البحر، وتعتدي عليهم حتى في نطاق الشريط الذي تسمح لهم بالصيد فيه، والذي لا يتجاوز الثلاثة أميال بحرية. كما أنها تعرضهم لمعاملة قاسية ومهينة وتعتقل العشرات منهم دونما مبرر وتخرب أدواتهم ومعداتهم متعمدة بذلك ثنيهم عن مزاولة عملهم.

وأفاد مركز "الميزان" بأن عدد الحالات التي تم فيها اعتقال صيادين هي تسعٌ وخمسون حالة اعتُقل خلالها مائة وثلاثة وتسعون فلسطينيًا، وأطلقت النار مائتين وتسعًا وعشرين مرة تسببت في قتل ستة صيادين وإصابة اثنين وعشرين بجراح، فيما استولت على ثمانية وستين قاربًا من قوارب الصيد، وخربت معدات الصيد لعشرات الصيادين في ست عشرة حالة. واعتبر صمت المجتمع الدولي وتخليه عن التزاماته القانونية "يسهم في تشجيع قوات الاحتلال على ارتكاب مزيد من الانتهاكات لقواعد القانون الدولي الإنساني وقانون حقوق الإنسان في قطاع غزة، كما هو الحال في الضفة الغربية المحتلة، حيث أصبحت انتهاكات مثل استخدام القوة المفرطة والمميتة، دون تمييز أو تناسب، وقتل المدنيين الفلسطينيين، واستهدافهم داخل منازلهم أو المناطق المدنية أو في حقولهم أو أثناء ممارستهم أعمالهم، كذلك الاستيلاء على أراضيهم، وهدم منازلهم، وتقطيع أوصال مدنهم وقراهم من خلال استمرار بنائها لجدار الفصل العنصري، جزءًا من السياسة الرسمية لتلك القوات." وأكد أن بناء جدار الفصل العنصري "يشكل أحد أبرز معالم السياسة الصهيونية، التي تواصلت بالرغم من الرأي الاستشاري لمحكمة العدل الدولية الذي أكد على الوضع القانوني للأراضي الفلسطينية كأراض محتلة، وعلى أن بناء الجدار يشكل انتهاكًا جسيمًا لقواعد القانون الدولي، بما في ذلك اتفاقية جنيف الرابعة، ولمبادئ حقوق الإنسان. وعلى الرغم من رأي المحكمة فقد واصلت قوات الاحتلال أعمال البناء في الجدار دون أدنى اكتراث به."

ويشدد المركز على أن "الانتهاكات الجسيمة لحقوق الإنسان والقانون الدولي الإنساني، والتي ترتكبها قوات الاحتلال بحق الشعب الفلسطيني، على مدى العقود الماضية، تشكل جرائم يجب محاسبة مرتكبيها، وجبر الضرر الناجم عليها بحق الضحايا، وعلى أنها جرائم لا تسقط بالتقادم"، مؤكدًا أنه يدعم الجهود الرامية إلى تفعيل "مبدأ المحاسبة لضمان عدم الإفلات من العقاب ومحاسبة مجرمي الحرب على ما ارتكبوه من جرائم."[178]

وفي مقالة قيمة يتعرض كاتبها أ. خالد معالي الذي ينوه بالتدخل التركي وتصدي رئيس تركيا للقرارات الطائشة والمتهورة لنتنياهو الذي تجاوز القوانين الدولية ورفض الردوع لها وأبان جنونا في مرحلة حاسمة هي التي تقودها الثورات العربية الربيعية التي تعلن مرحلة تاريخية، ذلك أنه رغم تدجج إسرائيل عسكريا فإن ذلك لن يجديها في هذه المرحلة إذ ستعرف تهميشا سياسيا وعزلة يستحيل معها استمرارها اقتصاديا وتجاريا وبذلك قد تنتهي ببطئ ولن يقدر شعبها على الاستمرار في مثل هذه الوضعية، وقد تنسحب أغلب الفئات الاجتماعية التي تم

استيرادها بالقوة والإغراءات التي لم تتحقق بل كانت خدع وكذب صهيوني ووعود بالرحيل لأرض الموعود وما هو إلا كذب وخداع.

افتتح الكاتب مؤلفه بهذه العبارة المتميزة والصادقة بالتذكير بسنن الله التي غفل عنها كثير من الناس وظنوا من قوتهم وحماقتهم أنهم الذين يسيرون حياة الناس والأكوان: "قضت السنن الكونية وطبيعة الأشياء أن تتزاحم وتتدافع الأحداث، رفضا للسكون وتحقيقا للعدالة الإلهية، بدفع الناس بعضهم بعضا ليعمر الكون، وتستمر الحياة. ولكي تستمر الحياة بسلاسة ورتابة؛ لابد من رواد لها وهم القلة القليلة ممن تميزوا بفن القيادة والريادة، وفهم عميق لطبيعة الصراعات[179].

ليس المطلوب في المرحلة الحالية أن نرفع من سقف توقعاتنا كثيرا من تركيا كأن ترسل جيشها لتحرير فلسطين، وتفك حصار غزة، وليس المطلوب من تركيا أن تكون فلسطينية أكثر من الفلسطينيين، يكفي الفلسطينيين أن يجدوا من يساندهم ويقف إلى جانبهم ويشد من عزمهم في الأوقات الحرجة، بعدما اكتفى إخوتهم في العروبة بالفرجة، وتركوهم وحيدين في الميدان يقارعون صلف "نتنياهو."

بالنسبة للفلسطينيين، فإن موقف تركيا المساند للقضية الفلسطينية، وإن كان مطلوبا، إلا أنهم يطالبون بالمزيد نظرا لحجم معاناتهم وتفرد "نتنياهو" بهم؛ فـ"الغريق يتعلق بقشة" كما قالت العرب قديما. ويرى العديد من المفكرين والكتاب أنه ليس المطلوب من تركيا أن تحارب عنا، ويرى آخرون أن "ما حك جلدك مثل ظفرك"؛ وبالتالي لا يمكن التعويل على دور تركيا، مع أن موقفها متقدم بخطوات كبيرة على دول عربية معروفة.[180]

ولكننا نقول إن القدس هي لجميع المسلمين، وكما ساعدت دول الغرب في قيام دولة (إسرائيل) بالمال والسلاح؛ فإنه من واجب تركيا ومعها بقية الدول الإسلامية والعربية مساعدة الفلسطينيين في إقامة دولتهم، وكنس الاحتلال لمزابل التاريخ. عندما تحترم القيادة التركية شعبها يحترمها شعبها، ووقتها تسير القيادة بخطى واثقة وثابتة، وتخوض الأهوال وتتخذ القرارات الجريئة على نار هادئة، وبشكل علمي، والتي تتبعها قرارات أكثر جرأة. يمكن للكثيرين أن يعدوا أنفسهم زعماء وقيادات باتخاذ القرارات الارتجالية والانفعالية؛ ولكن قلة قليلة من القيادات تشكل نموذجاً يحتذى به، ويشار لها بالبنان، ويذكرها التاريخ بخير، ومن بينها القائد رجب طيب أردوغان الذي لمثل قيادته الحكيمة والواعية فليتنافس المتنافسون.

الخاتمة

والخاتمة نقرؤها على لسان كاتب هذه المقالة التي تحمل رؤيا مستقبلية بعد نجاح الثورات العربية الربيعية، والتي يمكن أن نقرأها على لسان كل عربي يناضل وينافح لبناء دولة ديمقراطية تحترم فيها الحريات وحقوق المواطنة، وهكذا وبعد نجاح الثورات العربية صار طرح قضية دولة فلسطين المستقلة قضية تاريخية لزم الحسم فيها وطرحها سياسيا وأيديولوجيا، وصار من الضروري سواء على المستوى الجيوسياسي بعد سقوط النظام الديكتاتوري الذي مثله لعقود طويلة الرئيس مبارك المخلوع.

لم يعد بالإمكان الآن وفي غد مستقبل عالم جديد يتكون بالدول العربية وسيتغير لدى الشعوب الغربية التي تعرف حالة من التراجع وتنتكس اقتصاديا وسياسيا بعد خيبات أملها من حكوماتها التي لم تقدر أن تمثلها، بل كانت تلك الفئة الحاكمة تخدم فقط مصالحها الشخصية التي تستفيد منها فئة صغيرة من المجتمع بينما الشعوب تزخر تحت الظلم الاجتماعي وانعدام تحقق الحقوق المواطنة الكاملة.

افتتح صاحب المقالة بعبارة جاءت على لسان المحتل الإسرائيلي في إحدى الإذاعات. "يا يهود، يا يهود، عصر مبارك لن يعود، هكذا بدأت الإذاعة العبرية الثانية فقرتها الصباحية عن مصر، ونقلت بالعربية الهتاف الذي يردده شباب مصر، وهم يحاصرون السفارة الإسرائيلية في القاهرة، وراح المذيع يترجم معاني الكلمات العربية إلى اللغة العبرية بذهول، واستهجان، وتخوف كبير من المستقبل الذي يلف مصير إسرائيل بعد أن استيقظ الشعب المصري، واسترد عافيته الوطنية، وأدرك أن طريق الحرية والكرامة تقضي بالقضاء على اتفاقية كامب ديفيد مصدر الوباء والبلاء والفناء الذي ضرب مصر، واخترق حاجز الصمود العربي، وهيأ لبعض الفلسطينيين تمرير اتفاقية أوسلو مع "إسحاق رابين"، وهيأ لملك الأردن تمرير اتفاقية وادي عربه مع الإسرائيليين. [181]

إن الأصل في صيغة الشعار الذي حور كلماته المصريون ليصير "يا يهود، يا يهود، عصر مبارك لن يعود"، و"نتنياهو يا سفاح، عصر مبارك ولّى وراح." الأصل هو: "خيبر خيبر يا يهود، جيش محمد سوف يعود"، وأزعم أن كلمات الأصل قد انطلقت بعفوية من حناجر المسلمين سنه 67، رداً على دخول اليهود لباحات المسجد الأقصى، وتهليلهم في محرابه منتصرين، رافعين كتابهم الديني "التناخ"، ويهتفون: محمد مات، خلّف بنات.

وأزعم ثانية: أن لا فرق بين شعار"جيش محمد سوف يعود"، وشعار "عصر مبارك لن يعود"، فنهاية نظام مبارك تعني نهاية الزمن الذهبي الإسرائيلي الذي بسط فيه اليهود هيمنتهم على مصر، وعلى كل بلاد العرب، وهذا يعني بداية عودة الكرامة والحرية والنقاء والسلامة والحماية والأمن للشعب المصري ولكل أمة لا إله إلا الله، وأرى أن لا تناقض هنا بين كل المفاهيم الإنسانية النقية، وبين عودة جيش محمد بتعاليم الدين الإسلامي.

"يا يهود، يا يهود، عصر مبارك لن يعود"، هي رسالة رعب أوصلها شعب مصر إلى اليهود الغاصبين، ورغم ما يمتلكون من أسلحه دمار، فقد تغيرت لغة تهديد قادتهم تجاه غزة، وارتخت يدهم عن السلاح، ومع أول تحذير رسمي مصري توقف القصف الإسرائيلي على غزة فعلاً، رغم تواصل سقوط صواريخ المقاومة، وسقوط قتلى إسرائيليين.

لن أغفل في مقالي هذا استعداد المقاومة، وامتلاكها وسائل رد، وقدرة على التصدي، أجبرت وزراء الدفاع السابقين، "شاؤول موفاز" و"عمير بيرز" أن يلقيا بالمسئولية على حركة حماس، وأن يطالبا بإسقاط حكمها لقطاع غزة، ولكن صاحب قرار الحرب الحقيقي "إيهود باراك" وزير الحرب الصهيوني، بلع لسانه، ولم يهدأ، وأدرك هو وقادته العسكريين أنهم عجزوا عن تصفية المقاومة الفلسطينية في العصر الذهبي لإسرائيل، عصر حسني مبارك: فكيف هو الحال في عصر مصر العرب، مصر الشهامة والغضب؟[182].

سيرة ذاتية

الدكتورة سعيدة الصديق

المغرب

تخرجت من جامعة محمد الخامس أكدال الرباط المغرب. شعبة الفلسفة وحدة التخصص: الإبستمولوجيا وتاريخ العلوم. قضت سنوات بالدراسة والبحث بالجامعة المغربية وتلقت العلم على يد كبار المفكرين والفلاسفة المغاربة بفاس والرباط، من أمثال د. جمال الدين العلوي، د. عبد الصمد الديالمي، د. محمد المصباحي، الأستاذ المنصوري، د.الوقيدي، د. سبيلا. د. البوعزاتي، د. عبد المجيد الصغير، د. عابد الجابري، د.سعيد بنسعيد العلوي، د. سالم يفوت.

د. سعيدة الصديق باحثة ومفكرة ومؤلفة تطرح قضايا معاصرة في مؤلفاتها التي تتطرق لقضايا حساسة تهم الأمة العربية المسلمة وقضاياها الفكرية والثقافية والحضارية (فكر/تعليم/اقتصاد/سياسة) إنها تسعى للتجديد في الفكر وتعمل على إحياء المجتمعات العربية من التخلف والتدهور والتراجع عن مواقع السيادة وبذلك فنظرتها جد مستقبلية وبراغماتية لأنها تقترح الحلول للخروج من الأزمات التي تتخبط فيها المجتمعات العربية. وبالإضافة إلى قضايا الفكر وهمومه فهي تستهوي الشعر والفن التصويري ولديها إنجازات رائعة في هذا الباب.

الدراسة الجامعية

كلية الآداب والعلوم الإنسانية فاس ظهر المهراز

الفلسفة العامة: إجازة

موضوع البحت: رابعة العدوية وتجربة العشق إشراف د. إدريس المنصوري-

طالبة زائرة: السلك الثالث تخصص فلسفة إسلامية

موضوع البحت: العقل عند ابن رشد إشراف : د. جمال الدين العلوي.

كلية الآداب والعلوم الإنسانية بالرباط أكدال

طالبة زائرة: السلك الثالث تخصص فلسفة إسلامية

موضوع البحت: المدينة الفاضلة عند الفارابي إشراف: د. عابد الجابري 1995-1996

شهادة استكمال الدروس.

موضوع البحت: الوزارة عند الفقيه الماوردي. إشراف : د. عبد المجيد الصغير
1996_1997

شهادة الدكتوراة. 1998-2005

موضوع البحت: "المنظور في التصوير الفني وأثره على الثورة العلمية والفكر في النهضة الإيطالية"

تحت إشراف: د. سالم يافوت رئيس شعبة الفلسفة/ د. بوعزاتي متخصص في المنطق.

تميز البحت الذي قدمته لنيل الدكتوراة متميزا بالجدة في الموضوع وكيفية طرحه وتداوله المعارفي، وشكل بداية لمرحلة فكرية تتقاطع فيها الهموم الفلسفية مع الاهتمامات الفنية والعلمية فنالت بذلك درجة التميز التي هي "مشرف جدا" للجهد الجهيد الذي قدمته في البحث بحيت اشتغلت على مراجع غير متوفر بالمكتبات بالمغرب واضطرت للسفر للولايات المتحدة لإنجاز معظم أبحاتها التي تعلقت بلب الموضوع. وبذلك كان البحت غنيا ويطرح قضايا معاصرة لم يعرفها الفكر العربي بعد، بما أن التخصص في الفنون التصويرية جديد على المفكرين العرب ولا زالوا يتعاملون معه بطريقة تقليدية. وكان طرح الموضوع محدثا واعتمد في ذلك على مرجعية أمريكية حديثة جدا ومنجزات علمية تتعلق بالمنظور وكيفية بناء الفضاء هندسيا من طرف الفنان وكيفية تلقي المشاهد للمشهد الفني وإدراكه بصريا لنقط الاستهراب والعمق فوق فضاء مسطح وهذه مستويات مركبة من الإنجاز التقى فيها عدة اهتمامات ومنها الهندسية والبصريات والبلورة الرياضية للمكان والتنظير الفلسفي الذي تمثلته الفلسفة الإنسانية وما حققه الانفتاح والتفاعل بين حضارة الغرب والشرق مما أثمر النهضة بإيطاليا التي انتشرت فيما بعد في باقي الدول الأوروبية. وتمخض عن النهضة الفنية، نهضة أدبية وفلسفية وفكرية وأهم ما تمخض عنها هو الثورة العلمية مع العالم جاليلي، وبذلك أحاط البحث بجميع مستويات التحليل والمقاربة الفنية وتميز في الشكل والطرح والمرجعية.

المراجع والحواشي

1-الأستاذ عبد السلام ياسين، سنة الله، روح الجاهلية وجسمها.

2نصير عاروري، استشراف لمآلات الثورات العربية، مقال على موقع الجزيرة، مارس 2011.

3- د. نادية مصطفى، قراءة حضارية في مشاهد أربعة من الحرب على غزة 3-4، العدوان على غزة..مشهد فاصل لخيار المقاومة، يناير 2009.

4 الأستاذ عبد السلام ياسين، سنة الله، لكيلا ننسى.

الأستاذ عبد السلام ياسين، نفس المرجع.

6ـ الأستاذ عبد السلام ياسين، سنة الله، لكيلا ننسى.

7مصطفى يوسف اللداوي، هذيانٌ وخوفٌ إسرائيلي، نشر بموقع جماعة العدل والإحسان بتاريخ 4 يناير/كانون الثاني 2010.

8- الأستاذ عبد السلام ياسين، سنة الله، روح الجاهلية وجسمها.

9- عزمي بشارة، فلسطين قضية العرب أم مشكلة الفلسطينين 2/2، مايو 2007.

10- عزمي بشارة، فلسطين قضية العرب أم مشكلة الفلسطنيين 2، مايو 2007.

11- نفس المرجع.

12-عزمي بشارة، فلسطين قضية العرب أم مشكلة الفلسطينين 2/2، مايو 2007.

13- عزمي بشارة، نفس المرجع.

14- الأستاذ عبد السلام ياسين، سنة الله، ولن تجد لسنة الله تبديلا.

15- الأستاذ عبد السلام ياسين، الإسلام والحداثة، فلسطين أسلمة التاريخ.

16- د. نادية مصطفى، قراءة حضارية في مشاهد أربعة من الحرب على غزة 3-4، العدوان على غزة..مشهد فاصل لخيار المقاومة، يناير 2009.

17- الأستاذ عبد السلام ياسين، الإسلام والحداثة، فلسطين أسلمة التاريخ.

18- الأستاذ عبد السلام ياسين، الإسلام والحداثة، فلسطين أسلمة التاريخ.

19 - نقلاً عن غريغوار مرشو، مقدمات الاستتباع، المعهد العالمي للفكر الإسلامي، 1996. ص 56 و123- 132.

20- فيصل كريم أكاديمي، أول من دعا لإقامة دولة لليهود: الامبراطور الناقم نابليون بونابرت- من البداية للنهاية، نشر بتاريخ يناير 2010.

21- د. ناصر إسماعيل جربوع، عكا هزمت نابليون أفلا تهزم زعرانهم؟

22- د. محمد عمارة، نابليون ...وإسرائيل الكبرى، مقال نشر بتاريخ يونيو 2002.

23- نقلا عن عبد الوهاب المسيري، الموسوعة، ج6.

24- غريغوار مرشو، مصدر سابق، ص 132.

25- د. محمد عمارة، نابليون ...وإسرائيل الكبرى، مقال نشر بتاريخ يونيو 2002.

26- عن تقديم الناشر لمؤلف الصهيونية والحضارة الغربية، دار الهلال، 2003.

Maurice Bucaille, op.cit, p : 17-18 - 27

28- الأستاذ عبد السلام ياسين، الإسلام والحداثة، أبناء إسرائيل العاقون.

29- د. محمد عمارة، المرجع نفسه.

ه عبد الرحمن السقاف، لماذا ترفض إسرائيل الحدود الدولية، صحيفة 26 سبتمبر الأسبوعية، عدد 1105، 09-أكنوبر 2010. 30

31- عبد الله عبد الرحمن السقاف، لماذا ترفض إسرائيل الحدود الدولية، صحيف   ة 26 سبتمبر الأسبوعية،   عدد 1105، 09-أكنوبر 2010.

32- حسن أسعد، من واقع السياسة... على قاعدة العداء للمنطقة ... فرنسا والصهاينة علاقات قديمة، نقلا عن الجماهير يومية سياسية، مارس 2008.

33- د.سعيد مسالمة, عن الفكر القومي العربي، نشر بتاريخ 1430/12/27.

34- د.سعيد مسالمة, عن الفكر القومي العربي، نشر بتاريخ 1430/12/27

35- د. محمد عمارة، نابليون ...وإسرائيل الكبرى، مقال نشر بتاريخ يونيو 2002.

36- المرشد عبد السلام ياسين، الإسلام والحداثة، ص،

37- عبد الله عبد الرحمن السقاف، لماذا ترفض إسرائيل الحدود الدولية، صحيفة 26 سبتمبر الأسبوعية، 1105، 09-أكتوبر 2010.

38- الطيب بوعزة، مصطلح 'الصهيونية'.. نحو صياغة تعريف بديل، على موقع فلسطين في الذاكرة، 21 كانون الثاني 2009.

39- الطيب بوعزة، مصطلح 'الصهيونية'.. نحو صياغة تعريف بديل، على موقع فلسطين في الذاكرة، 21 كانون الثاني 2009.

40- الأستاذ عبد السلام ياسين، سنة الله،

41- الطيب بوعزة، مصطلح 'الصهيونية'.. نحو صياغة تعريف بديل، على موقع فلسطين في الذاكرة، 21 كانون الثاني 2009.

42- د.سعيد مسالمة, عن الفكر القومي العربي، نشر بتاريخ 1430/12/27.

43- الأستاذ عبد السلام ياسين، سنة الله، التجذر الصهيوني.

44- الأستاذ عبد السلام ياسين، سنة الله، الصهيونية.

45- المرشد عبد السلام ياسين، الإسلام والحداثة، ص،

46- د.سعيد مسالمة, عن الفكر القومي العربي، نشر بتاريخ 1430/12/27.

47- د.سعيد مسالمة, عن الفكر القومي العربي، نشر بتاريخ 1430/12/27.

48- عن مؤلف "الصهيونية غير اليهودية، نقلا عن الأستاذ عبد السلام ياسين، سنة الله، وعد الآخرة.

49- يوفال ديسكين هو رئيس المؤسسة الأمنية الإسرائيلية.

50- د. فهد، فلسطين بين الديموغرافيا والسياسة، 2007/8/18.

51- بيدس، تقرير حول علم الآثار التوراتي يدحض ادعاءات اليهود، 2010.

52- الدكتور سلمان أبو ستة، حق العودة: حق مقدس قانوني وممكن، المقدمة، أغسطس 2000.

53- الدكتور إيلان بابيه، تطهير فلسطين عرقيا، موقع فلسطين في الذاكرة، 2007.

54- الدكتور إيلان بابيه، تطهير فلسطين عرقيا، موقع فلسطين في الذاكرة، 2007.

55- بني موريس، تحليل نقدي لميلاد مشكلة اللاجئين الفلسطينيين، فلسطين في الذاكرة،
6 خزيران 2007.

56- عبد الله عبد الرحمن السقاف، لماذا ترفض إسرائيل الحدود الدولية، صحيف   ة 26
سبتمبر الأسبوعية،   عدد 1105، 09-أكنوبر 2010.

57- نقلا عن الأستاذ عبد السلام ياسين، ابن حزم "الفِصَل في الملل والأهواء والنحل"،
سنة الله.

59- نقلا عن الأستاذ عبد السلام ياسين، ابن حزم "الفِصَل في الملل والأهواء والنحل"،
سنة الله.

61- صلاح رشيد، حقيقة الحقائق وبشهادات اليهود...الفلسطينيون لم يبيعوا أرضهم كما
رؤجت العصابات الصهيونية، موقع فلسطين في الذاكرة.

62- د. خالد الخالدي، بيع الفلسطينيين أرضهم لليهود حقيقة أم خيال؟!، موقع بوابة
فلسطين.

63- د. خالد الخالدي، بيع الفلسطينيين أرضهم لليهود حقيقة أم خيال؟!، موقع بوابة
فلسطين.

64- صلاح رشيد، حقيقة الحقائق وبشهادات اليهود...الفلسطينيون لم يبيعوا أرضهم كما
رؤجت العصابات الصهيونية، موقع فلسطين في الذاكرة.

65- ابن حزم "الفِصَل في الملل والأهواء والنحل"، نقلا عن الأستاذ عبد السلام ياسين،
سنة الله.

66- الأستاذ عبد السلام ياسين، سنة الله، كتب اليهود.

67- سليم عبود، الهولوكست...الكذبة المقدسة، الوحدة، العدد 6455، ديسمبر 2006.

68- فريدة النقاش، الهولوكست والعنصرية، مقال على الموقع.

69- سليم عبود، الهولوكست...الكذبة المقدسة، الوحدة، العدد 6455، ديسمبر 2006.

70- د. عبد الوهاب المسيري، مصطلح الهولوكست، ماذا يعني؟ الجزيرة، 2008.

Karen Armstrong, The Battle for GOD, a History of -71
Fundamentalism, the Ballantine Books Edition, February, 2001.

72- عبده مصطفى الدسوقي، الإخوان ونصرة فلسطين.. ثورة 1936م، نشر على الموقع في يناير 2009.

73- إيميل توما، جذور القضية الفلسطينية (الأعمال الكاملة) المجلد الرابع، حيفا 1995.

74- إيميل توما، جذور القضية الفلسطينية (الأعمال الكاملة) المجلد الرابع، حيفا 1995.

75- إيميل توما، جذور القضية الفلسطينية (الأعمال الكاملة) المجلد الرابع، حيفا 1995.

76- صوت الوطن، نيقوسيا، العدد 17، كانون ا لثاني 1991، ص 44-50.

77- ماهر الشريف، كيف نجحت سلطات الانتداب البريطاني في إخماد ثورة 1936-1939 في فلسطين؟ النص في الندوة الدولية التي نظمتها جامعة باريس السابعة 2007.

78- يوسف هيكل، القضية الفلسطينية، ص، 198.

79 حول الحركة العربية الحديثة- محمد عزة دروزة- الجزء الثالث ص 127-128

80- الشعب الفلسطيني في مواجهة الانتداب البريطاني والصهيونية، عن المركز الفلسطيني للتوثيق والمعلومات.

81- الدكتور إيلان بابيه، تطهير فلسطين عرقيا في 1948، على موقع فلسطين في الذاكرة، 2007.

82- نفس المرجع.

83- د. مصطفى، من دفاتر النكبة-24- ، جيش الجهاد المقدس والسعي لاستقلالية القرار الفلسطيني-1-، مارس 2010.

84- د. مصطفى، من دفاتر النكبة-24- ، جيش الجهاد المقدس والسعي لاستقلالية القرار الفلسطيني-2-، مارس 2010.

85- د. مصطفى، من دفاتر النكبة-25- ، جيش الجهاد المقدس والسعي لاستقلالية القرار الفلسطيني-3-، مارس 2010.

86- نقلا عن موقع فلسطين في الذاكرة، تساؤلات مهمة للحج أمين الحسيني عما حدث لفلسطين غضون النكبة، 2007.

87- عزمي بشارة، فلسطين قضية العرب أم مشكلة الفلسطينين 1، قضية فلسطين قضية لاجئين مايو 2007.

88- عزمي بشارة، نفس المرجع.

89- عزمي بشارة، فلسطين قضية العرب أم مشكلة الفلسطينين 1، قضية فلسطين قضية لاجئين مايو 2007.

90- عزمي بشارة، فلسطين قضية العرب أم مشكلة الفلسطينين 1، قضية فلسطين قضية لاجئين، مايو 2007.

91- عزمي بشارة، فلسطين قضية العرب أم مشكلة الفلسطينين 1، قضية فلسطين قضية لاجئين، مايو 2007.

92- حسين عبد العزيز، عرض كتاب الدكتور عزمي بشارة : أن تكون عربيا في أيامنا، نشر في يوليوز 2009.

93- عرض كتاب الدكتور عزمي بشارة : أن تكون عربيا في أيامنا، نشر في يوليوز 2009.

94- أ. عزيز كايد، في ظل الواقع الفلسطيني الخاص اي قانون للأحزاب نريد ؟" نشر في 21 سبتمبر 2005.

95- أ. عزيز كايد، في ظل الواقع الفلسطيني الخاص اي قانون للأحزاب نريد ؟" نشر في 21 سبتمبر 2005.

96- أ. عزيز كايد، في ظل الواقع الفلسطيني الخاص اي قانون للأحزاب نريد ؟" نشر في 21 سبتمبر 2005.

97- أ. عزيز كايد، نفس المرجع.

98أ. عزيز كايد، في ظل الواقع الفلسطيني الخاص اي قانون للأحزاب نريد ؟" نشر في 21 سبتمبر 2005.

99- توفيق أبو شومر، علاقة الأحزاب الفلسطينية بمنظمات المجتمع المدني، ماي 2007.

100- توفيق أبو شومر، علاقة الأحزاب الفلسطينية بمنظمات المجتمع المدني، ماي 2007.

101- الحركة الوطنية الفلسطينية قبل عام 1948والأحزاب السياسية الفلسطينية، المركز الفلسطيني للتوثيق والمعلومات.

102- الحركة الوطنية الفلسطينية قبل عام 1948والأحزاب السياسية الفلسطينية.

103- عن الموسوعة المعرفية الشاملة، قائمة الأحزاب السياسية في السلطة الوطنية الفلسطينية.

104- عن الموسوعة المعرفية الشاملة، قائمة الأحزاب السياسية في السلطة الوطنية الفلسطينية.

105- عن الموسوعة المعرفية الشاملة، قائمة الأحزاب السياسية في السلطة الوطنية الفلسطينية.

106- عن الموسوعة المعرفية الشاملة، قائمة الأحزاب السياسية في السلطة الوطنية الفلسطينية.

107- عن الموسوعة المعرفية الشاملة، قائمة الأحزاب السياسية في السلطة الوطنية الفلسطينية.

108- عن الموسوعة المعرفية الشاملة، قائمة الأحزاب السياسية في السلطة الوطنية الفلسطينية.

109- عن الموسوعة المعرفية الشاملة، قائمة الأحزاب السياسية في السلطة الوطنية الفلسطينية.

110- عمار الدويك، الإطار القانوني لتسجيل الأحزاب السياسية في فلسطين- مدخل عام في ظل التجربة الانتخابية، مارس 2005.

111- عمار الدويك، "في ظل الواقع الفلسطيني الخاص آي قانون للأحزاب نريد ؟"، 21 سبتمبر 2005.

112- أ. عزيز كايد، في ظل الواقع الفلسطيني الخاص اي قانون للأحزاب نريد ؟" نشر في 21 سبتمبر 2005.

113- أ. عزيز كايد، في ظل الواقع الفلسطيني الخاص اي قانون للأحزاب نريد ؟" نشر في 21 سبتمبر 2005.

114- أ. عزيز كايد، في ظل الواقع الفلسطيني الخاص اي قانون للأحزاب نريد ؟" نشر في 21 سبتمبر 2005.

115- عياد أحمد البنطيجي، الانقسام الفلسطيني بين السياسي والاجتماعي، 20 مايو 2010.

116- نقلا عن مقال، خريطة الانقسام الداخلي ليست عنوانا للحوار، نشر بتاريخ يناير 2009.

117- نقلا عن مقال، خريطة الانقسام الداخلي ليست عنوانا للحوار، نشر بتاريخ يناير 2009.

118- تقرير عن ندوة "غزة: ندوة حول أثر الانقسام الداخلي على المرأة الفلسطينية"، نشر بتاريخ، مارس 2010.

تقرير عن ندوة "غزة: ندوة حول أثر الانقسام الداخلي على المرأة الفلسطينية"، نشر بتاريخ، مارس 2010. [119]

نفس المرجع. [120]

[121] عياد أحمد البنطيجي، الانقسام الفلسطيني بين السياسي والاجتماعي، 20 مايو 2010.

[122] نقلا عن مقال لأ ف ب، الهجوم على غزة..شبح الحرب على حزب الله يؤرق الإسرائيليين، 2009/01/04.

[123] راسم عبيدات، اقتحام أسطول التضامن جريمة حرب بامتياز، مقال على موقع حرب 48، 2010/05/31.

محمد بن المختار الشنقيطي، دموع على مصر، المعرفة، 2009.

[125] محمد بن المختار الشنقيطي، دموع على مصر، المعرفة، 2009.

[126] راشد الغنوشي، زلزال غزة، المعرفة، 2009.

[127] راشد الغنوشي، زلزال غزة، المعرفة، 2009.

[128] تصريحات فتحي يكن على الموقع.

[129] نقلا عن ويكيديا الموسوعة الحرة، حصار غزة.

[130] مصطفى يوسف اللداوي، غزة وقدر الموت خنقا أو قصفا، نشر بموقع جماعة العدل والإحسان بتاريخ الإثنين 28 دجنبر/كانون الأول 2009

[131] نقلا عن موقع جماعة العدل والإحسان، "الجدار الفولاذي" مع قطاع غزة: الخلفيات والتبعات، نشر بتاريخ 16 فبراير/شباط 2010.

¹³² ـ مصطفى يوسف اللداوي، حماس العدو المشترك، نشر بموقع جماعة العدل والإحسان، 24 دجنبر/ كانون الأول 2009.

¹³³ ـ مصطفى يوسف اللداوي، حماس العدو المشترك، نشر بموقع جماعة العدل والإحسان، 24 دجنبر/ كانون الأول 2009.

¹³⁴ ـ د. نادية مصطفى، قراءة حضارية في مشاهد أربعة من الحرب على غزة 3-4، العدوان على غزة..مشهد فاصل لخيار المقاومة، يناير 2009.

¹³⁵ ـ عن تقرير أسامة نور الدين، حصار غزة في أرقام، يناير 2008.

136 ـ د. نادية مصطفى، قراءة حضارية في مشاهد أربعة من الحرب على غزة 3-4، العدوان على غزة..مشهد فاصل لخيار المقاومة، يناير 2009.

¹³⁷ ـ فيصل القاسم، كيف تبيع أمريكا أصدقاءها ، نشر على موقع مؤتمر قبائل بكيل العام، يومه الإثنين 31 يناير-كانون الثاني 2011

¹³⁸ ـ ألفت حداد، الحملة الكبرى لرفع الحصار عن غزة...مطلع نوفمبر، موقع عرب48، نشر بتاريخ 2008/10/20.

¹³⁹ ـ هاني المصري، أسطول الحرية: بداية النهاية للحصار الإسرائيلي، موقع عرب48، 2010/05/29.

¹⁴⁰ ـ نقلا عن الانتقاد عبد الناصر فقيه، الاعتداء الصهيوني على أسطول الحرية : عملية إرهابية استعراضية تنتج خسارة إسرائيلية، 2010/06/01.

¹⁴¹ ـ نقلا عن الانتقاد عبد الناصر فقيه، الاعتداء الصهيوني على أسطول الحرية : عملية إرهابية استعراضية تنتج خسارة إسرائيلية، 2010/06/01.

¹⁴² ـ نقلا عن الانتقاد عبد الناصر فقيه، الاعتداء الصهيوني على أسطول الحرية : عملية إرهابية استعراضية تنتج خسارة إسرائيلية، 2010/06/01.

¹⁴³ ـ معتصم عوض، مقال بموقع عرب48، الهجوم على أسطول الحرية من منظور القانون الدولي والإنساني، 2010/05/31.

¹⁴⁴ ـ ظافر الخطيب، قرصنة مضبوطة ونتيجة غير محسوبة، مقال على موقع عرب48، 2010/06/01.

¹⁴⁵ ـ نقلا عن أخبار بي بي سي، تركيا تشترط رفع الحصار عن غزة لتطبيع العلاقات مع إسرائيل، 2يونيو/حزيران 2010.

146- نقلا عن أسطنبول- وكالات، أردوغان يدرس زيارة قطاع غزة لكسر الحصار، 2010/6/5.

147- فهمي هويدي، تركيا ومكر التاريخ، 2010/01/01.

148- فهمي هويدي، نفس المرجع.

149- فهمي هويدي، تركيا ومكر التاريخ، 2010/01/01.

150- نقلا عن اللجنة الشعبية لمواجهة الحصار، نافي بيلاري: الحصار غير قانوني ويجب رفعه، كمبالا-وكالات، 2010/6/5.

151- نقلا عن أخبار بي بي سي عربي ، مصر تعيد فتح معبر رفح وحتى اشعار آخر، نشر يومه 1يونيو/حزيران 2010.

152- نقلا عن بي بي سي عربي، إسرائيليون يتظاهرون دعما لرفع الحصار عن غزة، نشر بتاريخ يونيو/حزيران 2010.

153- ظافر الخطيب، قرصنة مضبوطة ونتيجة غير محسوبة، مقال على موقع عرب48، 2010/06/01.

154- نقلا عن هيأة تحرير موقع جماعة العدل والإحسان، المغاربة في مسيرة حاشدة تنديدا ب"مجزرة الحرية، نشر يومه 6 يونيو/حزيران 2010.

155- نقلا عن هيأة تحرير موقع جماعة العدل والإحسان، المغربة في مسيرة حاشدة تنديدا ب"مجزرة الحرية، نشر يومه 6 يونيو/حزيران 2010.

156- د. يوسف رزقة، غزة لا تقبل بمعادلات جديدة، صحيفة الدستور الأردنية، 2011/08/27.

157- د. يوسف رزقة، غزة لا تقبل بمعادلات جديدة، صحيفة الدستور الأردنية، 2011/08/27.

158- د. عبد الستار قاسم، مأزق إسرائيل الاستراتيجي يتعمق، 2011/09/12.

159- حسين الرواشدة، أسوأ أحلام "إسرائيل".. أن يسقط «السلام» أيضاً، مقال على موقع الانتفاضة الفلسطينية الثالثة، 2011/09/12.

160- د. عبد الستار قاسم، مأزق إسرائيل الاستراتيجي يتعمق، 2011/09/12.

[161] فايز رشيد، الصراع يعود إلى مربعه الأول، صحيفة الخليج الإماراتية، 2011/08/26.

[162] ياسر الزعاترة، مهزلة التفاوض أم استمرار الاستيطان أم..؟!، موقع جماعة العدل والإحسان، يومه 28 شتنبر 2010.

163- راسم عبيدات، تسونامي استيطاني في القدس، على موقع الانتفاضة الفلسطينية الثالثة، 2011/08/15.

[164] راسم عبيدات، تسونامي استيطاني في القدس، على موقع الانتفاضة الفلسطينية الثالثة، 2011/08/15.

165- رأفت حمدونة، يوم القدس العالمي... يوم لاستنهاض الهمم، 2011/08/28.

166- رأفت حمدونة، يوم القدس العالمي... يوم لاستنهاض الهمم، 2011/08/28.

[167] لمى خاطر، غاب الرصاص.. فعربد المستوطنون! نقلاً عن جريدة "فلسطين" الصادرة في غزة.

168- رأفت حمدونة، يوم القدس العالمي... يوم لاستنهاض الهمم، 2011/08/28.

[169] د. محسن صالح، حق العودة وحق كسر السياج، مقال على الموقع الانتفاضة الفلسطينية الثالثة، 10/06/2011.

[170] د. محسن صالح، حق العودة وحق كسر السياج، مقال على الموقع الانتفاضة الفلسطينية الثالثة، 10/06/2011.

[171] د. محسن صالح، حق العودة وحق كسر السياج، مقال على الموقع الانتفاضة الفلسطينية الثالثة، 10/06/2011.

[172] زياد عابد المشوخي، ابعثوا بالزيت للأقصى، المركز الفلسطيني للإعلام.

[173] زياد عابد المشوخي، نفس المرجع.

[174] مصطفى يوسف اللداوي، القدس الحزينة الثائرة، موقع جماعة العدل والإحسان، نشر يومه 30/شتنبر/2010.

[175] مأمون كيوان، الاستيطان في القدس...اختلاق تاريخ وطمس جغرافيا، 2009/12/13.

176- مقال منشور ومنقول عن موقع الانتفاضة الفلسطينية الثالثة، 15 ماي 1948- 15 ماي 2011.

177- وكالات، منشور على موقع الانتفاضة الفلسطينية الثالثة، يومه 29 شتمبر 2011.

178- وكالات، منشور على موقع الانتفاضة الفلسطينية الثالثة، يومه 29 شتمبر 2011.

179 أخالد معالي، ردوغان.. لمثلك فليتنافس المتنافسون، مقال منشور على موقع الانتفاضة الفلسطينية الثالثة، يومه 2011/09/13.

181- د. فايز أبو شمالة، "يا يهود، يا يهود، عصر مبارك لن يعود"، مقال منشور على موقع الانتفاضة الفلسطينية الثالثة، 2011/08/22

182- د. فايز أبو شمالة، "يا يهود، يا يهود، عصر مبارك لن يعود"، مقال منشور على موقع الانتفاضة الفلسطينية الثالثة، 2011/08/22

نسألكم الدعم والدعاء

شكرا على القراءة تواصل معنا على هذا الرابط

saidaseddik1439@gmail.com

https://www.youtube.com/channel/UCWvescgZhl9cknFt5Ouf_ag